知られざる目利き　白醉庵吉村観阿

宮武　慶之

口絵1

観阿の寿蔵

撰文は亀田鵬斎、筆は酒井抱一による。立方体の石の正面に墓標があり、正面以外の三面に碑文が彫られている。勧進状の寄進が余程のことであったのか、東大寺で作られたであろうこの墓石は、その徳を称えて誠に大きい。

東大寺勧学院

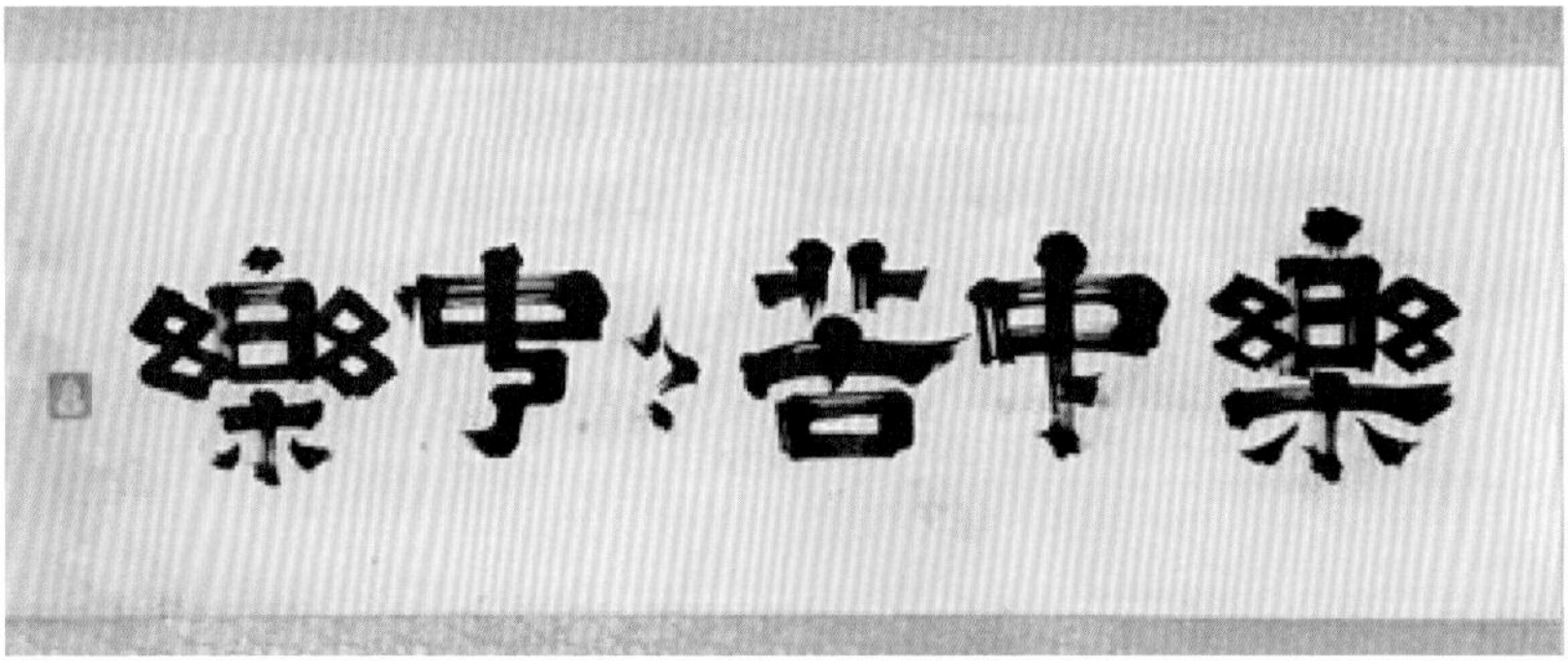

口絵2
小堀宗中による
「楽中苦々中楽」

観阿が親しくした小堀宗中により書かれた。元々は松平不昧が観阿に与えた扁額の語である。不昧が観阿にこの言葉を贈った心情を考えるとき、観阿の人生にそのような時期があったのであろう。

個人蔵

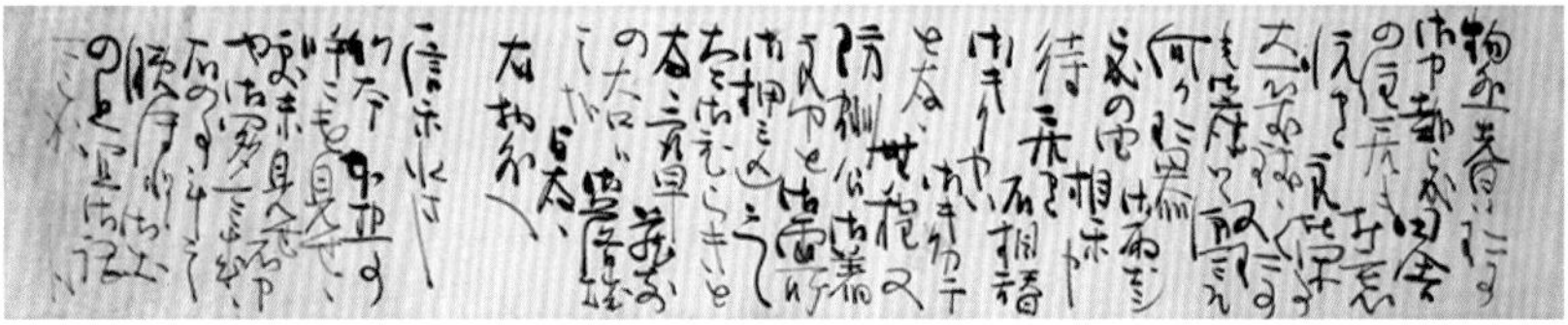

口絵3
松平不昧筆芳村物外宛消息「水指の文」

観阿と親しくした松平不昧だが、観阿宛の書状は現時点で本状が唯一である。おそらく不昧の近くには常に観阿がいたのではないだろうか。この書状では不昧が近況を伝え、信楽の水指を手に入れたので今晩来て欲しいという内容が書かれている。宛名は物外とあり、若い頃の観阿が通用していた名である。

個人蔵

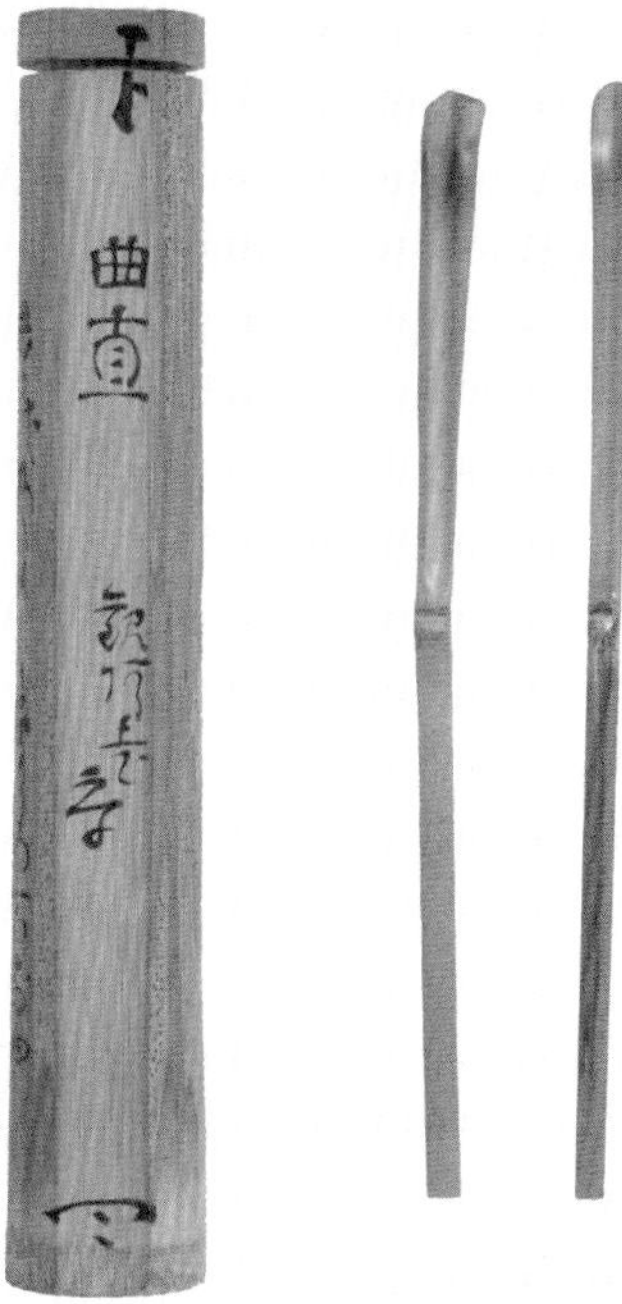

口絵4
松平不昧作共筒茶杓　銘「曲直」
不昧が観阿に与えた二本入りの茶杓。観阿の人生の紆余曲折、そして信頼関係があってこそ与えることができる銘である。茶杓の作はあるがままの姿を尊び、筒の書付も入念。箱墨書も不昧による。覆紙には観阿の墨書が確認でき、本人が終生重宝としたのであろう。
個人蔵

口絵5
松平不昧作共筒茶杓　銘「曲直」箱甲（不昧墨書）
個人蔵

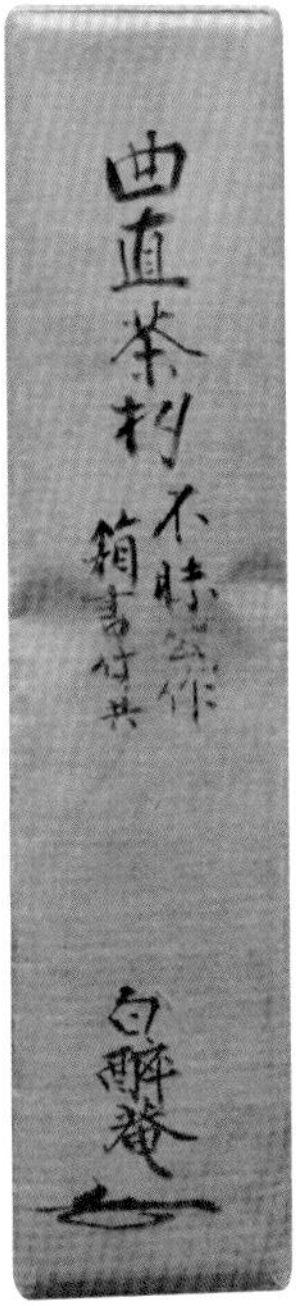

口絵6
松平不昧作共筒茶杓　銘「曲直」覆紙（観阿墨書）
個人蔵

口絵7
高麗雨漏茶碗
　茶碗全体の景色が誠に良く、金継された部分がかえって味わいになっている。観阿は他の人が注目しなかったこの茶碗の景色、見込、高台を貴しとして塗箱に収め、不昧に歌銘と外箱墨書を求めたと考えられる。近代になってこの茶碗一式を拝見した小林逸翁は「いかめしい装置」と評した。
福岡市美術館蔵
画像提供：福岡市美術館／DNPartcom
撮影：山崎信一

口絵8
高麗雨漏茶碗　内箱蓋裏
福岡市美術館蔵
画像提供：福岡市美術館／DNPartcom

口絵9
高麗雨漏茶碗　中箱蓋裏
福岡市美術館蔵
画像提供：福岡市美術館／DNPartcom

口絵10
高麗雨漏茶碗つぎはぎ更紗包裂
福岡市美術館蔵
画像提供：福岡市美術館／DNPartcom

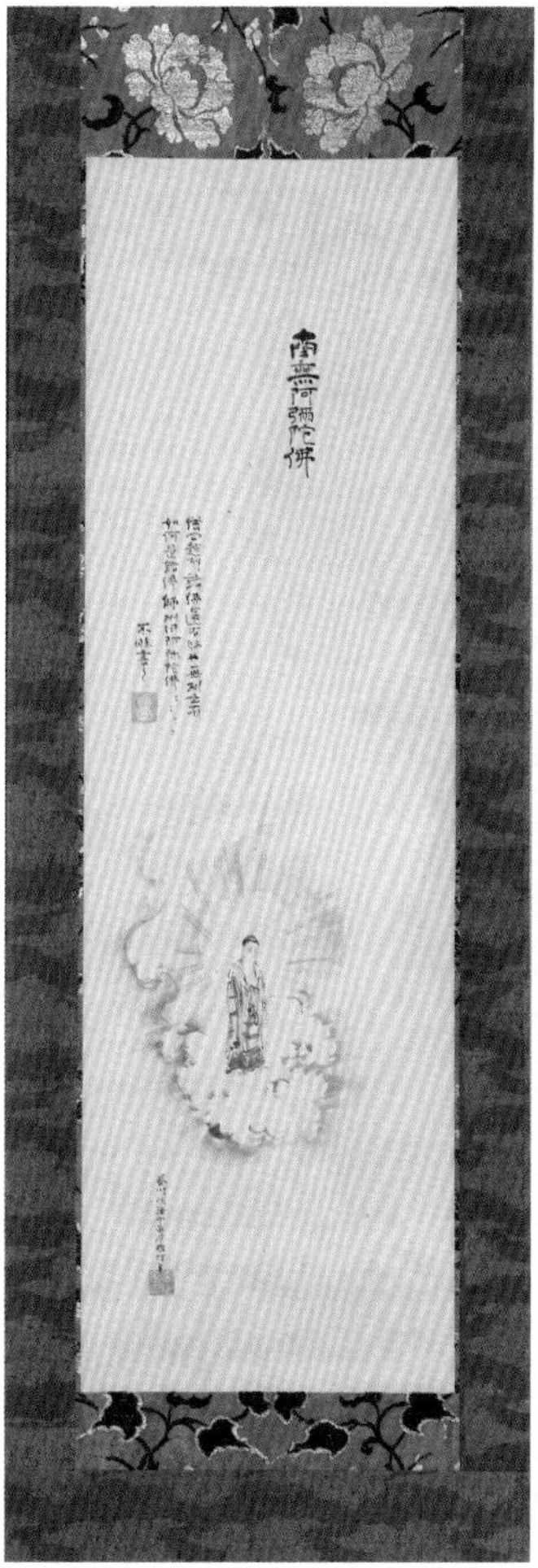

口絵11
狩野養川院画
松平不昧賛
「釈迦如来像」

狩野養川院により金泥で釈迦如来が描かれ、不昧による南無阿弥陀仏の賛がある。箱墨書は観阿の息子・弥山（陸庵）による。

個人蔵

口絵12
溝口翠涛筆
「苦楽翁寿像」

現時点で唯一の肖像画。当初、溝口翠涛は立像を書いたが観阿本人が坐像を所望したため、本図は控えとして溝口家に残された。その風貌は若い頃の苦労を感じさせないもので、眼光は遠くを見据えるようである。

東京大学史料編纂所蔵

口絵13　**白呉須獅子蓋香炉**

呉須は香炉の獅子蓋に一周あるのみで、そのほかには蓮華や雲の文様が彫られている。観阿より翠涛へ譲渡され、近代では高橋箒庵より益田鈍翁へと伝わった。

個人蔵

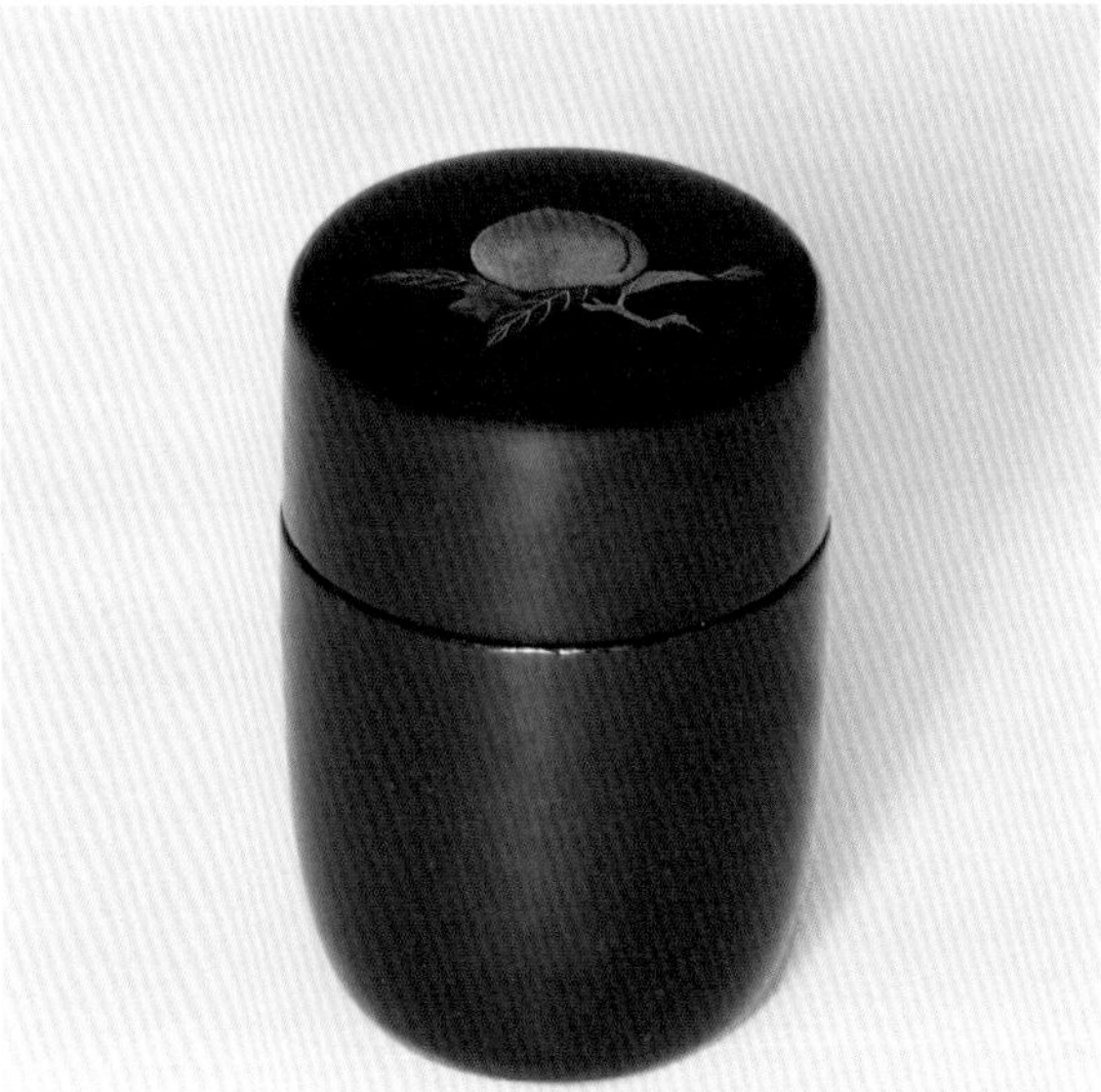

口絵14　**原羊遊斎作「一閑張桃之絵細棗」**

観阿八十賀に際して、江戸の名工である原羊遊斎に百二十五個作らせた。従来、観阿と聞けばこの棗という具合に著名である。

個人蔵

口絵15　**煮染黄飯趣向餅の再現**

観阿四十歳のとき、谷園中大茶湯の茶席で振る舞われた菓子。黄色いおはぎに珠光餅のように柚味噌をかけたものであったと考えられる。時期も秋頃とあって、水屋から出来立てが運ばれたのであろう。

協力：虎屋文庫

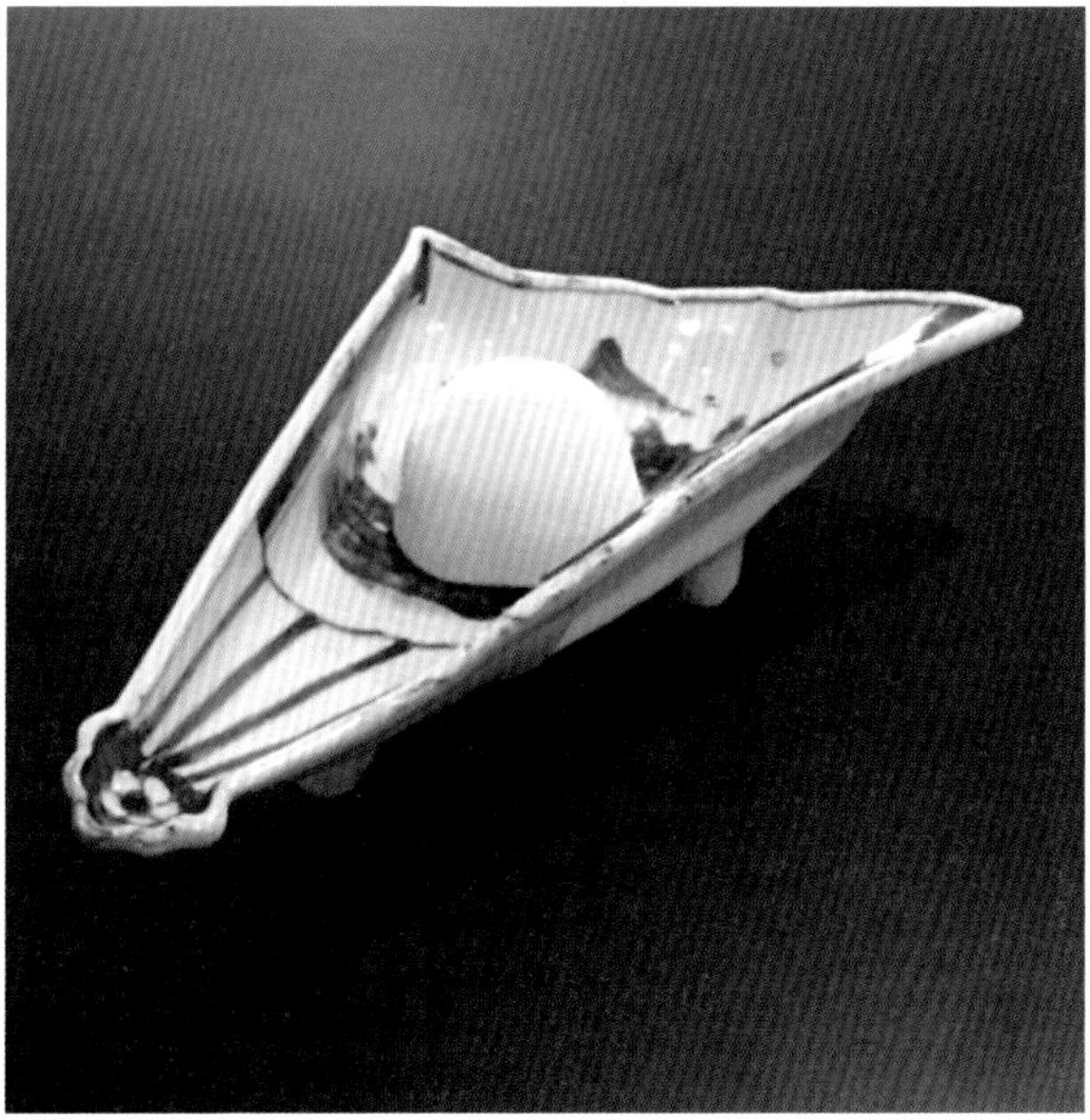

口絵16　**白餡入白求肥の再現**

観阿八十賀茶会で振る舞われた菓子。家庭でも十分作れるもので、その文脈から考えると後妻の観勢による製なのかも知れない。賀の茶会にふさわしく、雪の瑞気を感じさせる。

協力：末富

口絵17
後座の床の風景
観阿八十賀茶会は三畳の茶席「楽之斎」で行われた。初座では桑山可斎による「千代の歌」を掛け、後座では床の間中央の釘に信楽蹲に梅一種のみを生けたことが知れる。たっぷりと水を含ませた蹲からの一朶の香が濃茶へと誘う。
関元行画

口絵18
嵯峨柳蒔絵大棗
観阿の茶会では「柳大棗」とある。濃茶も薄茶もこの棗で行ったようで、優れた茶器を愛した観阿ならではの趣向であろう。箱墨書は謹直な筆跡で、花押の形状から五十歳代のものと考えられる。
個人蔵

口絵19
嵯峨柳蒔絵大棗　箱裏
個人蔵

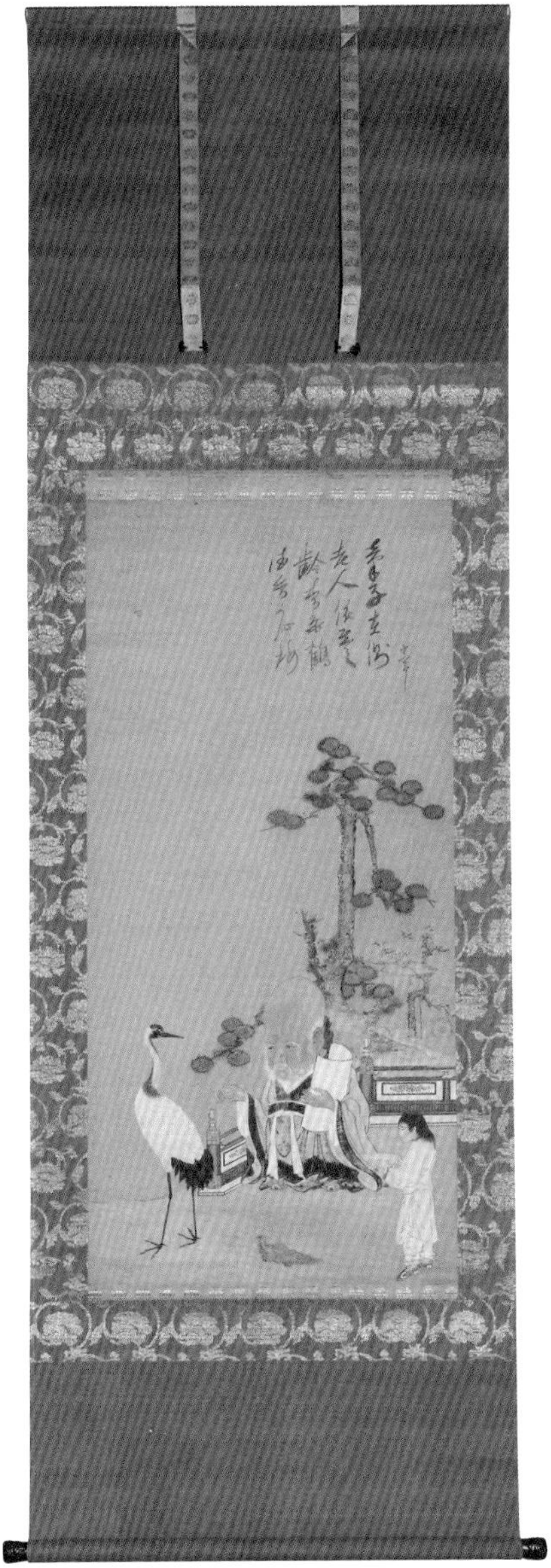

口絵20

狩野山楽画三宅亡羊賛「福禄寿」

観阿八十賀茶会で、披の間の掛物として使用された。山楽特有の極彩色で、寿老人の白い歯が見えているところが生々しい。津藩の儒者で、千宗旦と親しくした三宅亡羊による賛がある。亡羊の賛は通常とは逆に左から読む。巻留、箱墨書ともに観阿による入念な墨書がある。

個人蔵

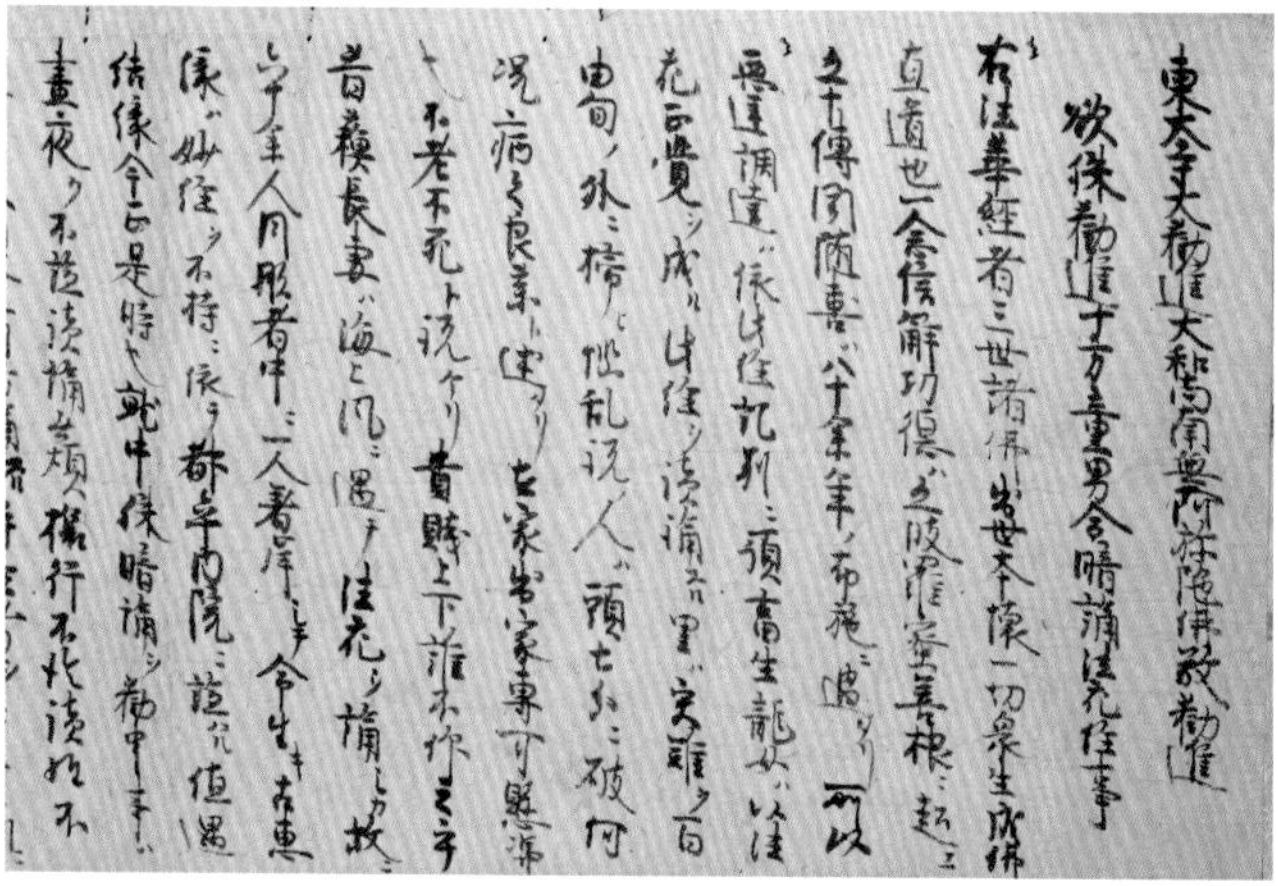

口絵21　元久二年重源上人勧進状　巻頭

重源上人による自筆は少なく、本勧進状は歴史的にも重要である。観阿の出家に際し、家財はことごとく知友に分け与えたが、この勧進状だけは手放さずにいた。

東大寺蔵

画像提供：奈良国立博物館（撮影　森村欣司）

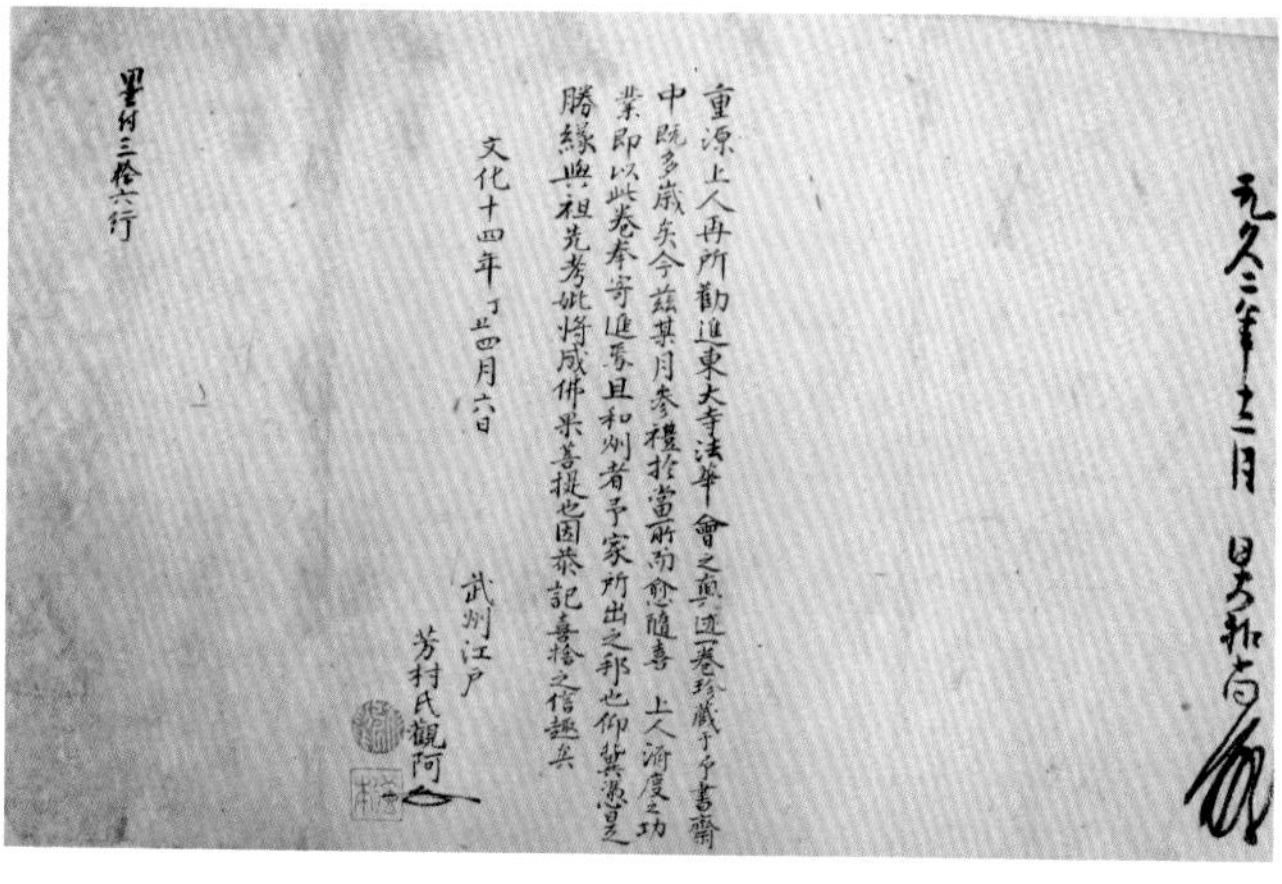
元久二年十二月　日　和尚

重源上人再所勧進東大寺法華會之與進巻珍蔵于予書齋中既多歳矣今茲某月参禮於當所而愈随喜　上人済度之功業即以此巻奉寄進焉且和州者予家所出之郷也仰冀憑是勝縁與祖先考妣將成佛果菩提也因恭記喜捨之信趣矣

文化十四年丁丑四月六日

武州江戸

芳村氏観阿

墨付三枚六行

口絵22　元久二年重源上人勧進状　観阿筆奥書

東大寺の公般上人の請もあり、観阿が寄進する際に記した。この寄進について、先祖が奈良の出身であることと、父母の供養であることが記されている。謹直な筆跡から、その人柄が伝わってくる。

東大寺蔵

口絵23　**祥瑞鳥摘福寿字茶入**
コバルトブルーの冴えた祥瑞。蓋は鳥摘、箱には張り紙がされ朱墨で「上　芳村」とあり、観阿が翠涛に献上した品である。
個人蔵

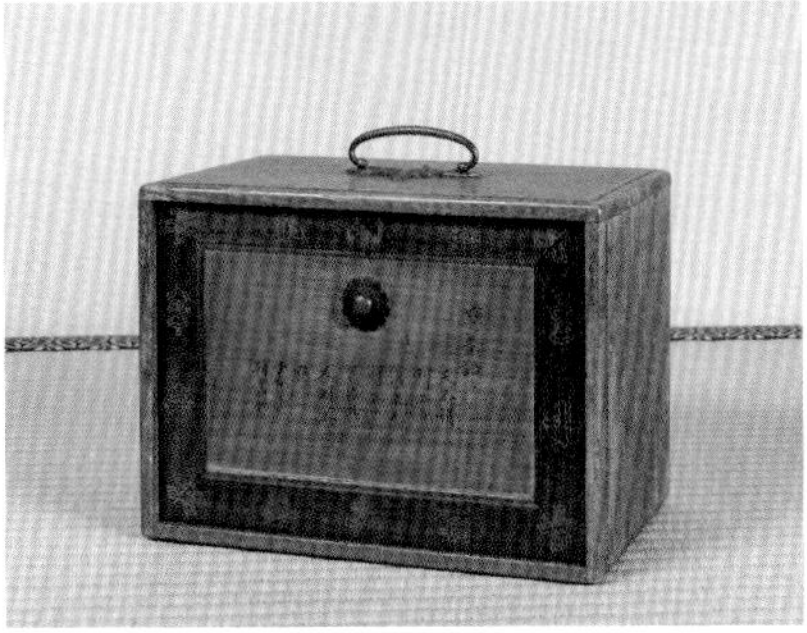

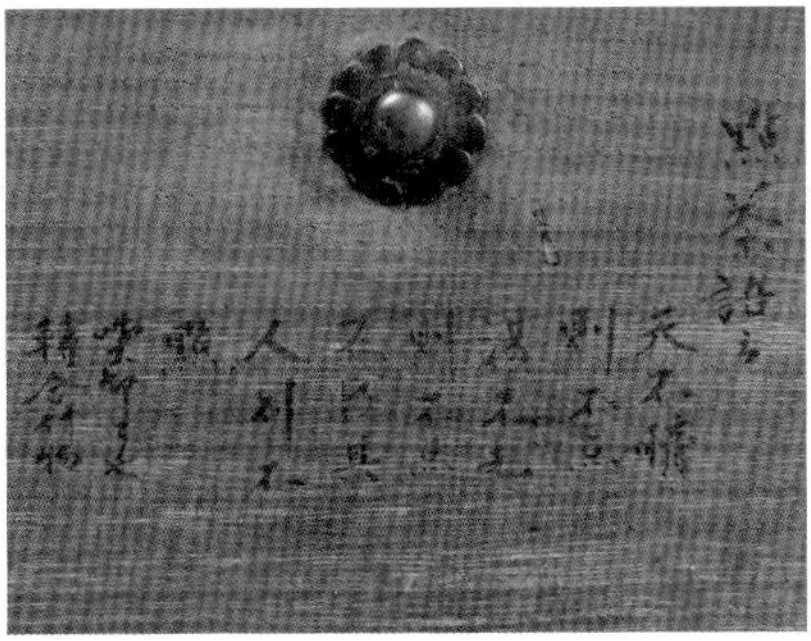

（左上）口絵24　**遠州蔵帳「三不点茶箱」全体**
（左下）口絵25　**遠州蔵帳「三不点茶箱」江月宗玩筆三不点語**
（右上）口絵26　**遠州蔵帳「三不点茶箱」に組まれた茶器、茶碗、振出**
観阿が翠涛に取り次いだ作品の一つで、小堀遠州が所持した茶箱。蓋には江月宗玩による墨書で三不点語が書かれる。桐と桑による茶箱であるが、遠州の坐辺にあったことがよくわかる。
個人蔵（協力：遠州茶道宗家）

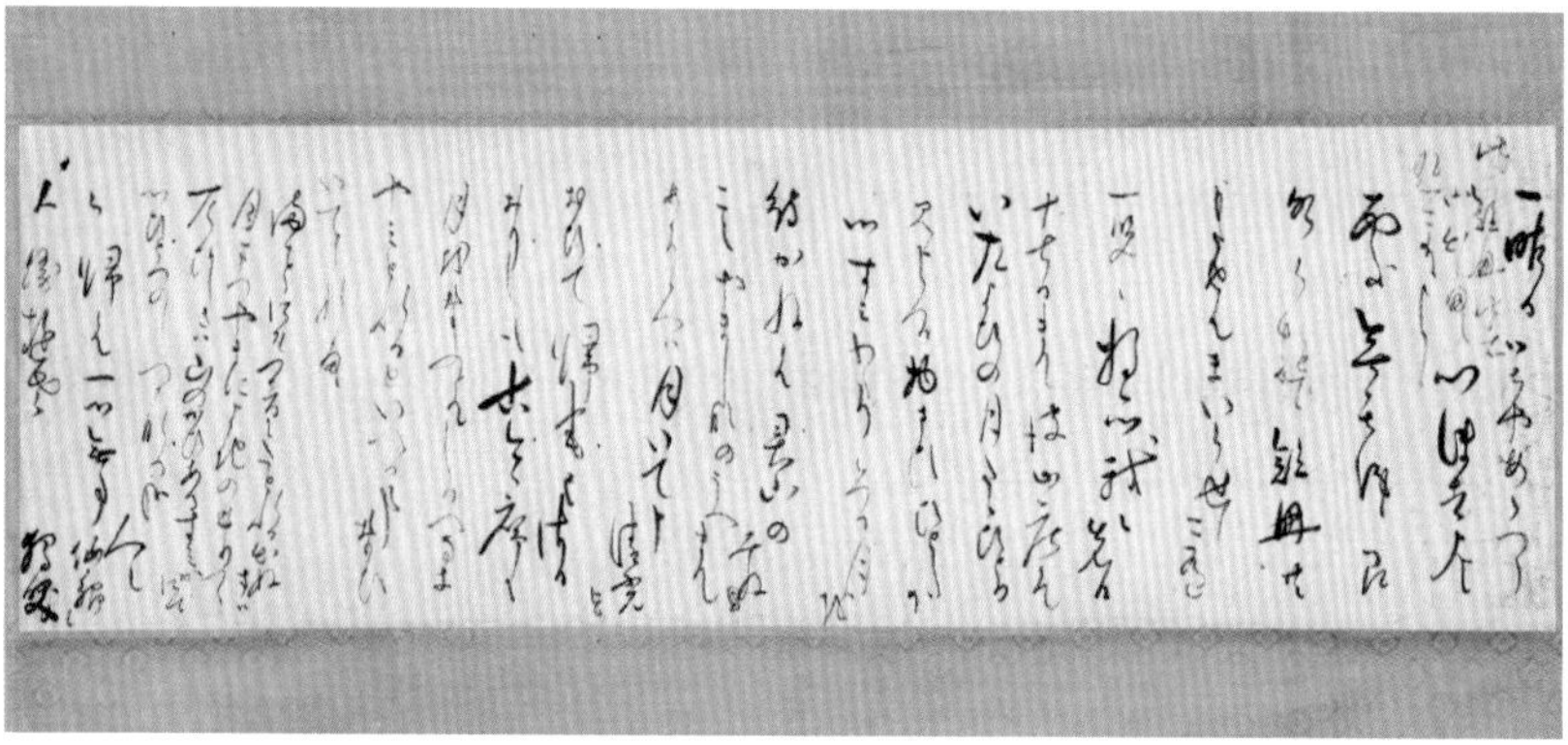

口絵27
木下長嘯子筆松永貞徳宛消息「十六夜の文」
木下長嘯子が松永貞徳に宛てた長文の消息。「十六夜の文」として溝口家の蔵帳に所載される。字粒が大きく墨蹟に通じる気宇を感じさせる。巻留、箱墨書ともに観阿によるもので五十から六十歳代の筆跡である。
個人蔵

口絵28
木下長嘯子筆松永貞徳宛消息「十六夜の文」箱甲
個人蔵

口絵29
木下長嘯子筆松永貞徳宛消息「十六夜の文」箱裏
個人蔵

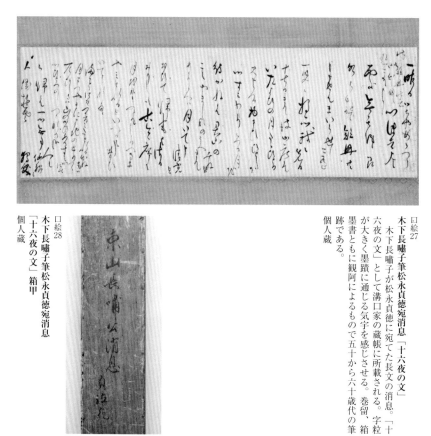

口絵30　**趙昌筆「釈迦像」、狩野探幽筆「江月宗玩像」、「佐久間将監像」**
三幅対は大徳寺寸松庵の本尊に相等する掛物として安置されていた。その後流出し、観阿の取り次ぎにより翠涛が入手した。
所蔵不明

口絵31　**観阿作赤楽茶碗銘「時雨」**
観阿と隅田川焼や三浦乾也との関係は深く、自作品も多く残る。茶碗は比較的多く焼いていたようで、その中でも宛名のある作品には秀作が多い。本碗は親しくしていた七代目市川團十郎に贈ったものである。観阿の交流を知る上でも重要な作品である。
個人蔵

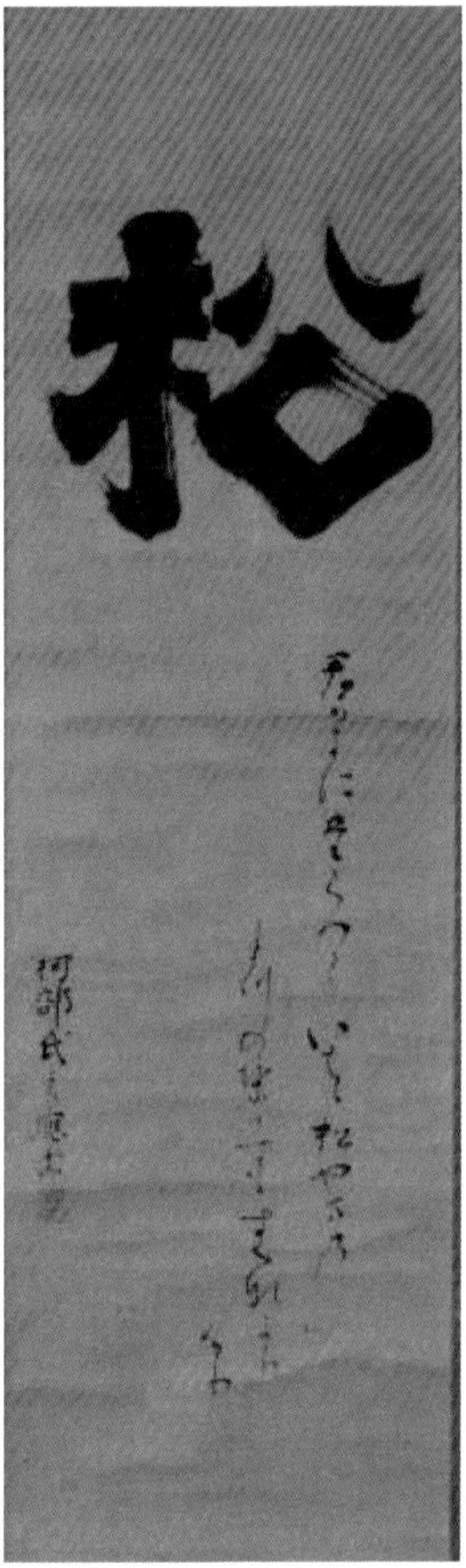

口絵32 **小堀宗中筆「松」**

新発田藩から禄を受けた阿部休巴が自身の還暦に際し、観阿を介して小堀宗中へ依頼し書かれた。箱墨書は休巴によるもので裏には観阿の墨書があるという珍しい作品である。

個人蔵

口絵33 **中山胡民作「立鶴蒔絵香合」**

観阿の後妻・観勢が賀寿に際して好んだ香合。蓋裏には立鶴蒔絵があり、箱には観勢の花押と中山胡民の印がある。観阿が支援していた羊遊斎の弟子の胡民に香合を作らせていたことからも、観阿夫婦は羊遊斎・胡民の師弟を支援していたと考えられる。

個人蔵

口絵34 **中山胡民作「立鶴蒔絵香合」蓋裏**

個人蔵

口絵35

鳥伊羅保茶碗

観阿は美術品の故実に通じ、優れた作品を取り上げる目利きであったが、このような珍しい作品も所持していた。従来、鳥伊羅保茶碗は『草人木書苑』(淡交社)に所載されているものが知られるが実はもう一碗存在しており、それが白醉庵什物の本碗である。

個人蔵

口絵36
千家中興名物　本阿弥光悦作黒楽瓢箪香合
江戸の材木商であった冬木屋上田家から流出した作品の一つ。箱墨書から観阿の所持品であることが知れ、重宝としたことがわかる。箱墨書と花押から七十歳のころと推定され、この後、観阿は写しを作っている。
北陸大学蔵

口絵37　**本阿弥光悦作黒楽瓢箪香合**（上）開いたところ　（下）畳付き
北陸大学蔵

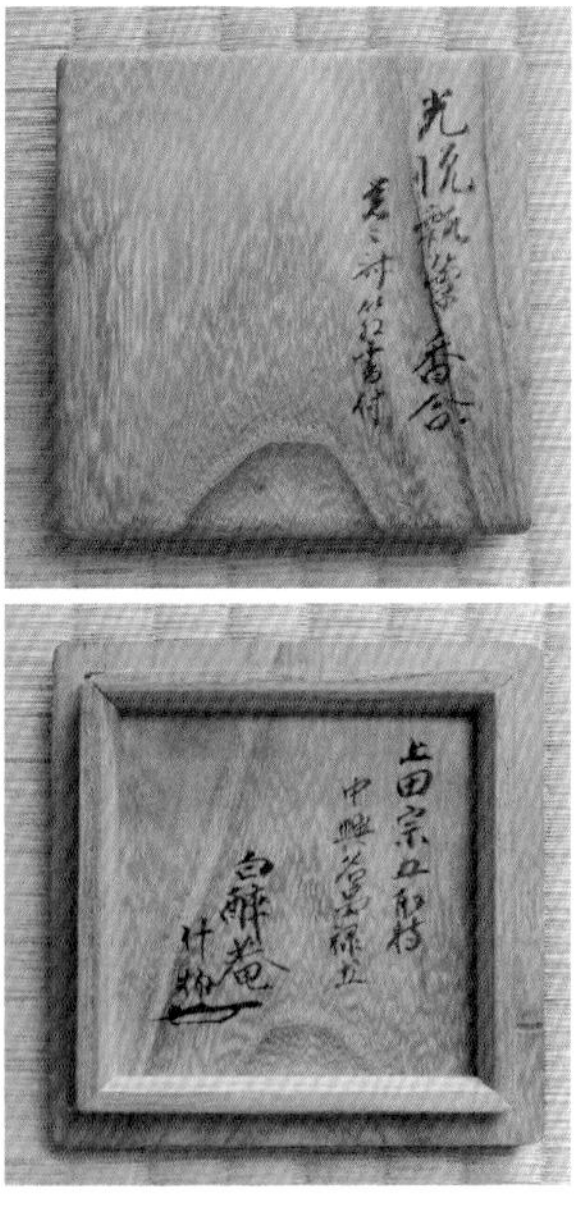

口絵38　**本阿弥光悦作黒楽瓢箪香合**箱甲および箱裏
北陸大学蔵

知られざる目利き　白醉庵吉村観阿

宮武　慶之

目次

口絵――1
発刊にあたり――22
序章　吉村観阿について――26
　表1　観阿関係年譜
第一章　父・山田屋太郎兵衛――42
　第一節　観阿の生家
　第二節　江戸の両替商山田屋
　第三節　宗徧流を学んだ太郎兵衛と観阿
　第四節　浅草と観阿
　第五節　観阿の号の出典
第二章　松平不昧との交流――66
　第一節　不昧の茶会への参会
　第二節　谷園中大茶湯
　第三節　苦楽の扁額
　第四節　観阿と不昧の交流を物語る作品

第五節　四十歳以降の観阿
表2　観阿が参会した不昧の茶会

第三章　溝口翠涛との交流――96
第一節　五十歳代
第二節　六十歳代
第三節　七十歳代
第四節　八十歳代から晩年

第四章　観阿の行状――120
第一節　観阿の茶会
第二節　寺院への寄進
第三節　勧進状の寄進の背景
第四節　観阿と酒器
第五節　苦楽号の使用時期

第五章　溝口家の事例にみる観阿の取り次いだ作品――170
第一節　観阿の取り次ぎと鑑定した作品

表3　売立目録にみる観阿が溝口家に取り次いだ作品名一覧
第二節　遠州蔵帳「三不点茶箱」
第三節　木下長嘯子筆「十六夜の文」
第四節　大徳寺寸松庵伝来の三幅対

第六章　江戸における観阿の交流――212
第一節　桧山担斎
第二節　岡田雪台
第三節　七代目・市川團十郎
第四節　阿部休巴
第五節　西村藐庵、井田吉六、三浦乾也
第六節　川上一指亭、長白翁
第七節　妻・観勢と中山胡民

第七章　観阿の目利き――252
第一節　観阿一家の花押
第二節　観阿の琴線
第三節　所持品から学ぶ姿

第四節　目利きの道統

終章　名人は名人を知る――278

謝辞――284

おわりに――286

付録――289

参考1　相見香雨が紹介する東大寺勧学院にある寿蔵碑文銘
付録1　東大寺勧学院にある寿蔵碑文
付録2　東大寺勧学院にある寿蔵に、観阿の没後に加えられた碑文（第三面）
付録3　弘福寺の墓表
付録4　売立目録にみる観阿関係作品
付録5　『白醉庵数寄物語』全文

発刊にあたり

宮武さんが白醉庵の本を出版されます。白醉庵は目利きとして著名でありながら、これまで研究書や文献が少なく、そのため足跡や行状を尋ねることが難しい人でした。箱書が多いのも特色の一つですが、優れた作品に多く見られます。そのためか光悦会や大師会でも時折見かけ、やはり数寄者や美術商にも関心の高い人物なのでしょう。本書は観阿について行状や作品を詳しくしており、観阿の研究書としては最たるものです。

私と宮武さんの出会いについて申しておきますと、彼が同志社大学院生時代に、突然、美術館に電話をしてこられ、開口一番に「溝口家伝来品はありませんか?」との質問が始まりでした。と申しますのも、私の先祖が新発田藩主溝口家であり、当美術館には十代藩主の溝口直諒《なおあき》・翠涛《すいとう》公の銅像を建て顕彰しております。特に翠涛公と観阿は親しくし、その美術品収集にも関係していたことを宮武さんは詳しく明らかにされています。また観阿について、多くの新出の作品を紹介し、いかに観阿が目利きであったか、そしてその背景になにがあったのかは、読み物としても興味深いところです。

宮武さんと触れ合えばお分かり頂けると思いますが、清らかな図々しさと、フットワークの軽さは何か面白いものを感じ、また彼の書状は、実年齢とかけ離れたギャップがあります。そのためでしょうか、本書を含めて彼の論文には個人のご所蔵家の皆様のご協力のあとがみられ、彼の人徳ともいうことができましょう。

本書が多くの方々にご愛読され、さらに研究を推進されること祈念申し上げます。

発刊誠に御目出度うございます。

福岡東洋陶磁美術館 館長

溝口　虎彦

発刊にあたり「名探偵宮武ここに参上！」

宮武さんが「知られざる目利き　白醉庵吉村観阿」を発刊されます。宮武さんのご郷里である三重県津市で、お父様そして叔母様と仕事を通じて親しくさせていただいております。さらに茶道指導においてご祖母様にも弊社の女性社員がお世話になっています。更に米国サンフランシスコ州立大学においてお茶席を開講され、日本文化の普及指導をされている事に関連し、井村屋ＵＳＡがお茶菓子などを提供させていただいているご縁もあり、親しく交流をさせていただいております。

私は、茶道、或いは茶道具等の専門性には乏しく、まして目利きとなると全くの門外漢であります。今回、著作の原稿を読ませていただき宮武さんに関して多くの事に気づきました。その一つが序文の題名と致しました「名探偵宮武」です。生涯に謎多き白醉庵を緻密に探査し、そして論理的にそのすべてを明らかにして、白酔庵の持つ素晴らしき能力と成果・実績を明解にされました。これは宮武さんの探偵的素養の現れであるとともに、論理的思考が極めて高い事を証明しています。追いかけて突き止める能力と共に、対象の世界に深い愛情がある事が垣間見えます。まさしく目利きには目利きの探偵が必要なのだと思います。素晴らしいセレンディピティであったのでしょう。

私は経済人として多くの方にお会いします。人の目利きとしての自信はありませんが、良い出会いは常に良いご縁となって、良い学びを得て大きな成果につながっていく事を感じています。まっすぐに目を見て話し、素敵な笑顔を絶やさず、しっかりと傾聴が出来る人とは良いご縁が創れます。これを人物目利きの信条としています。

本書が多くの方の推理欲を満たし、更に宮武さんの研究が進まれて、多くの謎が解かれることを願っています。

井村屋グループ株式会社　代表取締役会長（ＣＥＯ）

浅田　剛夫

序章　吉村観阿について

あなたは愛のために何をする?（And you, what would you do for love?）

　私の好きな俳優の一人、ナタリー・ポートマンがCMで言っていたフレーズである。この問いを吉《よし》村観阿《むらかんあ》（一七六五～一八四八）に問えば、次第を整えて箱墨書をし、世に埋もれた道具に光を当てる、と答えるだろう。

　観阿は江戸時代後期に活躍した町人数寄者である。松平家や溝口家の茶道具収集にも関与していたとされ、茶道具の世界でいまでも目利きとして評価は健在である。言うなれば観阿は美術商の一面も持ち合わせ、道具の取り次ぎなどで生計を立てていた。しかし観阿の詳しい行状は資料の不足から明らかにされていない。

　観阿が時代を超えて評価される理由はどこにあるのだろうか。この研究の動機はそこにある。

　観阿の生い立ちについて触れておこう。生家は江戸の両替商山田屋である。山田屋があった丸屋町は現在の銀座八丁目二番地および三番地の三角地帯、リクルートスタッフィング本社の前あたりである。若い頃の観阿はおそらくここの若旦那であったが、親父が一山当てようと仙台藩に金を貸しすぎたため破産の危機に陥ることになる。家業に嫌気が差したのか、三十四歳で出家し、浅草・田原町に庵を結ぶ。それが白酔庵《はくすいあん》である。後年、観阿は目利きとして江戸に聞こえた人物で、そして著名であったが故に、多くの作品を鑑定し、箱墨書を残している。

彼の箱書は多く残されている一方で、贋物―カンアだけにアカン箱書―も多い。ちょっとした名品に箱書をしているのを時折見かけるが、このような姿はややもすれば、珍しい道具に書付をしたマニアック数寄者としてのみ評価される。松江藩七代藩主・松平治郷《まつだいらはるさと》（不昧《ふまい》／一七五一～一八一八。以下、不昧に統一）や新発田藩十代藩主・溝口直諒《みぞぐちなおあき》（翠涛《すいとう》／一七九九～一八五八。以下、翠涛に統一）を筆頭に、優れた美術品が有力な収集家に集約されていた当時の時代背景を考えると、そのような状況下で優れた作品の良さを学び、新たな視点で道具を模索し続けた人物として、観阿には改めて評価が与えられても良いはずである。

「念願は人格を決定する」という。観阿が生涯を目利きとして過ごした背景には、そう決心させた何かがあったはずである。それを明らかにするため幼少期からさかのぼり、不昧との関係、不昧の没後に親しくした溝口家との関係を詳しくする必要があると考えた。これらを資料から紐解くとともに、観阿がどのような作品と関わったのか調べた。実際に作品に触れることが観阿の琴線に触れることにつながると考え、ご所蔵先の皆様、特に個人のご所蔵家にはご協力を願い、お付き合いいただいた。

なお本書では「吉村観阿」と表記している。従来の研究では「芳村観阿」とする場合が多い。その理由は詳しく後述するが、観阿の父親が元は吉村であったのを芳村に改めたためである。観阿も壮年期ごろまでは芳村を名乗っていたが、七十歳代では元の表記である吉村に改めている。この点から本来の吉村家を考える上でも、元の表記である吉村とした方が観阿の本懐と考えた。

従来、語られてきた観阿像

観阿の行状として知られているのは、同人が所持していた俊乗房重源《しゅんじょうぼうちょうげん》（一一二一～一二〇六）による東大寺再建のための「元久《げんきゅう》二《に》年《ねん》重源上人勧進状《ちょうげんしょうにんかんじんじょう》」（口絵21、22。以下、勧進状に統一）を東大寺に寄進し、その功績から敷地内への寿蔵（生前墓）の建立を許されたこと、不昧の茶会に四十回参会したこと[1]、八十歳の賀に際し好みの茶器を蒔絵師、原羊遊斎《はらようゆうさい》（一七六九～一八四五）に依頼して「一閑張桃之絵細棗《いっかんばりもものえほそなつめ》」（口絵14）百二十五個を作成させたことである。観阿の寿蔵は東大寺勧学院《かんがくいん》にあり、没後にさらに碑文が加えられた。このほか、江戸における黄檗宗の名刹である弘福寺《こうふくじ》（東京・向島）にも観阿と妻観勢《かんせ》（田鶴《たつる》／一七八一～一八五四）の墓碑があること、かつて築地にあった福泉寺《ふくせんじ》に吉村家の墓所があったことはわかっていた。なお現在の弘福寺に観阿の墓所はない。

忘我逸人《ぼうがいつじん》は明治期の雑誌『名家談叢《めいかだんそう》』で、観阿の言動を後世記録した『白醉庵数寄ものかたり』と『白醉庵数寄物語芳村観阿を云ふ（続）』を紹介している[2]（以下、本文中でこれらを引用するときは単に『白醉庵数寄物語』として表記。全文は付録5に収録）。観阿が関係した美術品、大名等の記述があるほか、歌舞伎役者と茶の湯、羊遊斎に関係する記述があり、観阿研究の資料としてよりもむしろ当時の資料としての価値を有している。

その後、観阿の茶人としての行状に注目したのが、近代の数寄者で茶道研究を行なった高橋箒庵《たかはしそうあん》

（義雄《よしお》／一八六一～一九三七）である。箒庵の『東都茶会記』（一九一六）には観阿の行状について次のような記述がある。

不昧公の愛顧を受けて、公の茶会に最も多く出席したる芳村観阿は、当時奇茶人としても鑑定家としても共に知られたる人物なり。彼は江戸の人にて太郎兵衛《たろべえ》と称し、物外《ぶつがい》又は指月斎《しげつさい》の号あり、茶道の方にては聴笙《ちょうしょう》の名あり。是れは袁宗道《えんそうどう》が炉火に添ふて瓶笙《びんしょう》を聴くの故事に取れりとかや。彼は当初富裕にして多くの書画器具を所持せしが、居常俗事《きょじょうぞくじ》を厭《いと》ひ、三十四歳の時、俄に遁世を思ひ立所蔵の珍宝を友人等に頒与し、折柄懐妊中の妻を棄てゝ、出家得度の上、草廬《そうろ》を浅草田圃《でんぼ》に結びて自ら白酔庵《はくすいあん》と号せりとぞ。彼は奇行を以て不昧公に知られ、又溝口伯爵家の先代にて翠涛《すいとう》と号したる君公の信任を受けしかば、溝口家の茶器は雑器に至るまで白酔庵の箱書せしもの多し。但し白酔庵が溝口主公の愛顧を蒙りたるは彼が晩年の事にして、余の所蔵御本兎耳香炉《ごほんうさぎみみこうろ》の箱書付に「翠涛尊君草廬に初めて御入りの節、床に飾り置き候を御所望にて進献す、天保十年亥中春七十五翁白酔庵観阿」とあり。彼は最も鑑識に長じ其手を経たる道具には曾《かつ》て疑はしき者なしと評判せられければ、奇茶人鑑識家として其長命なりし、晩年まで同人の尊重する所と為りたりと云ふ。彼は出家の際、其所蔵品を友人に分与したれども、南都東大寺再建の際、俊乗坊重源が自ら認めたりと云ふ勧進帳一冊を手許に残して愛惜《あいせき》かず、常に其身を離さゝりしが、此事東大寺の大勧進公船《こうはん》（般）上人《しょうにん》の聞知する処と為り、東大寺中興の弘徳《こうとく》俊乗坊の遺物とありては、寺宝是れより尊きはなし、千金を以て是非に譲り受けたしとの申入れありたるに、観阿は自ら往きて上人に謁し、拙者祖先は大和国より出で六世前に江戸に移りたる由なれば、其祖先の国たる大和に骨を埋むるは拙者畢生《ひっせい》の本願なり、上人若し本山に於て拙者に方丈の地を賜はらば、勧進状は喜んで奉納せんと言ひ出でたるに、上人大に喜びて東大寺内に彼が寿蔵《じゅぞう》の碑を立つる事を許せり。茲《ここ》に於て亀田鵬斎《かめだほうさい》文を作り、酒井抱一《さかいほういつ》題額及び其文を書し、白醉庵観阿道人墓表と題する石碑は、文化十四年を以て奈良の東大寺内に建てられぬ。彼は斯く一風変りたる人物なると其鑑識の群を抜けるとに依りて、深く不昧公の信任を受け、公の茶会記中に記載せらるゝのみにても、彼が公の茶会に出席したるは実に四十回に上れりと云ふ。公が茶事上に広く知友を求めて共に書画器物等を研鑽したるは、当時公の周囲に囲繞したる人物を見て之を知ることを得べく、而して観阿の如きは此等人物中最も奇絶なる者なるべし[3]。

観阿は不昧の茶会に四十回も参会しており、不昧から深く愛顧された人物であったことがわかる。それればかりでなく晩年には溝口翠涛の信任も受けており、溝口家の多くの茶道具から雑器にいたるまで、観阿による箱書があったとされる。そのひとつが箒庵の所持していた御本兎耳香炉で、翠涛が浅草の白醉庵を訪れた際に献上されたものである。観阿は出家に際し、所有した書画類を知友に頒与したが、重源による勧進状は手許に残した。後年になり観阿の先祖が奈良出身であることから東大寺に寄進し、寿蔵を建立する。この寿蔵（口絵1）は現在でも東大寺勧学院にある。同様の内容が『松平不昧伝（中巻）』（一九一七）でも紹介されている[4]。以上が観阿の行状としておおよそ述べられている。

この他の研究を挙げると次のようになる。

奈良の文化に詳しい新藤正雄《しんどうまさお》（黙魯庵《もくろあん》）は東大寺にある観阿の寿蔵の形状や寸法について詳細に紹介している[5]。

奈良の数寄者であった河瀬無窮亭《かわせむきゅうてい》（虎三郎／一八八八～一九七一）が自身の所蔵品を紹介し、その好み道具を紹介している[6]。

大阪の郷土史に明るく、書画骨董に関する著述が多い中井浩水《なかいこうすい》（新三郎／一八八二～一九五九）は、観阿作の茶碗を紹介し、その生家について、出典を明らかにしていないものの江戸・本所か深川の米問屋であったと紹介している[7]。また浩水は観阿に関係する作品のコレクターであった河瀬無窮亭の所蔵する観阿自作品および関係作品を紹介するとともに、東大寺四月堂に安置される観阿の位牌について報告している[8]。

美術史家の相見香雨《あいみこうう》（一八七四～一九七〇）は東大寺勧学院にある観阿の寿蔵および弘福寺の墓碑から行状を明らかにした[9]。墓碑（参考1）から弘福寺の碑文の内容が判明し、現在は墓が確認できないため重要な資料である。また相見は観阿の言動を後世に記録した『白酔庵筆記《はくすいあんひっき》』を紹介している。この内容は忘我逸人による『白酔庵数寄ものかたり』および、その続編である『白酔庵数寄物語芳村観阿を云ふ（続）』の内容、すなわち『白酔庵数寄物語』と同一であり、これらの抄録本と考えられる。

観阿による自作品が多く存在している点に注目したのが、陶磁器研究家の満岡忠成《みつおかただなり》（一九〇七～一九九四）と茶道研究家の邑木千以《むらきちい》である。満岡は相見と同じく寿蔵および弘福寺墓碑から観阿の行状を紹介するとともに、河瀬無窮亭の所蔵品を紹介している[10]。邑木は観阿関係作品を紹介し「若草」と銘のある自作茶碗について紹介している[11]。このほか郷家《ごうけ》忠臣《ただおみ》氏は、原羊遊斎研究のなかで、「一閑張桃之絵細棗」との関係から観阿を紹介している[12]。

新潟の郷土史家である宮栄二《みやえいじ》（一九一六〜一九八六）は北方文化博物館で展示された観阿作の茶碗や茶杓などを紹介している。観阿の詳しい行状については明らかにしていないものの、溝口家や観阿に関係する作品が多く新潟の地にあったことが窺える点で興味深い[13]。宮が紹介する九件の作品は以下のようになる。

一　竹花入　銘時雨

「八十翁　白酔庵」の署名、及び箱蓋裏に「まりこ宿　宗長法師旧趾　柴屋寺山中之竹」とあり。

一　竹水指

器に「昭乗、玄又、欠伸、宗甫」の彫書あり、又箱蓋裏に、「漢和四句筆写　三ノ内八十一翁観阿」と記す。

一　赤黒茶碗

箱に「隠陽《（陰か）》ト号　白酔庵　七十五翁　観阿作」とあり、又茶碗高台脇に「苦楽」の彫銘あり。

一　一閑張細棗　桃ノ絵

箱蓋裏に「賀好百二十五之内　八十翁　観阿」とあり。

一　赤香合　鈴形

箱蓋裏に「愚作香合　七十三翁　観阿」と記す。
一　薄茶器　瓢
箱蓋裏に「員外五ノ内　観阿」とあり。
一　茶杓　銘陰陽　達磨、維摩
二本入「白酔庵」、「七十翁観阿」の署名、及び筒書に「小出侯藩地ノ竹」とあり。
一　茶杓　一角茶杓　八仙張果老
「白酔庵　七十四翁　観阿」の署名あり。
一　蓋置　竹二個
「八十翁　白酔庵観阿」の署名あり。

観阿の墓碑

観阿の行状について、東大寺勧学院にある観阿の寿蔵、および弘福寺にあった墓誌を記しておきたい。

勧学院寿蔵の「白酔庵観阿道人墓表」(付録1)の撰文は亀田鵬斎《かめだほうさい》(一七五二〜一八二六)、「白酔菴観阿居士之墓」の墓誌は、酒井抱一《さかいほういつ》(一七六一〜一八二八)の筆によるもので、文化十一年(一八一四)五月に書かれた。このとき観阿は五十歳である。この墓碑には、観阿が嘉永元年(一八四八)に没してのち、南面に和気行蔵《わきこうぞう》による文面が追加された(付録2)。

観阿の生年は明和二年(一七六五)で元来の姓は芳村ではなく吉村である。

観阿は号を物外《ぶつがい》、指月斎《しげつさい》、聴笙《ちょうしょう》という。はじめは明昭（あきてる　または　あきはる）といい、俗称は太郎兵衛《たろうべえ》であった。家は多数の道具を所蔵していたが、寛政十年（一七九八）、三十四歳のときに隠棲の生活を送るようになり出家、所有した器物を知友に与えた。なお鵬斎の碑文によると、このとき懐妊していた妻（観勢とは別人か）がいたが別れ、その子供を遺して出家したとある。観阿は重源による勧進状一冊は手元においていたが、その後、東大寺公般上人の聴くところとなる。観阿は六世前の先祖が和州すなわち奈良の出身であることから、同地に墓所を求め、重源の勧進状を東大寺に寄進して、その見返りとして墓所を得た。

また弘福寺には観阿と妻観勢の墓があった。この墓は観阿が嘉永元年に没したときに建てられた。この墓には、吉原の名主であった西村藐庵《にしむらみゃくあん》（一七八四〜一八五三）による墓誌があったという。以上の内容は付録3として原文を記載した。

この墓誌には観阿の庵について次のような記述がある。

庵中扁額は不昧《ふまい》源君筆を染て、楽中苦々中楽《らくちゅうくくちゅうらく》と書せらる、又継ぐに翠濤《すいとう》源君、其他名家列侯も常に庵中をとひて消日《しょうじつ》の楽とす[14]

観阿の庵には溝口翠涛をはじめとする様々な人物が出入りし、松平不昧による「楽中苦々中楽」の扁額が掛けられていた。このことから自らを「苦楽翁《くらくおう》」と称したことがわかる。また墓誌によると観阿は江戸の芝で生まれた。前半の記述は寿蔵の文面の内容と同一であるが、姓は芳村ではなく吉村となっている。この墓誌では観阿の妻である観勢《かんせ》についても触れられている。観阿は観勢とともに弘福寺の鶴峰禅師すなわち二十三世・鶴峰廣大《かくほうこうだい》(?～一八三八)を仏法の師としていた。文化十二年(一八一五)に寺中の千体仏が破壊したため観阿に諮って荘厳《しょうごん》を修理し、さらに三十年後の弘化二年(一八四五)に再び修理を行なっている。観阿は死期を近くして旧師の因により尭隣禅師すなわち弘福寺二十七世・尭隣真徳《ぎょうりんしんとく》(?～一八五七)に乞い、自身の遺骨を納める墓所を弘福寺とした[15]。

観阿は町人数寄者であったが「道具目利き」として茶の湯文化でも重要視される人物であり、松平家や溝口家の茶道具収集にも関与していたとされる。しかしその一方で観阿が江戸時代後期の主要な茶人であるにもかかわらず、具体的な資料の不足からその行状が明らかにされていない。

そこで本書では、墓誌の記述を基底として、観阿による箱墨書のある作品や自作品、観阿との交流のあった人物による資料から、その実像を明らかにしようと試みた。

作品調査では従来紹介される作品に加え、博物館、美術館、特に個人のご所蔵家を中心に行なった。また売立目録に所載される作品にも注目し、その結果、観阿が溝口家に取り次いだ作品、鑑定した作品を確認することができた。そして何より箱墨書にある観阿の筆跡について基準的な見地を得ることができ、筆跡の確かな作品を列挙すると、花押の形状に変化があることが確認できた。

新たな文献資料の調査では、東京大学史料編纂所が所蔵する溝口家史料に注目した。溝口家史料とは、新発田藩十二代藩主・溝口直正《みぞぐちなおまさ》(一八五五～一九一九)の子である伯爵溝口直亮《みぞぐちなおよし》(一八七八～一九五一)により寄贈された同家代々の史料であり、翠涛の茶の湯に関する文献や翠涛自筆の文書も含まれる。

これらの記録中には観阿の名が頻出する。そのため観阿と直接交流のあった人物の記録として極めて重要な資料である。

以上は作品と文献が合致する事例や、作品の箱墨書や添状の筆跡などを精査した上で、文献資料としても活用できる。これらの総合的な資料により、観阿の実像を立体的にする。なお、観阿に関係する年譜を表1とした。また売立目録中、観阿に関係する作品を付録4としたが本文中で紹介したものはその旨を記載した。

1 高橋梅園『茶禅不昧公』宝雲舎、一九四四年
2 忘我逸人「白醉庵数寄ものかたり」『名家談叢』一四号、談叢社、一八九六年。および忘我逸人「白醉庵数寄物語芳村観阿を云ふ（続）」『名家談叢』一六号、談叢社、一八九六年
3 高橋箒庵『東都茶会記』第三輯下、箒文社、一九一六年
4 松平家編輯部編『松平不昧伝』中巻、箒文社、一九一七年
5 新藤黙魯庵「観阿道人と其の墓石」『寧楽』第八巻、寧楽発行所、一九二七年
6 河瀬無窮亭「白醉庵このみ」『日本美術工芸』五五号、日本美術工芸社、一九四七年
7 中井浩水「觀阿作苦樂銘の茶盌」『日本美術工芸』一六四号、日本美術工芸社、一九五二年
8 中井浩水「白醉庵観阿」『陶説』第四二号、日本陶磁協会、一九五六年
9 相見香雨「白酔蒋芳村観阿」、中野三敏、菊竹淳一共編『相見香雨集』四、青裳堂書店、一九九六年
10 満岡忠成「白醉庵観阿（上）」『茶道雑誌』六月号、河原書店、一九六五年。および満岡忠成「白醉庵観阿（下）」『茶道雑誌』七月号、一九六五年
11 邑木千以「芳村観阿作赤楽茶碗銘若草」『茶道雑誌』十一月号、河原書店、一九七一年
12 郷家忠臣「評伝原羊遊斎」五島美術館編『羊遊斎江戸琳派の蒔絵師』五島美術館、一九九九年
13 宮栄二「溝口翠涛と観阿のことなど」『知音』第五〇号、茶道宗徧流不審庵、一九五四年
14 前掲注（9）

15　関根只誠『名人忌辰録』六合館、一九二五年
同書で観阿の項では以下のような記述がある。
　吉村観阿　物外　芝丸屋町に住す　通称丸屋善右衛門剃髪して白醉庵観阿号苦楽庵
　嘉永元申年六月十九日歿す　西本願寺福原寺地中に葬る
記述から観阿は芝丸屋町の住人であったとされ、貌庵の碑文の記述にある芝の生まれと合致する。通称を丸屋善右衛門としているが、碑文中の太郎兵衛名が適当で、善右衛門とあるが詳細は不詳。剃髪してとあるが、これは鵬斎の碑文によると三十四歳のときに遁世して出家したことをさす。

表1　観阿関係年譜

和暦	西暦	観阿（行年）	観阿の行状
宝暦元	1751		（伊達吉村没）
宝暦二	1752		一月九日、観阿の父である山田屋太郎兵衛が江戸で没した伊達吉村の仙台への帰葬に参列する。
宝暦五	1755		『銭屋商組合連判帳』に山田屋太郎兵衛の名前が確認できる。
明和二	1765	1	観阿（幼名明昭）、芝・丸屋町で両替商を営む山田屋太郎兵衛の子として生まれる。
明和四	1767	3	四月、仙台藩の請負った工事のうち、山田屋は樋篭村四村の村請負の支払いを行なう。 六月、工事終了。 七月十五日、仙台藩から山田屋太郎兵衛に褒賞が与えられる。
明和五	1768	4	『五組定法帳』に山田屋太郎兵衛の名前が確認できる。
安永元	1772	8	十月二十一日、山田屋は家財を傾けたため、この年より天明二年までの十年間、仙台藩より稟米三百俵を与えられる。
安永三	1774	10	十二月九日、松平不昧、伊達宗村の九女彰を室に迎える。
天明元	1781	17	後妻・観勢（田鶴）、浜松藩士瀧原氏の娘として生まれる。
天明二	1782	18	仙台藩より与えられた稟米三百俵がこの年までとなる。

寛政三	1791	27	山田屋太兵衛なる人物が仙台藩の借財返済を求め江戸幕府に出訴しようとするが断念する。 この人物について、佐々久は山田屋太郎兵衛の息子（すなわち若い頃の観阿）と指摘。
寛政十	1798	34	観阿、懐妊中の妻を残して剃髪出家する。このとき家財を知友に配る。
文化元	1804	40	この頃、不昧から「楽中苦々中楽」の扁額が与えられる。 六月、北野屋鞠塢『盛音集』を発刊。 同集に観阿の「堤草」が所収される。 十月二十七日、不昧による谷園中大茶湯で観阿が利休堂席を担当する。 この茶会では花畑腰掛席を鞠塢が担当。
文化三	1806	42	観阿、不昧の茶会に招かれる。
文化五	1808	44	夏、「織部手鉢」を入手する。
文化十二	1815	51	弘福寺の改修を行なう。
文化十四	1817	53	四月六日、東大寺に「元久二年重源上人勧進状」を寄進。 東大寺勧学院に寿蔵を建てる。
文政元	1818	54	（松平不昧没）
文政三	1820	56	溝口家で道具の鑑定をする。
文政四	1821	57	溝口家で道具の鑑定を行い信任を得る。 正式に出入りするようになる。

和暦	西暦	観阿（行年）	観阿の行状
文政八	1825	61	酒井抱一、古筆了伴らとともに烏丸光廣法要に参列する。 「地紅堆黒唐花彫軸盆」を翠涛に献上する。
文政九	1826	62	（亀田鵬斎没）
文政十一	1828	64	（酒井抱一没）
文政十三	1830	66	溝口翠涛の茶会に初めて招かれる。
天保五	1834	70	観阿、七十賀。好みの「瓢茶器」を百二十五個作成し、知友に配る。
天保七	1836	72	「苦楽翁寿像」の坐像を描くよう翠涛に、賛文を毛利元義に依頼する。
天保十	1839	75	翠涛、観阿宅での茶会に初めて参会する。このとき翠涛の所望により観阿が御本兎耳香炉を献上する。 桧山担斎の古稀の書画会である思功供展画会に観阿と息子の弥山がそれぞれ作品を出品。
天保十三	1842	78	最後となる翠涛の茶会への参会は口切茶会。 法隆寺円明院に額箱を寄進する。 （桧山担斎没）
天保十四	1843	79	このころ八十賀記念として知友に配る一閑張桃之絵細棗、百二十五個に箱墨書を行なう。 （鶴峰廣大没） （毛利元義没）

天保十五	1844	80	観阿、八十賀。一月七日、翠涛が茶会に参会する。 茶会において好みの「一閑張桃之絵細棗」を知友に配る。細棗のほかに桑昔竹形茶杓を十本作成し、知友に配る。 （川上宗寿没）
弘化二	1845	81	五月二十五日、観阿が翠涛のもとを訪れた最後の日となる。
嘉永元	1848	84	観阿没。 没する九日前に遺墨として木団扇に苦楽と認める。 翠涛、この遺墨を観勢に依頼して譲り受ける。 没後、勧学院に碑文が追加される。東大寺四月堂に位牌が安置される。 弘福寺に西村藐庵による碑文がある墓が建てられる。 遺骨は福泉寺にも葬られる。
嘉永六	1853		（阿部休巴没） （西村藐庵没） （古筆了伴没）
安政元	1854		（観勢没）
安政五	1858		（溝口翠涛没）
安政六	1859		（七代目・市川團十郎没）

第一章　父・山田屋太郎兵衛

第一節　観阿の生家

東大寺勧学院にある寿蔵碑文、および弘福寺に没後建てられた墓の碑文では、観阿が若き頃より遁世の念を強めていたと述べられている。妻子を捨ててまで剃髪、出家した背景には一体何があったのか。本章では観阿の生家が山田屋であることを起点に、破産に至るまでの経緯を明らかにする[1]。

観阿の没後、東大寺勧学院の寿蔵に追加された碑文には次のような記述がある。

観翁俗性芳村、本吉村也、先考嘗以財徴聘于仙台侯、侯之先君有諱吉村公、以吉芳国読同換之云

［読み下し］観翁《かんおう》の俗姓は芳村、本《もと》は吉村なり、先考《せんこう》は嘗《かつ》て財を以て仙台侯に徴聘《ちょうへい》す。侯の先君は諱《いみな》吉村公とあり、吉と芳は国読《くによみ》同じなるを以って之《これ》を換《か》ふと云ふ

観阿の父は財用などで伊達家に関係した人物のようで、元々は吉村氏であったが、観阿の父が仙台藩五代藩主・伊達吉村（一六八〇～一七五一）と同名を憚り、芳村に改めたことがわかる。

従来の研究で、観阿の生家については落語家の三遊亭圓朝《さんゆうていえんちょう》（一八三九～一九〇〇）による落語『熱海《あたみ》土産温泉利書《みやげおんせんききがき》』（一八八九）で次のように語られている。

江戸新橋の八官町に居ります山田屋仁兵衛《やまだやにへえ》と申しまして後に吉村観阿となります大茶人で後座います。此吉村観阿と云ふ仁の墳墓《ふんぼ》ハ、向島の弘福寺に御座います。抱一上人の筆で白醉庵観阿居士と円相の石に彫付けてありまする。奈良東大寺にも立派な墳墓が残ッて居ります。此仁ハ嘉永元年六月十九日に八十一歳で死去しましたと云ふ。シテ見まする此仁ハ明和五年の出生で、熱海へ来た時にハ四十四の年で有ります。誠に人柄の宣い大茶人で風流な仁で洒落《しゃれ》も出ます[2]

観阿の人柄や墓について述べているが、観阿の生年については創作である。また、店の屋号を山田屋と紹介している。山田屋と述べられるのは、管見の資料中、唯一である。圓朝は安政五年（一八五八）から十五年間を浅草で過ごしていた。このことから観阿が嘉永元年（一八四八）に没してより後、江戸の茶の湯に関係する人々の間で圓朝が述べる人物像が語られていたと考えられる。

遁世した観阿について『白醉庵数寄物語』では次のような記述がある。

芳村観阿。白酔庵と号し江戸の人にて家富み某侯の用達をも為しけるが、破産の厄に瀕するや剃髪、此世の俗を避け浅草俵《（田原）》町に幽居し畢はんぬ

この一文から観阿の家は某侯の用達であったことが知れ、さらに生家が破産の危機に瀕した観阿は出家したことが知れる。文中では浅草俵町だが、同じ韻である田原町《たわらまち》（現在の台東区雷門一丁目あたり）を意味する。すなわち、観阿が隠棲して観阿が結んだ白酔庵を営んだ場所とは浅草の田原町であったことがわかる。この某侯が、父親が同名を憚ったほどの関係があった仙台藩主伊達家であるかは現時点では断言できない。ただ、観阿が三十四歳で出家に至るまでの動静として、生家の経営状況は大きく関係していると考えられる。

第二節　江戸の両替商山田屋

溝口翠涛が戯画として知友の肖像を描き集めた『戯画肖像並略伝《ぎがしょうぞうならびにりゃくでん》』（東京大学史料編纂所蔵）[3]には、翠涛が観阿七十二歳のときの寿像を描いて賛し、長府藩十一代藩主・毛利元義《もうりもとよし》（四酔庵《しすいあん》／一七八五〜一八四三）が賛をした「苦楽翁寿像《くらくおうじゅぞう》」（口絵12）が所載されている。同書の略伝には次のような記述がある。

翁氏ハ吉村又芳村に作る候、仙臺侯ヘ憚《はばか》る所あるゆへ也、元山田屋といふ仙臺侯之用金調達を奉

　りし故なりとそ

観阿の父は伊達吉村と同名を憚って芳村と改めていた。その理由は、生家が仙台藩伊達家の用金調進の山田屋を屋号とする両替商であったためと判明した。

江戸の両替商に関する文献としては宝暦五年（一七五五）の『銭屋商組合連判帳《せんやしょうくみあいれんばんちょう》』および明和五年（一七六八）の『五組定法帳《ごくみじょうほうちょう》』があり、江戸の両替商を五組に分けたうち、いずれも新両替町組《しんりょうがえちょうぐみ》に加入した両替商として

　丸屋町
　　山田屋太郎兵衛　㊞[4]

の名前が所載されている。この点から、観阿の生家で財用に貢献した丸屋町の山田屋と同定される。

仙台藩と山田屋との関係を巡っては、郷土史家の佐々久《ささひさし》（一九〇九～一九八九）が『仙台郷土史研究（第二十三巻第三号四号合併号）』で伊達家の正史である治家記録を挙げ、山田屋について紹介している[5]。

明和四年（一七六七）正月、幕府より仙台藩と広島藩に対して関東諸川《しょせん》修理が達せられた。佐々は治家記録を挙げ、山田屋太郎兵衛が工事で多大な貢献をしたため家財が傾いたとしている。また治家記録の寛政三年（一七九一）二月二十八日条を挙げ、山田屋太兵衛なる人物が十四万両余の負債遷延《せんえん》を幕

府に訴えようとしたが、仙台藩勘定奉行の浜尾文左衛門《はまおぶんざえもん》が斡旋尽力し四万三千両の年賦償却を約定したと紹介している。佐々は太兵衛が山田屋太郎兵衛の息子ではないかと指摘している。

そこで改めて治家記録に注目し、山田屋と仙台藩との関係を詳しくみていきたい。伊達吉村は宝暦元年（一七五一）十二月二十四日に江戸で没した。そこで吉村の時代の藩政を記録した『獅山公治家記録《しざんこうちけきろく》』（宮城県図書館蔵）の宝暦二年一月九日条では、吉村の遺体を仙台に帰葬する様子が述べられている。その際、見送った人々のうち仙台藩に関係した商人の名前が確認でき、次のような記述がある。

> 大坂屋久兵衛、佃屋作兵衛、梶木五郎治、山田屋太郎兵衛、蝶屋長右衛門、奉送小姓披露千寿駅本陣飛脚宿出居ルニ由テ各金百疋ヲ賜フ

吉村の帰葬に際して大坂屋久兵衛、佃屋作兵衛、梶木五郎治、山田屋太郎兵衛、蝶屋長右衛門らが見送り、金百疋を仙台藩から与えられていた。ここに名前を確認できることから、太郎兵衛は吉村在世のときより交渉があったことがわかる。

宝暦年間の山田屋と仙台藩の関係に注目すると、仙台藩の財政家である萱場杢《かやばもく》（一七一七～一八〇五）による記録『金穀方職鑑《きんこくかたしょくかん》』中、「江戸当座御借金覚　四月十五日迄之調」では次のような記述がある。

> 一、七千九十両利（七千両九十両利）　九十両利　伊勢屋三郎兵衛
> 一、千五百両　十五両壱分　良源院

一、五百両　百両利　今中九兵衛
一、三百両　右同断　伊勢屋六兵衛
一、弐千両　九十両利　山田屋太郎兵衛
一、千両　百両利　渡辺吉右衛門
富山幸右衛門
一、千両　百両ニ一両之利　多ヶ井屋清左衛門
入江平兵衛
一、千五百両　七拾五両利　佃田屋作兵衛
一、百両　百両ニ一両利　木具屋杢右衛門
〆壱万四千九百両[6]

宝暦年間、仙台藩に対して山田屋が二千両を貸し付けている。山田屋は伊勢屋三郎兵衛の七千両に次いで二番目に大きい貸し付けを行なっている。また同書の宝暦十三年「於江戸他所へ金石被遣覚」では次のような記述がある。

両替御用　足（ママ）
一　御合力十両　山田屋太郎兵衛
玄米弐拾俵　大文字屋宇右衛門 三郎右衛門 手代[7]

山田屋と大文字屋の手代である宇右衛門と三郎右衛門に仙台藩より合力金《ごうりききん》十両と玄米二十俵が支給されている。仙台藩との交渉は宝暦元年以前、吉村在世のときからであったが、宝暦年間すなわち仙台藩七代藩主・伊達《だて》重村《しげむら》（一七四二～一七九六）の頃には財用に関する交渉が頻繁になっていたと考えられる。

　ところで明和四年（一七六七）一月二十九日、江戸城波の間において重村と広島藩七代藩主・浅野《あさの》重《しげ》晟《あきら》（一七四三～一八一四）に、関東筋川々御普請御手伝が命じられた。この河川改修工事について重村、八代藩主・斉村《なりむら》（一七七五～一七九六）、九代藩主・周宗《ちかむね》（一七九六～一八一二）、十代藩主・斉宗《なりむね》（一七九六～一八一九）、十一代藩主・斉義《なりよし》（一七九八～一八二八）、十二代藩主・斉邦《なりくに》（一八一七～一八四一）の治家記録である『六代治家記録（巻之十二　徹山公十二）』（宮城県図書館蔵）の明和四年七月十五日条を見ると、次のような記述がある。

十五日諸川修理ニ労アルヲ賞シ松前釆女、時服三領黄金二枚金上玄蕃萱場勘解由小嶋文右衛門、各服二領黄金一枚馬淵小左衛門吉田隼太姉歯八郎右衛門大石孫右衛門熊善斎名村金右衛門望月三郎兵衛斎藤忠兵衛永嶋運右衛門金須正兵衛庄子武助、各銀子七枚ヲ賜フ外ニ抜群ノ精勤ヲ賞シ釆女、刀勘解由、服及ヒ銀子十枚文右衛門、服及ヒ銀子三枚隼太、服及ヒ銀子十五枚忠兵衛、服及ヒ銀子五枚武助、銀子七枚ヲ賜フ財用ニ功アルヲ賞シ町用達山田屋太郎兵衛、給米十五人口、同水野三郎兵衛、十口同三河屋長左衛門多賀井屋清左衛門、各四人口屋根屋長左衛門、三人口ヲ加フ其他諸有司、金銀及ヒ物ヲ賜フ明和四年七月十五日、工事の功労者へそれぞれ賞が与えられていることがわかる。このうち用達の筆頭は山田屋太郎兵衛である。このほかにも仙台藩の用達の商人である水野三郎兵衛（十口）、三河屋長左衛門、多賀井屋清左衛門（四人口）、屋根屋長左衛門（三人口）をはじめ貢献した商人に金品が下賜されている。太郎兵衛が十五人口を賜っている点からも、この工事に際して大きく貢献したことがわかる。このとき観阿は三歳であることから、この山田屋太郎兵衛とは観阿の父であると目される。

当時の伊達家では請負った諸地域の河川改修工事などは当該の村々へ請け負わせる村請負であった。大谷貞夫『近世日本治水史の研究』（一九八六）によれば、仙台藩が請負った工事のうち、村側の資料として吉岡家の記録『吉岡家旧記』によると、村請負による金額は幕府側が見積もった仕様帳の金額ではなく、藩側と地元で相対に決められたとされる[8]。

では具体的に山田屋はこの工事にどのように関係したのであろうか。当時の山田屋の動向について明和四年四月付の『一礼之事』（慶応義塾大学文学部古文書室蔵）では次のような記述がある。

一礼之事

一　金三百両壱分永百六拾六文　　不動院野村

一　金弐拾六両弐分永弐文七分　　本郷村

一　金弐百四拾弐両七分永三拾八文　　樋竜村 八丁目村 組合

一　此度関東筋川々御普請御手伝御用松平陸奥守様
被蒙仰候ニ付御普請仕立形之を我等方江其仰付候處
右村々地門御普請所之を村々置請に被候成段御対談之上
書面之金ニ而仕立候貴殿方村々引請ニ相渡申所実正也[9]

この文書は仙台藩が担当した区域の工事を村請負させ、その費用の支払いを山田屋が約束したものである。日付が明和四年四月とあることから、工事の必要に応じて山田屋が仙台藩に財政面で協力していたことが確認できる。支払いの内訳は不動院野村に三百両余、本郷村に二十六両余、樋篭村と八丁目村に二百四十二両余である。

ほかにも、資料は確認できないが仙台藩が担当した各村の村請負でも、その代金を山田屋が肩代わりしたものと考えられる。

この工事での仙台藩の支出について『六代治家記録（巻之十五　徹山公十五）』明和七年四月十三日条では次のような記述がある。

宝暦五年飢歳ノ後国用不足加ルニ明和四年諸川修理ノ命ニヨリ金二千《ママ》二万圓余ヲ費シ今日ニ至リ借金六十万八千六百八十圓二方借米二万四千二百石余ニ及フ

工事に費やした仙台藩の支出は二十二万両となり、宝暦十年の飢饉に際しての借財も含め明和七年時点で仙台藩の借金は六十万両にも上っていた。

さらに『六代治家記録（巻之十七　徹山公十七）』の安永元年（一七七二）十月二十一日条では以下のような記述がある。

用達商山田屋太郎兵衛戸江へ家産ヲ傾ヶ財用ニ励精ス因テ今後十年間毎年廩米（ママ）三百苞ヲ賜フ

記述から明和四年の工事に際して仙台藩の用金調達に貢献し、その後も藩財用に貢献したため、安永元年、観阿が八歳のとき山田屋は破産の危機に瀕していた。先の『六代治家記録（巻之十五　徹山公十五）』の記述と考え合わせると、山田屋が工事に際して用立てた金額は相当な額であったことが想像される。そのため仙台藩は、安永元年から十年間、観阿が十八歳の天明二年（一七八二）まで、稟米三百俵の合力金を与えたのであった[10]。

東大寺にある寿蔵碑文には「初名明昭、俗称太郎兵衛」とあり、観阿は俗称を太郎兵衛と名乗っていた。この点から青年期の観阿は一時にせよ両替商山田屋の当主として活動していたと考えられる。

仙台藩八代藩主・伊達斉村《なりむら》（一七七五～一七九六）の治家記録である『六代治家記録（巻之三十二　桂山公二）』寛政三年（一七九一）二月二十八日条では以下のような記述がある。

勘定奉行濱尾文左衛門へ山田屋太兵衛（ママ）ヨリ金十四萬圓餘ノ負債遷延ニヨリ幕府へ訴ントス文左衛

門周旋盡力シ四萬三千圓ノ総額ト為シ年賦ニ償却スルヲ賞シ銀子ヲ賜フ

浜尾文左衛門は賞として銀子を賜った。理由は、山田屋太兵衛なる人物が十四万両余の負債遷延を幕府に訴えようとしたのを、文左衛門が周旋尽力し四万三千両を年賦償却することに約定した功によるものである。

佐々が指摘する通り、太兵衛が太郎兵衛の息子であるならば、太兵衛は二十七歳の観阿ということになる。筆者もこの意見には同意する。そうであれば三十四歳で出家した背景について、視界が大きくひらけてくる。

つまり、青年観阿は両替商の若旦那であったが、物心がついた頃から家計は火の車で、仙台藩から支給される米などで暮らしていた。青年観阿の最大の仕事は家業の整理、すなわち仙台藩への貸付金の整理であったに違いない。仙台藩の記録では、観阿が二十七歳のときに一応の区切りがつけられたため、ここで家業の存続が危ぶまれた。その後の数年間は家業の整理の時期と考えれば、三十四歳で出家した間の出来事と捉えることができる。また観阿は後年、目利きとして聞こえた人物だが、妻子を捨てた人を何故目利きと言えるのかという意見もある。しかし見方によっては家業の整理によって妻に何らかの累が及ぶことを避けたという、愛ゆえの離縁という解釈も可能である。若い経営者がヤマ場を経験した判断なので、理由はそう単純ではないだろう。ただ一つ言えることは色事が理由なのではなく、妻子を守るがための離縁であったとした方が、後年の観阿の行状を考える時には落ち着く。

なお出家に際して山田屋が所蔵した美術品はことごとく知友に分け与えたが「元久二年重源上人勧

進状」だけは手放さずにいた。当時の観阿を思うに、自らの身の振り方と、心の再建というものが重源の姿と重なったのではないだろうか。その後の行状については後述するが、両替商から美術商へ、眼差しの変化は観阿の人生を大きく左右することになるのである。

第三節　宗偏流を学んだ太郎兵衛と観阿

観阿の父親と目される人物について、『南方録』の研究者である柴山不言《しばやまふげん》（一八五七～一九三七）による『茶人系譜大全』（一九二三）には

芳村太郎兵衛　晩入軒《ばんにゅうけん》、隠正《いんせい》、陸庵《りくあん》等ノ号アリ[11]

と記載されている。系譜を辿ると、宗偏流の茶人で古河藩土井家の侍医であった神谷松見《かみやしょうけん》（一七二二～一八〇三）の弟子となる。

ところで川口宗伊氏より提供された宗偏流不審庵発行の機関紙『知音《ちいん》（第三十二号）』によれば、観阿の茶系について次のように紹介されている。

神谷松見―父芳村太郎兵衛（宝暦入門、明和二年四月盆点、天目を松見より伝授）―芳村観阿[12]

この点から、従来、観阿親子は宗徧流の茶人であるとされていた。同書に信を置けば、明和二年四月に父・太郎兵衛は松見から盆点—茶入と盆を用いた点前を伝授された。

ここで溝口翠涛により安政元年（一八五四）に書かれた自筆の『三夢続録《さんむぞくろく》』（東京大学史料編纂所蔵）に注目したい。同書で観阿について次のような記述がある。

観阿者、号㆓白酔庵㆒、宗偏流、而以㆓好事㆒鳴于㆓都下㆒[13]

観阿と直接の交流のあった人物の記録により、観阿が宗徧流の茶人であったことが確認できたことは重要である。宗徧流の祖で千宗旦《せんそうたん》（一五七八～一六五八）の弟子でもあった山田宗徧《やまだそうへん》（四方庵／一六二七～一七〇八）に関係する道具について『宗徧流歴代道具』（一九七六）によると、山田宗徧作竹尺八花入銘「傅大士《ふだいし》」、山田宗徧作竹茶杓銘「廬山《ろざん》」、山田宗徧所持桑柄灰匙《くわえはいさじ》に観阿の箱墨書があった[14]。

そこで現存する作品から、その周辺をみていきたい。

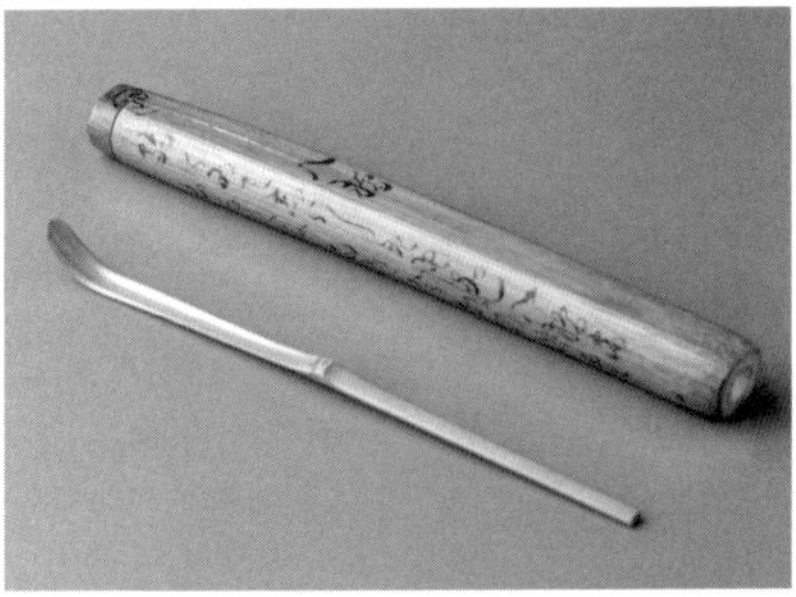

図1　山田宗徧作共筒茶杓　銘「八橋」　個人蔵

まず『茶杓三百選（第三巻）』（一九五四）では山田宗徧作共筒茶杓銘「八橋《やつはし》」（図1）が紹介される。この作品の現存は確認しているが実見していないた

め同書を参考に所見を述べておく。茶杓は白竹を用いた華奢で素直な作であり、筒は正面に

八橋
駒とめてしはしはゆかし八橋の
くもてに白き今朝の淡雪[15]

と書かれ、側面には

延宝七年二月下旬　五十三歳作之　宗徧（花押）

とある。墨書の筆跡、歌銘もさることながら、作られた年号がわかる点でも茶席では嬉しい一作である。茶杓を収納する箱は宗徧流四世・山田宗也《やまだそうや》（一七四三～一八〇四）によるもので、側面には観阿による墨書で次のような記述がある。

是無類之茶杓
秘蔵々々
白酔庵（花押）

この茶杓は宗偏の茶杓中、華奢ながら美杓であり、箱墨書から観阿自身が秘蔵したことが伺える。

次に『宗偏流歴代道具』で紹介される山田宗偏所持桑柄灰匙（図2）は緑青の発色もさえ、金味も良く、特に桑柄の部分も時代を経た味わいを醸し出している。収納する箱甲には観阿による墨書で「桑柄灰杓子」と書かれ、裏には次のような墨書がある。

図2　山田宗偏所持桑柄灰匙　個人蔵

今日庵宗偏所持　　白醉庵
宗也ゟ伝来　　（花押）

このことより山田宗也からもたらされた灰匙であることがわかる。八橋にも宗也の箱墨書があることから、観阿と親しい間柄であったことが想像される。特に父太郎兵衛が松見に師事した関係から、観阿と宗偏流を巡る交流が考えられる。なお灰匙の箱墨書の筆跡は、若い頃の筆跡とみなすことができる。

観阿が宗偏流の茶人であったことは、江戸における交流を考える上でも重要である。英一蝶《はなぶさいっちょう》（一六五二～一七二四）による「一

図3　英一蝶筆「一休和尚酔臥図」
板橋区立美術館蔵

休和尚酔臥図《すいがず》」（図3）に注目する。この作品を収納する箱甲の墨書には

一休和尚酔臥之図　英一蝶筆

とあり、裏には

横谷宗眠

表具好之由伝来　白酔庵（花押）

とある。箱裏及び甲の筆跡は同一であることから、いずれも観阿による墨書であり、表具は金工の横谷宗眠《よこたにそうみん》（一六七〇～一七三三）による好みであることがわかる。一蝶と宗眠を巡っては、一蝶が遠島となっていた時、その母妙寿尼が宗眠の家で養われていた経緯があり、また宗眠の金工に際し一蝶の下絵を用いるなど二人は親しく交流していた[16]。また『知音（第三十二号）』には宗眠について次のような記述がある。

宗眠、宗偏流の茶をよくし、茶杓を削る、神田の自宅内に数寄屋を設け長松庵《ちょうしょうあん》と号せり[17]

観阿や宗眠が宗偏流であった点は誠に興味深い。

第四節　浅草と観阿

三十四歳で隠棲した観阿は浅草・田原町に庵を結び過ごした。序章の冒頭でも紹介したように観阿の人柄は、後世になって三遊亭圓朝の落語に登場するなど、伝聞されていたと考えられる。そこで観阿と浅草との関係を述べておきたい。

『白醉庵数寄物語』には次のような記述がある。

浅草神門に有之雷風神の彫刻作者雪溪《せっけい》と申伝へしは誤なり。京都七條左京の先祖興慶《こうけい》と云ひし趣、左京家《さきょうけ》の記録に載せあり。此由を浅草別当《べっとう》に語りければ斜ならず打悦びて京師ゑ照会の上折紙をも申享けたり。

浅草寺の雷神の彫刻の作者が雪溪ではなく興慶であり、そのことが左京家の記録にあることを当時

図4　黙守菴好茶入　個人蔵

の浅草寺別当——誰かは特定できないが——に伝えたところ、喜ばれたという記述である。この点から当時の浅草寺との関係がうかがわれる。

　浅草寺の別当の一人に忠運僧正《ちゅううんそうじょう》（?～一六八六）がいる。この人物については網野《あみの》宥俊《ゆうしゅん》が『今昔《こんじゃく》（第五巻第一号）』（一九三四）で紹介している。同書中、島田筑波（一八八五～一九五一）の補足によれば茶人伊丹宗朝《いたみそうちょう》（黙守菴《もくしゅあん》／生没年不詳）を次のように紹介している。

> 茶人、伊丹宗朝は江戸に表千家の茶道を流行さした旗本で、近藤重蔵《こんどうじゅうぞう》の父の新知庵《しんちあん》はその門下である。この宗朝は網野宥俊師の書かれた忠運僧正の一族で、僧正の遺愛の小野お通《つう》所持のうたたねと名づけた琵琶を抱いた宗朝の肖像を画いたものを私は多年愛蔵してゐたが、今はなくなつてしまつた。然し宗朝遺愛芦屋の手取釜は只今でも品川の益田男爵家にある、それから宗朝の歌碑は土に埋もれたまゝ木母寺の境内に横はつている[18]。

　ここで宗朝に注目してみる。「黙守菴好茶入」（図4）は身も蓋も竹で作られており、片口になっている侘びた茶器である。

この茶器の箱墨書は観阿によるもので、甲には

黙守菴好茶入

とあり裏には

伊丹宗朝

自造

白酔庵（花押）

とある。筆跡は五十五歳から六十五歳までのものと推定される。ただし、通常は白「酔」庵とすべきところを白「酔」庵としている。酔と書かれた箱墨書はこの当時でしか確認できず、当時の観阿の墨書を考える上でも重要である。観阿と宗朝とでは時代にやや開きがあるものの、このような作品も観阿と浅草との関係を物語る点で興味深い。

第五節　観阿の号の出典

東大寺勧学院の寿蔵碑文にある観阿の号、物外《ぶつがい》、指月斎、白酔庵《はくすいあん》、聴笙《ちょうしょう》、楽此軒《らくしけん》について触れておきたい。

まずは「観阿」の意味について触れておく。寿蔵碑文には観阿が没してのち和気行蔵によって加えられた碑文には「江都老人観阿」と書かれ、弘福寺に建てられた観阿の墓の碑文には「白酔庵苦楽翁観阿居士」とあり、いずれも観阿の名が記載されている。このことから後年は観阿の名が世間に通用していたと考えられる。

観阿の出典について陶磁器研究家の満岡忠成は、その名が重源の甥にあたる観阿弥陀仏《かんあみだぶつ》（一一六五～一二四二）に由来しているという。観阿が三十四歳で出家するに際し、重源による「元久二年重源上人勧進状」だけは手放さずにいた点からも誠に興味深い。

観阿弥陀仏について美術史家の石田尚豊氏は『日本美術史論集―その構造的把握―』（一九八八）の中で「重源の甥に当り、十六歳にして平等院の能円より剃髪を受け専ら真言を学んだ。養和元年（一一八一）重源宣旨を賜わるや、重源のもと勧進聖となって諸州を勧誘してその大業を助け、建久三年（一一九二）重源の命により、爾来この地にあって重源の後を嗣いで浄土寺第二世となり仁治三年（一二四二）に没した[19]」人物として紹介している。また観阿弥陀仏について『浄土寺縁起《じょうどじえんぎ》』（神戸大学附属図書館蔵）では一日三万回称名を唱えた人物として述べられている。

観阿弥陀仏は重源とともに勧進のため諸国に付き従い、仏心の篤い人物でもあった。そこで観阿による寄進に注目してみると五十一歳のとき弘福寺にあった千体仏の一つを安置する荘厳の寄進をはじめ、五十三歳のとき勧進状を東大寺に寄進、七十八歳のとき法隆寺の円明院に弘法大師額箱を寄進、八十一歳のとき再び弘福寺の改修の寄進を行なっている。観阿の号は遁世の念を強いていた点と仏心が篤い点から、その出典と捉えることができる。

観阿は三十四歳で出家するに際し、所有した器物を知友に分け与えたが、勧進状だけは手放さずにいた。また文化元年（一八〇四）、四十歳以前にすでに観阿と名乗っていた。観阿の号の出典は勧進状の筆者重源の甥にあたる観阿弥陀仏であると判断される。

物外と指月斎の号はいずれも出典が明らかにされていないが、世俗を離れた意味として捉えることができる。

白醉庵の「白醉」について寿蔵碑文では

其意蓋在乎以喧之暖代酒之醉也

と述べられている。この点について満岡は「白醉《はくすい》とは唐代の故事に出た語で、酒を飲まずして酔うことで、鵬斎も喧暖（陽光の暖）を以て酒の酔に代える意かと推しているが、あるいは観阿は下戸だったのかもしれない」（37頁脚注10）としている。

聴笙について寿蔵碑文では

天資怜悧、頗有文藝、又精陸鴻漸茶道、因称聴笙、蓋取諸袁宗道緩添炉火聴瓶笙之句也

としており、その出典は明時代後期の詩人袁宗道（一五六八～一六一〇）による漢詩の一節であると述べられている。そこで『白蘇齋類集（巻之五）』には袁宗道の「即事」として次のような詩文がある。

宦味侵哀詩味長、道縁漸熟俗縁輕、時從故紙覓高士、老結同参進麯生、
軽滌硯塵留墨繡、緩添爐火聽瓶笙、熱官棄置酸寒福、貧士收來麿不争[20]

碑文によれば文芸や茶道では聴笙と名乗ったようである。しかしながら現在、この署名のある作品や箱墨書は確認できていない。

楽此軒について寿蔵碑文では

因又称楽此軒云

と紹介される。溝口家の記録では白醉庵に三畳の茶席「楽之斎」があったことが確認される。この点から同様の意味で「楽此軒」を号として用いたものと考えられる。

1 宮武慶之「吉村観阿と山田屋太郎兵衛」『日本研究』第五十六集、国際日本文化研究センター、二〇一七年
2 三遊亭円朝口演、酒井昇造速記『熱海土産温泉利書』金泉堂、一八八九年
3 『戯画肖像並略伝』、東京大学史料編纂所蔵
4 三井高雄『新稿両替年代記関鍵』巻一資料編、岩波書店、一九三三年
5 佐々久「仙台藩の財政と蔵元(三)」『仙台郷土史研究』第二十三巻第三号四号合併号、仙台郷研究会、一九六五年
6 須永重光『陸奥國郡村石高並常陸國近江國等　金穀方職鑑』仙台藩史料刊行会、一九五三年
7 前掲注(6)
8 大谷貞夫『近世日本治水史の研究』雄山閣出版、一九八六年
9 「一礼之事　関東筋川々松平陸奥守御手伝普請の義四ヶ村地御普請所引請に付渡す金子の事」慶応義塾大学文学部古文書室蔵
10 中井信彦『転換期幕藩制の研究―宝暦・天明期の経済政策と商品流通―』塙書房、一九七一年
同書で中井は次のように述べている。

安永元年(一七七二)に、同藩が江戸の御用達山田屋太郎兵衛に対して向う一〇年間、蔵米三〇〇俵を支給することを始めたのも、新規借入のために債務を踏倒されて倒産した在来の利貸御用商人への代償にほかならなかったのである。
11 柴山不言『茶人系譜大全』川瀬書店、一九二三年
12 『知音』第三十二号、茶道宗徧流不審庵、一九四三年
13 『三夢続録』、東京大学史料編纂所蔵
14 山田宗囲監修『宗徧流歴代道具』主婦の友社、一九七六年
15 高原杓庵『茶杓三百選』第三巻、杓庵刊行会、一九五四年
16 島田一郎『冬木沿革史』冬木町会、一九二六年
17 前掲注(12)
18 網野宥俊「浅草寺別当と犬」『今昔』第五巻第一号、上田泰文堂、一九三四年。なお本書はゆまに書房の復刻版(二〇〇五年)を用いた。
19 石田尚豊『日本美術史論集―その構造的把握―』中央公論美術出版、一九八八年
20 袁宗道撰『白蘇齋類集(巻之五)』、四庫禁毀書叢刊編纂委員會編『四庫禁毀書叢刊』集部第四八冊、北京出版社、二〇〇〇年

第一章　父・山田屋太郎兵衛

第二章　松平不昧との交流

観阿は三十四歳で出家し、その後の行状としては不昧と親しくしていたことが判明している。『松平不昧伝』（一九一七）によれば、観阿が不昧に取り次いだ道具では、狩野松栄の屏風、古銅鉢、小堀篷雪の額、象眼床几を始め、裂類の数々、多葉粉入、緒じめ、根付、刀剣の鍔、柄木、そのほか文房類の珍品貴什などである。また不昧は観阿のような「稀世の奇士」と交り、茶事を共にし、文芸を語ったりした。観阿の素養を不昧が高く評価し寵遇したことが述べられている[1]。

近代の茶道史研究家である高橋龍雄《たかはしたつお》（梅園《ばいえん》／一八七〇～一九四六。以下、梅園に統一）による『茶禅不昧公』（一九四四）では、伝聞をもとにした観阿の行状として次のような記述がある。

観阿曾て公が唐渡りの裂を珍蔵するを知り、公を驚かさんとて或る時茶事に招かれたる時、それと同じ裂を帯にして来れり。公おもへらく、かくの如き貴重の裂を帯にせるは観阿の豪胆真に驚くべきものありと。何ぞ知らん、彼は僅に見ゆる所だけ裂を帯に被らせたらんとは。後日公之を知りて呵々大笑せられたりとぞ。彼が奇行と彼が嗜好とは公の愛する所にして、また以て公の性格の反映と看るべし[2]。

観阿が唐物の裂地を所持していたときの話。ある時不昧の茶会に招かれた観阿が、不昧を驚かそうと唐物の裂地を帯にして参会した。それをみた不昧は、「高価な裂地を帯にするとは！」と観阿の豪胆さに驚いた。しかし実際には帯の見える部分だけ高価な裂地を用いたという。これを聞いた不昧は大笑した。このような観阿の奇行と嗜好を不昧が好み、寵遇したと述べられている。

このような伝聞が伝わる観阿と不昧の交流であるが、その交流を物語る作品も多く存在する。そのため本章ではこれらの作品を通して、両者の関係を詳しくみていきたい。

第一節　不昧の茶会への参会

不昧の茶会を梅園がまとめた『不昧公名物茶会記《ふまいこうめいぶつちゃかいき》』（慶應義塾図書館蔵）[3]のうち、観阿が招かれたのを一覧にしたのが表2である。後述する谷園中大茶湯《たにのそのちゅうだいちゃのゆ》を除いた三十六回の茶会に参会していることがわかる。

そのうち早い時期の記録では文化元年（一八〇四）四月二十六日の茶会がある。題には「園城寺御花《おんじょうじおはな》入《いれ》にて武者小路千宗守《せんそうしゅ》被召て御跡見牛尾宗苔《うしおそうたい》ラ越ス」とある。これは武者小路千家八代・千宗守（一《いっ》啜斎《とっさい》、休翁／一七六三～一八三八）を招いた際に使用した千利休作竹花入銘「園城寺《おんじょうじ》」（東京国立博物館蔵）を用いた跡見の茶会である。当日、参会した客は順に山口長三郎《やまぐちちょうざぶろう》、大坂屋庄三郎《おおさかやしょうざぶろう》、芳村観阿、筑前屋作《ちくぜんやさく》右衛門《えもん》、牛尾宗苔《うしおそうたい》、伏見屋宗振《ふしみやそうしん》（甚右衛門）である。

当日使用された道具組みは次のようになる。

御飾付

一御床　園城寺花入　御所望花 夏菊　宗守仕 あハもり

一御風呂　古宗全面取

一御釜　古芦屋真形常環付

一御茶入　盛阿弥大棗　裏盛ノ字ァリ　御袋かけ

御飾二重御而前　黄地古金襴

一御茶杓　安楽庵策伝作　銘しほり

一御茶碗　柿のへた　法含院様御所持

一御こほし　古染付ゆふ

一菓子　葛餅　胡麻砂糖

以上

鎖ノ間

一御床　武蔵鐙の文　園城寺ニ付利休書翰

古織部公とあり

下　青磁　蓮ノ花回り香炉　唐物篭 文庫ニかさり附

一御棚　時代硯筥　裏筆置上り　雪川卿

内御物すゝき　法含院様御所持

一長板

一風呂　宗全

一釜　与二郎

一水指　瀬戸ひとへくち

一茶碗　唐津古はけめ　小

一茶杓　千家作　亡失　銘やつこ

一こほし　南蛮〆切

一惣菓子　山陰おしも物（ママ）

以上

跡見の茶会当日は、園城寺の花入とそれに付属する千利休筆消息「武蔵鐙《むさしあぶみ》の文」（東京国立博物館蔵）を主眼とする道具組みであったことがわかる。なお、不昧自身はこの花入の写しを三つ作成し、武蔵鐙の文も写している。不昧筆「武蔵鐙の文（写し）」（個人蔵）には同時代に活躍した道具商、本屋了我《ほんやりょうが》（惣吉／一七五三～?）の書付がある。

第二節　谷園中大茶湯

文化元年（一八〇四）十月二十七日、不昧は江戸の谷御園《たにのみその》において谷園中大茶湯を行なっている。この茶会では不昧が無心斎一席を受け持ち、そのほかの茶席を知友が担当した。招かれた人数はおよそ三十名であった。『不昧公名物茶会記』によると、当日各席を担当した席名と人物は次のようになる。

看雲軒　不昧（飾り付けのみ）
無心斎　不昧
藤下棚　本多豊後守
利休堂　芳村物外
蝸庵　筑前屋作右衛門
惜春亭　川村及夢
洗月亭　山口長三郎
土段　牛尾宗苔
花畑腰掛　北野屋鞠塢

観阿は牛尾宗苔（生没年不詳）[4]や花畑腰掛の茶席を担当した北野屋鞠塢《きたのやきくう》（北野または佐原鞠塢／一七六二～一八三一。以下、鞠塢に統一）らと四十歳の頃には面識を得ていたことがわかる。

ここで観阿と鞠塢との関係に注目したい。文化元年六月に公刊された『盛音集《せいおんしゅう》』は鞠塢の剃髪を記念して、交流のあった儒者、詩人らが寄稿した詩文集である。跋文には鞠塢の署名があり、北野屋鞠塢となっている。不昧による谷園中大茶湯が十月であり、この当時、鞠塢は北野屋鞠塢という名で通用していた。

鞠塢は元々仙台の人であったが、その後江戸に出て道具商などをして過ごす。しかし幕府の咎を受け、その後は百花園を開園することとなる。鞠塢は文政二年（一八一九）頃[5]、隅田川焼の開窯を記念して「すみた川花やしき」の半紙五丁を発行し、都鳥の香合を配ったとされる。半紙八丁には月令花鳥信一丁半、乾山系図二丁、扁額筆者名半丁、花屋敷全図四丁が書かれている。花屋敷全図の西北隅に乾山窯が書かれており、次のような記述がある。

> 梅屋園中、倣乾山窯、隅田川以土陶器製始、抱一上人依命、光琳碑妙顕寺建因縁ニヨッテ、陶器ヲ製スル薬法ハ光琳家ヨリ譲受、亦伊八乾山ノ薬法ノ直書ヲ浅草観阿雅君ヨリ譲受所持ス[6]

観阿は尾形乾山《おがたけんざん》（一六六三～一七四三）による陶器の薬法書を鞠塢に与えており、交流があったことがわかる。

また両者の交流については先述の『盛音集』に次のような記述もある。

> 堤草　観阿

随水長堤護野田閑身蹋遍草竿々不煩稚子持床子自是天然好緑氈[7]

〔読み下し〕

水随《したが》い長堤《ちょうてい》、野田を護る。閑身、踏遍《とうへん》す草竿々《かんかん》に煩《はん》せず。稚子の床子を持つ。自ずから是、天然の好緑氈《りょくせん》。

この漢詩は観阿によって隅田川の情景を七言絶句に詠まれたものである。観阿と鞠塢の交流については文化元年、観阿四十歳以前からであったことがわかる。鞠塢が元道具商であったことと年齢も近かったこともあり親しく交流したものと考えられる。

特に観阿は不昧の茶会に四十回参会していたとされ、不昧を取り巻く人々と同席することで交際範囲の広がりがあったと考えられる。また、当時の記録で観阿は「芳村物外」と名乗っている。文化年間に自署した作品に「元久二年重源上人勧進状」の奥書(口絵22)があり、芳村と署名していることからも、当時は姓を芳村、号を物外と名乗っていた。

第三節　苦楽の扁額

観阿と不昧の交流で特筆すべきことは、時期不明ながら不昧が観阿に「楽中苦々中楽《らくちゅうくくちゅうらく》」の扁額を与えたことである。

不昧は無学宗衍《むがくそうえん》（一七二一～一七九一）、大巓宗碩《だいてんそうせき》（一七三四～一七九八）、寰海宗晙《かんかいそうしゅん》（一七五二～一八一七）、大鼎宗允《だいていそういん》（一七七五～一八三二）に参禅している。禅と「楽中苦々中楽」の関係については『碧巌録《へきがんろく》』を挙げることができる。同書は雪竇重顕《せっちょうじゅうけん》（九八〇～一〇五二）により選ばれた公案百則に、垂示、著語、評唱が加えられたもので、圜悟克勤《えんごこくごん》（一〇六三～一一三五）により編纂された禅語録である。

第八十三則「雲門古佛《こぶつ》與《と》露柱《ろちゅう》相交《あいまじわる》」の雪竇禅師の頌に次のような記述がある。なお読み下しは朝比奈宗源の『碧巌録』（一九三七）から引用した。

南山雲、北山雨、四七二三面相睹。新羅國裏曾上堂、大唐國裏未打鼓、苦中楽、楽中苦、誰道黄金如糞土[8]

〔読み下し〕

南山の雲。北山の雨。四七二三面《まのあた》り相睹《み》る、新羅国裏曽て上堂。大唐国裏《だいとうこくり》未だ鼓を打せず。苦中の楽。楽中の苦。誰か道《い》う黄金糞土《おうごんふんど》の如しと。

雪竇による「苦中楽、楽中苦」の意味は苦も楽も生き方に変化しないことである。では圜悟と同時代の禅僧の語録で、苦楽に関するものではどのように述べられているのであろうか。それは佛眼清遠（一〇六七～一一二〇）の「三自省」の偈語中、「苦楽逆順、道在其中」（苦楽逆順、道、其の中に在り）として、苦楽逆順の中に道があると説いた。この偈語は一休宗純による『狂雲集』に所収される[9]。不昧はその並びを逆にして扁額を書した。このことは苦楽が逆になろうとも、生き方に変化しないと解するこ

図5　翠涛による「楽中苦々中楽」の臨書
東京大学史料編纂所蔵

とができ、さらには苦楽という生き方に、観阿自身が「道」を見出したとも解することができる。

ところで『狂雲集』にはほかに「苦中楽」および「楽中苦」の詩も所収され、それぞれの詩は次のようになる。なお読み下しは平野宗浄の『狂雲集』（一九九七）より引用した。

苦中楽《くちゅうのらく》

酒喫三盃未湿唇、曹山老漢慰孤貧、直横身火宅中看、一刹那間万劫辛

〔読み下し〕

酒三盃を喫して未だ唇《くちびる》を湿《うるお》さず、曹山《そうざん》老漢、孤貧《こひん》を慰《い》す。直《じき》に身を火宅中に横たえて看よ、一刹那《いっせつな》の間《かん》、万劫《まんごう》の辛《しん》[10]。

楽中苦《らくちゅうのく》

此是瞿曇曾所経、麻衣草坐六年情、一朝点検将来看、寂寞霊山身後名

〔読み下し〕

此《こ》れは是《こ》れ瞿曇《くどん》の曾《かつ》て経《へ》し所、麻衣草坐《まえそうざ》六年の情、一朝点《いっちょうてん》

検《けん》し将《も》ち来《きた》り看《み》ば、寂寞《せきばく》たり霊山身後《りょうぜんしんご》の名。

『狂雲集』でこれら二つの詩文を読んだとき、観阿の若い頃の事情と重なると感じた。特に「酒三盃を喫して未だ唇《くちびる》を湿《うるお》さず、」は観阿が号として名乗った白酔—すなわち酒を飲まずとも酔う—に通じる。また「楽中苦」について平野は「釈尊が出家後、仏陀伽耶に至られる以前の六年の苦行をいう」としている。この六年という数字に注目するとき、観阿が三十四歳で出家してより、不昧の茶会記に初めて登場するのもやはり六年後の四十歳であった。私は不昧が観阿に扁額を与えた時期も、丁度、その頃であると考えていている。

なお不昧が観阿に与えた扁額の現存は確認できていないが、後年親しくする溝口翠涛による臨書（図5）が残る。中に「不昧源公書　翠涛縮写」とあり、不昧による作品を翠涛が縮写したものであることが知れる。「楽中苦々中楽」の語は観阿の周辺の人物ではよく知られていたようであり、観阿と親しくした人物で、後述するように翠涛とも親密であった小堀宗中も横物でこの語を書いている（口絵2）。不昧が観阿に与えた言葉が茶の湯を志す人々の間にも広く受け入れられていたところが奥ゆかしい。

第四節　観阿と不昧の交流を物語る作品

これまでの調査でもっとも件数が少ないのが不昧と観阿の直接的な資料、作品である。特に手紙は次に紹介する一通のみ確認できた。その理由として、不昧の近くにあった観阿や本屋惣吉などは手紙でやりとする必要がなく、用事があれば使者が呼びに来るような状況であったことが想像される。その一方で手紙が多く残されるのは普段から会うことのない人や大徳寺孤篷庵の住職らである。そのため不昧と観阿の直接的な関係を考える上でも松平不昧筆芳村物外《よしむらぶつがい》宛消息「水指の文」（口絵3、図6として再掲）は重要である。物外という呼称について先述の文化元年の茶会では観阿と表記されているが、それ以外は全て「芳村物外」と表記されている。

本書状には次のような記述がある。

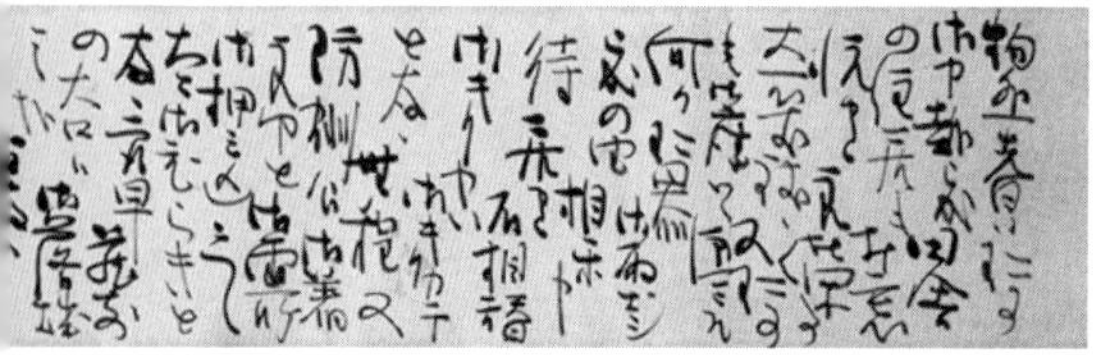

物外へ　先日は珍事
御申越被候　田舎
の住居も打忘
悦申候　良栄事
大一笑致候〳〵又珍事
も御座候ハ、仰可被下候
何か珍器　御取出シ
被成の由相楽申候
待居申候　不相替
御キリ申ハ　御キリカテ　↘

と存候　無程又
防州公御着
之節者御両所
御押シ込々て
大々御ひらきと
存候間最早蔵前
の大口ハ御落城
々候哉　与存候
　右物外へ
一、信楽水さし　↖

図6　松平不昧筆　芳村物外宛消息「水指の文」

竹本、本惣事
呼ニ遣見せ候
處未見せ不申
也御聞可被求候
右の事斗ニ候

晩ほと御出
の上宜御話
可被成候
謹言

本文の書き出しには「田舎の住居も打忘《うちわすれ》悦《よろこび》申《もうし》候《そうろう》」とある。不昧にとって松江は相当田舎に感じたようで、他の書状でも田舎という文言が見られる。そのためこの書状も、松江から江戸に戻って観阿の元に遣わされたと考えられる。

不昧は消息中で次のような近況を述べている。

①根土良栄に珍事があったこと。良栄は了栄とも書き、不昧の茶会に多く参加している人物である。

②観阿が何か珍しい道具を掘り出したようなので、見るのを楽しみにしていること。観阿は不昧に多くの道具を取り次いでいるが茶道具は少なく、緒締や扁額など脇の道具が多い。今回も珍器を掘り出したのだろう。

③防州公すなわち周防守のこと。時代から考えて、石見国浜田藩二代藩主・松平康定（一七四八～一八〇七）か、三代藩主・松平康任《まつだいらやすとう》（一七七九～一八四一）のどちらかと考えられる。

④蔵前の大口の道具の交渉が順調に推移していることを喜んでいること。不昧の道具収集には出入

りしていた江戸の伏見屋、大坂の谷松屋など、錚々たる道具商がいた。蔵前は江戸の浅草にある地名で、札差が多くいた地域である。札差とは江戸時代、旗本・御家人の代理として禄米を受け取り、金貸しなども業とした人である。おそらく借金の代わりに道具がその役目を果たし、その大口を不昧が購入する交渉があったものと推測される。

⑤信楽水指を入手し、竹本屋五兵衛《たけもとやごへえ》（生没年不詳）と本屋惣吉に見せるために呼んだが、結局は見せなかったこと。五兵衛は道具商の三代目であり、不昧には水指を納めている。書画に明るい人物であった[11]。惣吉は元々貸本屋を営んでいたが道具に関心を寄せ目利きとなった人物であり、息子は了芸《りょううん》（自直庵）。この場合は了我のことで、冬木屋上田家《ふゆきやうえだけ》の道具流出に関係した[12]。

⑥この水指のことで相談があるので当日の晩、邸に来るように申し付けている。目利きの二人には見せず、観阿にだけ見せるところが心憎い。

消息の内容からわかる重要な点は、観阿が若い頃から不昧に寵遇されていたことを如実に物語っていることである。

ところで大正十五年（一九二六）四月二十六日に京都美術倶楽部で開催された西村治兵衛と某家の売立がある。その売立目録『当市（千治）西村治兵衛及某家所蔵品入札』には野雁《のがん》羽箒（図7）が所載され、次のように紹介される。

三〇三　不昧侯野雁羽箒　包紙書附共　白醉庵所持

図7　野雁羽箒

所載の羽箒は両羽とみて差し支えないもので、炉と風炉兼用と思われる。野雁の羽は柄が上部に入り、おそらく三羽（羽を三枚に重ねたもの）であろう。図版は不鮮明であるが箱墨書には不昧と思しき墨書で

年玉　芳村物外

と読める。年代は特定できないが、不昧が年賀の品として羽箒を与えていたことが確認できる。

先の物外宛の消息から言えることは、観阿が不昧と親しくしていた時期で、遅くとも五十歳代あたりには「芳村物外」の名で通用していたことである。

不昧が観阿に贈った道具

不昧が観阿に贈った道具は現在までに、不昧作共筒茶杓銘「曲直《きょくちょく》」（口絵4）が確認できている。筒は胡麻竹を用いて、少し皮目を残している。栓は杉。筒正面には不昧により

曲直　観阿老斎　（花押）

と書かれており、不昧が観阿に贈った茶杓であることがわかる。

直の茶杓は白竹の実竹で、その部分から伐採の際に鉈で削られ、剝がれた部分が風化して景色となっている。樋は数本入っており薄作である。なお上部中央の右側には削り跡があり、櫂先にも、傷跡から不昧自らが矯めたことがうかがわれる。おっとり部分はあたかも片桐石州の作に多いかまぼこ板のようである。また上部は雉腿。全体の仕上げはおそらく猪の牙で磨かれたのであろう。

曲の茶杓も白竹で、一本樋である。重さから根に近い部分ではなく、やや薄い竹の部分を用いたのであろう。樋の入り方から利休の「ゆがみ」のような自然な姿ではなく、当初は真っ直ぐな竹を、作為をもって歪められた茶杓である。櫂先は二段矯めであり、茶杓の横顔に表情を与えている。また兜巾に削られている。この茶杓の裏側はやや荒く削られ、刀の跡も確認できる。仕上げは直の茶杓同様に牙などで磨かれたものと判断される。この点から元曲げから一貫した不昧自作の茶杓と判断した。

この茶杓は平成十三年（二〇〇一）に不昧二百五十年遠忌を記念して開催された展覧会の図録『大名茶人松平不昧展』で紹介された。茶杓および筒正面の図版も掲載され、背面と側面には次のような歌二首が書かれている。

君が代のためになりぬ百敷や萱の竹のなおきすがたは

雨おもき笆の竹のおれ返りくたれはのほる露の白玉[13]

一首目は二文字の字足らずがある。この茶杓をご所蔵家協力のもと実際に拝見すると筒の側面に次のような墨書が確認できる。なお新たに判読できた部分は四角で囲った。

君が代乃ため［し］になりぬ百敷や
［臺《うてな》］の竹乃なをきすかたハ

一文字空白の部分があり、この部分がないと字足らずになる。そこで空白の箇所にある胡麻竹に注目すると「し」とも読める。そうすれば第一句と第二句から「君が代《世》のためし《例》になりぬ百敷や臺の竹乃なをきすかたハ」と読むことができる。この歌は内容から直の茶杓に相当する。もう一首は筒背面に次のように書かれている。

雨おもき笆《まがき》の竹乃をれ返りくたれはのほる露の白玉

雨の文字は栓の部分に掛かって書かれている。この内容から曲に相当するものとして書かれたことが知れる。側面の直に相当する歌の出典は不明だが、曲に相当する歌は『夫木和歌抄《ふぼくわかしょう》』の巻第二十八、雑歌十の題を竹とする歌のうち貞応三年（一二二四）百首歌で民部卿為家《みんぶきょうためいえ》により詠まれた歌である。

なお茶杓を収納する箱甲（口絵5）には

二本入茶杓　曲直

とあり、不昧の筆である。すなわち茶杓の筒墨書のみならず箱墨書もしたため観阿に贈ったとわかる。また収納する箱には保存状態が極めて良好な覆紙（口絵6）があり、観阿による次のような墨書があった。

曲直茶杓　不昧公作　　白酔庵
　箱書付共　　　　　（花押）

署名と花押の筆跡は至って謹直である。また花押の形状から五十から六十歳代の筆跡と考えられる。観阿に茶杓が贈られた時期は不昧存命中の出来事である。この点を考えると、文化十二年（一八一五）から文政元年（一八一八）頃の墨書で、不昧の晩年に差し掛かった頃の作である。

不昧の茶杓はおおよそ下職に下削りをさせたものが多いが、このように野趣あふれる作は、やはり元曲げから不昧による手造りと考えて差し支えないだろう。晩年に観阿へ贈ったことを考えるとその交流の深さが偲ばれ、両者の交流の最後を物語る遺作とも言えよう。

なおこの茶杓は馬越恭平（一八四四〜一九三三）が所持したのち、現在の御所蔵家で大切に保管されてきた。各家で作品のみならず覆紙も大切に慈しみ保存されてきた好例である。

観阿の所持品にみる不昧の箱墨書

観阿の所持品には不昧の箱墨書のある作品がみられ、その中に「高麗雨漏茶碗」（口絵7）がある。茶碗を収納する塗箱の甲には金粉字で「雨漏」とあり、裏（口絵8）には

くちぬるのいほり乃
軒のひまとめて
もりくる雨の
あしの八重ふき

と蒔絵され、不昧による字形である。中箱の甲には不昧により「雨漏」と書かれ、中箱の裏（口絵9）には観阿により

白醉庵
所持（花押）

と書かれている。茶碗を実際に拝見すると、その大きさとともに、雨漏の様子は内側と外側ともに美しく、濃茶が映える一碗である。割れた部分が金継ぎしてあるものの、かえって景色となっている。高台には釉薬が掛かっておらず、高台内の削り跡も確認できる。おそらく観阿が所持した茶碗として

は最上の一碗であり、そのため不昧に箱墨書を求めたものと推測される。

　次第については第七章で後述するが、ここでは収納する風呂敷（「高麗雨漏茶碗つぎはぎ更紗包裂」、口絵10）について触れておこう。広げてみると更紗の裂地を継いでいる。図上部の白地の更紗には金糸で枠を縫い、中に黒糸で「雨漏」と刺繍がされており、その字形は不昧の字形を忠実に写している。この風呂敷を見たとき、不昧の茶会に招かれた観阿が帯の見える部分だけ不昧が珍重した裂を用いたという逸話通り、更紗の裂を好んだ部分を集めて作ったことを想起した。想像をたくましくすれば、この風呂敷は観阿の後妻である観勢の手によるものではないだろうか。まさに不昧との交流があってこその観阿の次第といえるだろう。

　このほか狩野惟信《かのうこれのぶ》（養川院《ようせんいん》／一七五三～一八〇八）により「釈迦如来像」（口絵11）が描かれ、松平不昧により「南無阿弥陀仏」と賛が書かれた。なお賛には

僧問諸佛還有師也無州云有如何是諸佛師州曰阿彌陁佛々々々々
（僧問う。諸仏も還《ま》た師、有りや無。州、云く。有り。如何なるか是れ諸仏の師。州、曰く。
阿弥陀仏、阿弥陀仏[14]）

とある。これは『古尊宿語録』第十三巻の「趙州禅師語録中巻」にある一節で、中国唐時代末の禅僧、趙州従諗《じょうしゅうじゅうしん》（七七八～八九七）によるものである。不昧の筆跡から謹直な姿勢が窺える。

　この作品を収納する箱墨書には

図8　水府公作天目茶碗
個人蔵

讃　一々君御筆　弥山（花押）
尊像　養川院筆

と書かれており、観阿の息子である弥山《みせん》（信軸《しんちゅう》、陸庵《りくあん》／生没年不詳）による。

ところで不昧は享和三年（一八〇三）三月、水戸藩六代藩主・徳川治保《とくがわはるもり》（一七五一～一八〇五）に招かれ饗応を受けた。水戸家では御庭焼として後楽園焼があり、そこでは藩主自身により作られた茶碗があったようである。というのも「水府公作天目茶碗」（図8）は不昧の書付で

以天目山土
　水府殿手造

とあり、治保による手造りであったことがわかる。またこの茶碗は玳玻天目を写したものである。箱甲にも不昧による書付で「二の内」とあって、二碗あったことが知れる。ご所蔵家の教

示によれば、もう一碗はかつて大阪の平瀬家が所蔵し、観阿の箱墨書があるとのことである。このような不昧と水戸家の直接交渉によりもたらされた茶碗を観阿が所蔵していた点から、その信任の厚さがうかがわれる。

また霞兄老人《かけいろうじん》（生没年不詳）による茶の湯道具などの見聞録『過眼録《かがんろく》』（国立国会図書館蔵）がある。霞兄老人と観阿の関係については後述するが、同書には「紹鴎所持砂張火箸の写し」（図9）が所載される。火箸を収納する箱甲の墨書は不昧によるもので、裏には「尾張藩武野新五左衛門所持　観阿」と読むことができ、両者の関係が伺える点でも興味深い。

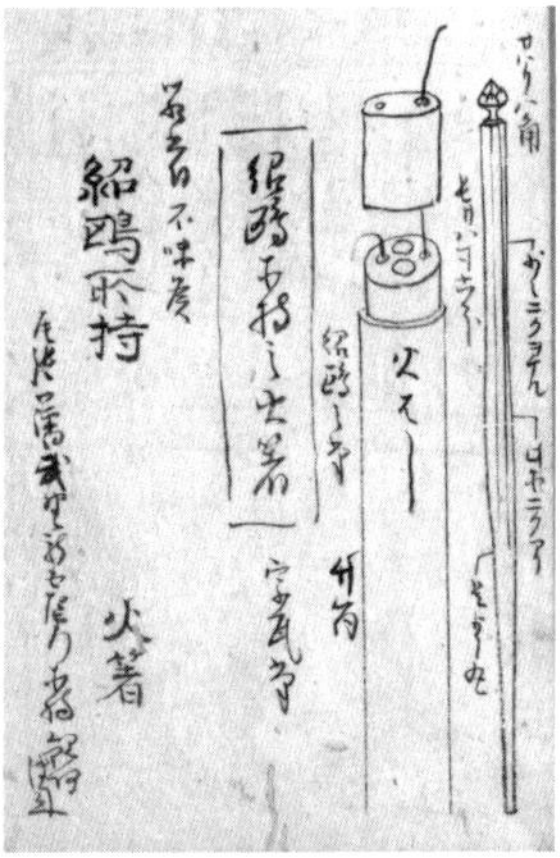

図9　紹鴎所持砂張火箸の写し
国立国会図書館ウェブサイトより転載

第五節　四十歳以降の観阿

観阿は道具を不昧に取り次ぎ、四十歳の時点で不昧や鞠塢と交流があったことが確認できた。観阿の四十代を知る上で重要な道具が「織部手鉢《おりべてばち》」（図10）である。箱書には、

図10　織部手鉢　畠山記念館蔵

文化辰年夏求之白酔庵（花押）[15]

とある。このとき観阿は四十四歳で、出家後も新たに道具を入手していたことがわかる。

安永三年（一七七四）、不昧は仙台藩六代藩主・伊達宗村の娘彰《せい》（彰楽院《せいらくいん》／一七五二～一八二九）を室に迎えている。思えば観阿の父太郎兵衛が多額の貸付を行なったのは丁度、七代藩主・重村の頃である。そのため山田屋は破産に至った。そして宗村の娘を室に迎えた不昧と観阿は親しく交流している。ここに人の因果というものを感じずにはいられない。このように、不昧が観阿に「楽中苦々中楽」の扁額を与えたのは山田屋の顚末を踏まえていたためと考えられる。また「曲直」の茶杓を与えた背景には、苦楽に通じる観阿の人生の紆余曲折を感じさせる。

観阿にとって不昧との交流は、多くの茶会に参会し良き器物を拝見することで、眼力を養う機会となった。また表2にみたように、不昧の茶会で同席した諸大名や富裕な商人、道具商との交流は後年、観阿が江戸で茶の湯道具を取り次ぎする際、そのネットワークの基礎になったと考えられる。

観阿の信用力

ところで明和九年（一七七二）二月二十九日、江戸で明和の大火があった。この火事では江戸の両替商の播磨屋新右衛門《はりまやしんえもん》の居宅と店蔵四つが類焼した。このとき播磨屋には多くの知友から火事見舞いが届けられた。中井家の記録である『播磨屋中井家永代帳』（一九八二）には

一　茶わん五ッ　山田や《（ママ）》太郎兵衛殿[16]

とあり、山田屋太郎兵衛が播磨屋に見舞いとして茶碗五つを贈っている。明和九年は観阿八歳のときであることから、この太郎兵衛とは観阿の父と判断される。

後年、観阿と播磨屋との関係について『白醉庵数寄物語』では次のような記述がある。

大津茶入。藤浪茶入。神楽岡茶入。呉竹茶入。點《轉》合庵茶入。青磁一閑人香炉。同夕端山花入。白《伯》庵茶碗。右八品堀田様より御払出しにて墨屋良助、買受け樽屋へ売渡したり。其代金二千両を手形にて播磨屋新右衛門方より引換可申、仕組にいたし。一時観阿へ預け置き、翌朝道具を持参。手形の通り金子受取済となる。樽屋と申者は人のせぬ事して大造なる品物を能くも買取りしを後にて驚けり。

大津茶入、藤浪茶入、神楽岡茶入、呉竹茶入、轉合庵茶入（別名、於大名。東京国立博物館蔵）、青磁一閑人香炉、青磁夕端山花入（根津美術館蔵）、伯庵茶碗などを堀田相模守家から樽與左衛門に譲渡したとき、観阿が関与したことが述べられている。

このうち堀田相模守が所蔵した伯庵茶碗とは伯庵茶碗銘「冬木」（五島美術館蔵）である。この茶碗について『大正名器鑑（第八編）』では『伏見屋覚書』を紹介しており、同書には以下のような記述があるとされる。

冬木喜平次所持、堀田相州公、其後樽與左衛門所持、其後文化の頃本屋惣吉より被為召代千両[17]

この茶碗は本屋惣吉の取り次ぎによって文化年間に不昧が入手している。堀田家から樽與左衛門が所持するまでの期間は文化年間以前であり、観阿が四十代の出来事であったと考えられる。その取引とは、観阿が作品を一時預かり、その間、樽が振り出した手形を播磨屋で引き換えする。そして翌朝、観阿が樽に作品を納品し、墨屋《すみや》良助《りょうすけ》（生没年不詳）は播磨屋から金銭を受け取るというものであった。

このような取引の仲介に観阿の存在を可能にしたのは、観阿の生家が山田屋であり、観阿の父と播磨屋との関係も大きく影響していると考えられる。

観阿の生家が山田屋であったことは、同業もしくは商家から信任を得る点でも大きく作用し、目利きであったこともあり、江戸においてその後も道具の取り次ぎで活躍することができたと言えるだろう。

1 松平家編輯部編『松平不昧伝』中巻、箒文社、一九一七年

同書には次のような記述がある。

彼が公の為に提供したるもの、松栄《狩野松栄》の屏風、古銅鉢、篷雪《小堀篷雪》の額、象眼床几を始め、切《裂》れ類の数々、多葉粉入、緒じめ、根付、刀剣の鍔、柄木、其他文房類の珍品貴什殆ど枚挙に遑あらず、公はかくの如き稀世の奇士と交り、茶事を共にし、文芸を語られたるなり、彼が性行と彼の素養とが、いかに公の嗜好に投じたるかは、この人の伝記に於て窺ひ知るを得ると同時に、又公の性格の反映と看做さるべし。

2 高橋梅園編『茶禅不昧公』宝雲舎、一九四四年

3『不昧公名物茶会記』慶應義塾図書館蔵

4 井口海仙、久田宗也、中村昌生編『日本の茶家』河原書店、一九八三年

同書では宗苔について寄生斎雑筆『喫茶耳学』を挙げ次のように紹介している。

もとは上方の豪富の町人にてありしが、数度の火災にあひ、追々零落して、隠者となれり、年は四十余なり、蒔田玄蕃頭の懇意をうけ、それより当君様の思召にかなひ、御国へも両度御供したり、もとは千家を学びしが今は御弟子となれり、茶事のうへ無類の人にて奥義をも御伝へありしよし、殊の外思召を会得し、巧者のはたらきする者也

5 林屋辰三郎編『角川茶道大事典』角川書店、一九九〇年

6 鈴木半茶「五代乾山西村藐庵(三)」『陶説』第五十七号、日本陶磁協会、一九五七年

7 富士川英郎編『詞華集日本漢詩』第十巻、汲古書院、一九八四年

8 朝比奈宗源訳註『碧巌録』岩波書店、一九三七年

9 平野宗浄『狂雲集』上、春秋社、一九九七年

10 前掲注(9)

11 宮武慶之「竹本屋五兵衛について」『人文』第一八号、学習院大学人文科学研究所、二〇二〇年刊行予定。

12 特に重要な作品では、現在、遠州茶道宗家が所蔵する遠州所持の裂地帳「文龍」がある。「文龍」は江戸時代中期には江戸の材木商冬木屋上田家が所蔵し、のちに載っている裂地の名称を記した銘書が作成され、その奥書には次のような了我の墨書がある。

此文龍切手鑑者

冬木喜平次代々所持

予故有テ仙々斎宗逸ヨリ

譲リ請焉我蔵

本屋惣吉

文和（花押）

13 島根県立美術館編『大名茶人松平不昧展』島根県立美術館、二〇〇一年

14 秋月龍珉『趙州録』筑摩書房、一九七二年。同書ではこの一文は次のようになる。また読み下しにあたっては同書を参考にした。

問、諸仏還有師也無。州云、有。如何是諸佛師。州曰、阿弥陀仏、阿弥陀仏。

15 林屋晴三編『日本の陶磁』第四巻、中央公論社、一九八八年

16 国立史料館編『播磨屋中井家永代帳』東京大学出版会、一九八二年

17 高橋義雄編『大正名器鑑』第八編、大正名器鑑編纂所、一九二六年

表2　観阿が参会した不昧の茶会

開催年月日	西暦	不昧	観阿	客
文化元年四月二十六日	1804	54	40	山口長三郎、大坂屋庄三郎、芳村観阿、筑前屋作右エ（ママ）門、牛尾宗苔、伏見屋宗振
文化三年五月十八日	1806	56	42	芳村物外、筑前屋作右衛門、道具屋勝兵衛
文化三年九月五日	1806	56	42	河村及夢、幸地仁左衛門、芳村物外、河内屋宗海
文化三年十月二十二日	1806	56	42	牛尾宗苔、芳村物外、山下養我
文化四年正月二十日	1807	57	43	根土宗静、幸地仁左衛門、芳村物外
文化五年六月二十三日	1808	58	44	芳村物外、山口長三郎、根土良栄、伏見屋宗振
文化五年七月二十三日	1808	58	44	山口長三郎、筑前屋作右衛門、芳村物外
文化五年九月十四日	1808	58	44	芳村物外、筑前屋作右衛門、河内屋宗海
文化五年十月六日	1808	58	44	松平月潭、芳村物外、根上宗静
文化六年三月二十七日	1809	59	45	芳村物外、三星庄三郎、根土良栄
文化六年六月十九日	1809	59	45	大橋彦左衛門、本屋惣吉、芳村物外、牛尾宗苔
文化六年八月二十二日	1809	59	45	芳村物外、筑前屋作右衛門、根土良栄
文化六年十月十三日	1809	59	45	芳村物外、萬屋久兵衛、牛尾宗苔

文化六年十二月十八日	1809	59	45	大坂屋庄三郎、山口宗一、芳村物外
文化七年二月五日	1810	60	46	根土良栄、芳村物外、伏見屋宗振
文化七年五月二十二日	1810	60	46	芳村物外、山口長三郎、幸地逸斎
文化七年九月十日	1810	60	46	幸地逸斎、芳村物外、茶具屋勘助
文化七年十月十八日	1810	60	46	本多駿河守、柳澤轉、芳村物外
文化七年十二月二十日	1810	60	46	山口長三郎、芳村物外、本屋惣吉、根土良栄
文化八年二月二十二日	1811	61	47	芳村物外、松村玉蔵、大和屋源兵衛
文化八年七月五日	1811	61	47	大坂屋庄三郎、芳村物外、本屋惣吉、根土宗静
文化八年八月二十六日	1811	61	47	芳村物外、根土宗静
文化八年十一月三日	1811	61	47	本屋惣吉、芳村物外
文化八年十二月二十日	1811	61	47	山口長三郎、本屋惣吉、根土宗静、芳村物外
文化九年正月二十二日	1812	62	48	大坂屋庄三郎、芳村物外、本屋藤吉
文化九年三月二十九日	1812	62	48	芳村物外、切屋八左衛門、根土宗静
文化九年九月三日	1812	62	48	本多駿河守、芳村物外、根土宗静
文化九年十月二十日	1812	62	48	大橋彦左衛門、山口長三郎、芳村物外
文化十年九月二十六日	1813	63	49	本田駿河守、芳村物外、本屋惣吉
文化十年十一月十五日	1813	63	49	大坂屋庄三郎、千柄清右衛門、芳村物外、伏見屋甚右衛門
文化十一年三月十五日	1814	64	50	本屋藤吉、芳村物外

開催年月日	西暦	不昧	観阿	客
文化十一年十月二十日	1814	64	50	本多、芳村物外、谷松屋貞八
文化十二年十月十八日	1815	65	51	大坂屋庄三郎、山口宗一、芳村物外
文化十三年二月十二日	1816	66	52	本多、千柄清右衛門、山口宗一、芳村物外
文化十三年五月二日	1816	66	52	本多、芳村物外、千柄清右衛門
文化十四年十月七日	1817	67	55	本多、千柄清右衛門、芳村物外

第二章　松平不昧との交流

第三章　溝口翠涛との交流

不昧は文政元年（一八一八）に没している。不昧没後の観阿は溝口家に出入りしていた。従来の研究ではどのような経緯で溝口家と交渉を持ったかについて明確な史料は確認できていない。

ここでは不昧没後の観阿が翠涛と関わる経緯を溝口家史料からみていくこととする。翠涛が晩年までを過ごした新発田藩中屋敷の幽清館《ゆうせいかん》における雑記である『幽清館雑記《ざっき》』に注目する[1]。これは雑記十二巻（ただし第九巻は欠）と『千貫樹記』、『小浦浪記』からなる。これらの筆跡は翠涛自身の筆記または近習の家臣による筆録である。以下『幽清館雑記』に登場する観阿に関する記述を中心に、観阿と翠涛の交流を明らかにしていく。以下特に断りのない限り、引用は同書からで本文中に巻数のみ記す。

第一節　五十歳代

五十六歳　文政三年

観阿と翠涛の交渉が始まったのは文政三年（一八二〇）の頃である。

文政三庚辰年より道具を屋敷へ出し同四年辛巳年より屋敷へ出入となる（巻十二）

「道具を屋敷へ出し」とあることから、観阿が溝口家に対し道具を売却していたことがわかる。そのため翌年の文政四年より溝口家への出入りを許されることとなる。成立年は不明であるが、翠涛が戯画として知友の肖像を描き集めた『戯画肖像並略伝』（東京大学史料編纂所蔵）[2]には観阿に関する略伝が載せられており、次のような記述がある。

予か上邸へ翁を初て招きけるハ文政四年辛巳なり。時に予二十二歳（実際は二十三歳）翁ハ五十五歳（五十七歳）也ける。翁かつて雲州老侯不昧君へ、格別御懇意に召されて名物ども、多く見覚たるよし。右の厚恩によりて江戸に一人とも云ハるゝ茶器の監定家となりぬ。さきに予か方へ招きて家蔵道具の監定をなさしめしに、これまてさふとにも思ハさりし品のうち、名物とも多く見出したる功少からす。

観阿が溝口家に初めて招かれたのは文政四年であり、その交渉も溝口家が所蔵する道具の鑑定であったことがわかる。当時の江戸で、観阿は不昧に知遇され多くの名物道具を覚えていたこともあり、茶器の鑑定家として著名であったようである。記述中「さきに予か方へ招きて」とあるので、これは先述の文政三年の出来事と考えられる。その後、観阿は翠涛の信任を得ていくこととなるが、大きな契機となったのは、溝口家所蔵の道具のうち古来より著名な作品が多くあることが観阿の鑑定によって判明したことにある。

文政年間の観阿の行状について『白醉庵数寄物語』には以下のような記述がある。

茲に掲くる者は文政七八年の頃に方り彼が専ら数寄道具の鑑定を勉めける。雑話にして多くは諸大名と交際の間其物語れる摘要なりと推知すべし。

文政七、八年頃、観阿が六十歳頃は数寄道具の鑑定が著名であり、諸大名が観阿のもとを訪ねたとある。このことから当時の観阿は数寄道具の鑑定や取り次ぎなどを生業にしていたことがわかり、美術商としての一面を持っていたことが推察される。

第二節　六十歳代

六十一歳　文政八年

この頃の観阿と、寿蔵墓碑を書き絵師でもあった酒井抱一（一七六一～一八二八）の関係についても触れておきたい。酒井抱一による句集『軽挙館句藻』で次のような記事を紹介している。

今年七月十三日洛の法雲院より烏丸光廣卿の御像を蘭畹先生にたのみうつしもとめて遠忌の心なす。了伴、観阿、担斎なと来り侍るつる鴨とわきまへかぬる鳥の跡みのりの雲にはらし給へや[3]

文政八年（一八二五）、江戸時代前期の公卿で歌人でもあった烏丸光廣《からすまるみつひろ》（一五七九～一六三八）の法要に関する記事である。法要は江戸で行なわれたようで、参会した人物には古筆の鑑定に携わった古筆家十世・古筆了伴《こひつりょうばん》（一七九〇～一八五三）や観阿、国学者であった桧山担斎《ひやまたんさい》（一七七四～一八四二）らがおり、当時の江戸での交流がわかる。このとき観阿は六十一歳である。

六十六歳　文政十三年

観阿が翠涛の茶会に初めて参会したのは文政十三年（一八三〇）のことである。

> 予か茶会に来るハ、文政十五（三）庚寅年風炉名残より始めて天保十三壬寅年口切まて十三ヶ年の間にして三十三会也。右之如く年来茶之道にて懇意之者。（巻十二）

記述では文政十五年とあるが、庚寅とあることから文政十三年の風炉名残の茶会であったと推察できる。その後、観阿は翠涛の茶会にしばしば招かれたようで、天保十三年（一八四二）の口切茶会まで、十三年間のうちに三十三回の茶会に招かれている。

図11　瓢茶器　関元行画

第三節　七十歳代

七十歳　天保五年

天保五年（一八三四）、観阿は古希の祝いとして茶会を催し、記念に瓢形の薄茶器を配っている。

茶ありて右賀作の瓢形薄茶器も亦秘蔵となすもの也（巻十二）

この茶器は「瓢茶器《ふくべちゃき》」（図11）である。瓢を乾漆し、上に金と銀で葉を蒔絵している。蔕も付いており、箱墨書には

賀　百二十之内
　白醉庵
　　苦楽翁（花押）
　　　古稀

と書かれている。なおこの茶器については宮栄二が『知音』第

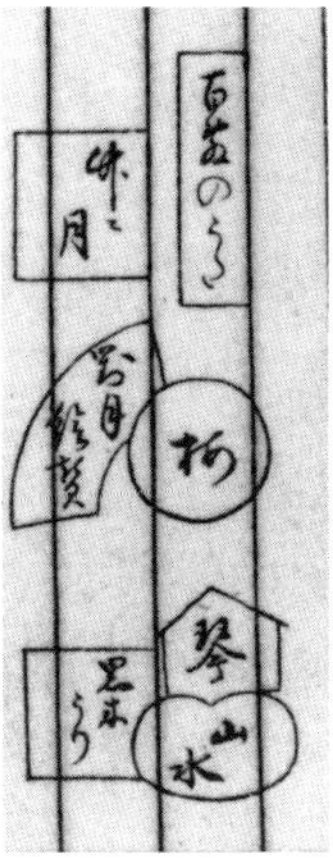

図12　溝口翠涛筆貼交絵
東京大学史料編纂所蔵

五十号（一九五四）で紹介し[4]、同書で紹介している作品の箱蓋裏には「員外《いんがい》五ノ内　観阿」という墨書があるという。すなわち百二十個の茶器に五個を加えた総数百二十五個が作成され、知友に配布されていた。したがって本来箱書には百二十之内とあることが知れる。記述の茶器の形状から類推される作品として藤村庸軒好みの回也香合がある。回とは孔子の弟子中、最も優れた弟子であり瓢を愛用した人物・顔回である。孔子の弟子は七十余人（『仲尼弟子列伝』では七十七人）いたとされ、七十子といわれる。すなわち観阿の古希の祝いには七十子と七十歳にちなんで作成したものと考えられる。

雑記には「茶ありて」と書かれており、七十賀の茶会が開催され、瓢茶器が記念の品であったことがわかる。

七十一歳　天保六年

天保七年（一八三六）正月、観阿は翠涛自筆の絵画作品を贈られている。この絵（図12）については天保六年八月二十八日に記載がある。この作品は一枚漉きの藤紙に薄墨でくまぬきをし、その中に水墨画を描いた作品である。絵はそれぞれ小堀篷雪《こぼりほうせつ》の百敷《ももしき》の歌すなわち『続後撰集《しょくごせんしゅう》（巻十八、雑下）』にある順徳天皇《じゅんとくてんのう》の「百敷や古き軒端のしのぶにもなほあまりある昔なりけり」、狩野尚信の竹に月、尾形光琳の梅、松花堂昭乗《しょうかどうしょうじょう》と江月宗玩による対月絵賛、小堀遠州の琴、狩野探幽の山水、英一蝶の黒木売を意として描いたものであった。

此自筆書画ハ吉村観阿所望ニまかせ遣す。同七丙甲年正月廿七日表具箱共出来、又箱書願ニ付左之通蓋のうらに認遣すなり。（巻八）

記述から、この作品は観阿の所望に応じて贈ったものであることがわかる。また箱墨書には次のような記述があった。

此箱乙未仲秋念八日所偶作也一紙
一筆臨数家書画者古来未嘗聞焉予
思而肇之是其初筆拙劣未是供他人
之観惟以自娯耳九月三日苦楽翁適
来観之固請取去已而装潢匣之斎来
更請記其匣因書之以贈云
天保丙申春正月二十八日

これにより箱墨書は正月二十八日に書かれたことが知れる。

七十二歳　天保七年

天保七年五月十五日にも観阿は翠涛自筆の絵を贈られている。このとき長府藩十一代藩主・毛利元義（四酔庵／一七八五～一八四三）により「苦楽翁寿像」の賛が書かれた。

> 苦楽翁行楽図ハ天保七丙甲年五月十五日立像を自画し翁ニ見せけれは、坐像に図して戴度旨申ニ付請に任せ、更に坐像を画き五月十五日として小引も識しぬ。（巻八）

翠涛が観阿に苦楽翁すなわち観阿本人を描いた立像をみせたところ、さらに坐像で描かれた作品を頂戴したいと要請があった。翠涛はそれに応じて、その日のうちに坐像を描き賛を加えたのである。先出の『戯画肖像並略伝』には冒頭に「苦楽翁寿像」（口絵12）がある。この立像は翠涛によって描かれたもので、落款部分には「天保七年丙申五月十六日　景山画」とある。景山とは翠涛の号の一つであり、『幽清館雑記』で述べられていた観阿立像と同定される。雑記では五月十五日のこととして述べられているので、本図は観阿に見せた翌日に改めて署名落款および印が捺《お》されたものとわかる。この図によって観阿の風貌を伺うことができ、現在確認できる観阿の肖像として唯一であることからも貴重である。

寿像の観阿は剃髪した姿である。十徳のようなものを羽織っており、細身であるが眼光が鋭い。更紗でできたような風呂敷を持っており、素足である。この図が同書に付属している理由は、観阿が翠涛へ坐像を描くように求めたため、立像のほうは翠涛が控えとして所持したからと考えられる。なお同書には翠涛による観阿の坐像は所載されていない。

現在、「苦楽翁寿像」の小引の記録が『幽清館雑記』に残されている。それは四酔庵すなわち毛利元義と翠涛によるものである。

これまで観阿に関する行状では、先に紹介した勧学院にある寿蔵および墓碑、弘福寺にある墓碑しかなかったため、この小引は観阿七十二歳時点での行状を明らかにする記述として貴重である。歌は元義によるもので、漢文は翠涛による。なお読み下しは高橋忠彦氏の教示による。

苦も楽も同しかこひのうちに入れ出てうき世にすめるの（渦）を見るかな

苦楽翁行楽図小引
翁名観阿氏吉村江戸人　精茶道其家多蓄名書古画珍器奇物以好事而鳴于都下　然而自少既有離世帰真之念　壮年遂削髪出家而不反　結団蕉郭北浅草而居　命曰白醉菴　於是清高之名彌著雅尚之交益衆矣　予亦相善者有年焉　嘗称之以苦楽翁　取乎其菴中扁額不昧源公所書楽中苦苦中楽之語也　翁即以為別号　頃者又請予写其肖像　予以拙辞不許　乃作此図并述小引以伝之実天保七年丙甲翁時七十有二云（巻八）

（翁、名は観阿、氏は吉村、江戸の人なり。茶道に精しく、其の家は、多く名書古画、珍器奇物を蓄え、好事を以て都下に鳴る。然れども少きより既に離世帰真の念有り。壮年に遂に削髪出家して反らず。団蕉を郭北の浅草に結びて居る。命けて白酔菴と曰う。是において清高の名弥《いよい》よ著れ、雅尚の交益《ますます》す衆し。予もまた相い善くすること有年なり。嘗《かつ》てこれに称するに苦楽翁を以てす。其の菴中の扁額の、不昧源公の書す所の、「楽中苦　苦中楽」の語より取るなり。翁即ち以って別号と為す。頃者、また予にその肖像を写すを請う。予は拙きを以て辞するも許さず。乃ち此図を作り、併びに小引を述べ、以て之を伝う。実に天保七年丙甲、翁時に七十有二としか云う。）

観阿が翠涛に寿像を描くように頼んだことが述べられている。碑文でも翠涛をはじめとするその他の貴人が観阿のもとに集ったとされるが、元義も浅草白酔庵に集ったその一人であったことがわかる。なお元義は所蔵した作品中、著名なものでは奥高麗片口茶碗銘「離駒《はなれごま》」（個人蔵）がある[5]。

七十五歳　天保十年

翠涛は天保九年（一八三八）に隠居する。同年八月五日、隠居の際の献上品として次代の藩主である息子、直溥《なおひろ》（一八一九〜一八七四）が将軍家に太刀、馬代、巻物を献上している。直溥が二十歳で家督を継いだため、翠涛は大侯として、新発田藩十一代藩主・直溥の後見役となり藩政に関与した。

『新発田市史（上巻）』には翠涛が嘉永四年（一八五一）一月に茶会出席を藩に届け出た書面が記載される。その書面には以下のような記述がある。

観河（阿）方ヘ茶に参度候。昨年ハ見合候様申候得共、もはや年改り、所々へも出候故よろしかるべく候哉。昨年は春より参候旨申出置候へとも、尚相談並びに左之面々へ追々参り度、隠居之身分参候義ハ不苦と存候得共、一通相談いたし候[6]。

同届では亥を嘉永四年としている。しかしながら文中に「隠居之身分参候」とあり、翠涛は天保九年に隠居しており、直近で亥の年は天保十年（一八三九）に該当する。同書に観河とする人物の記載があるが、翠涛との交流を考えた場合、観阿の誤記載であると考えられる。観阿は嘉永元年（一八四八）に没しており、本書が書かれたのが嘉永四年であるとは考えられない。以上の点から本届は天保十年のものと判断される。すなわち翠涛は天保九年に隠居してのち、翌年には観阿の元を訪れていることが知れる。

先述の「苦楽翁行楽図」の小引でも述べられているように、観阿はすでに浅草で白酔庵を結んで多くの人物と交流していた。しかし翠涛が白酔庵に初めて訪れたのは、天保十年、観阿七十五歳の春であった。この時期を考えると、同年藩に届けを出した茶会であったものと考えられる。

このとき床の間に飾ってあった香炉こそ序章の冒頭にも触れた、後に高橋箒庵所蔵となる「御本《ごほん》兎《うさぎ》耳香炉《みみこうろ》」（図13）である。この香炉は箒庵家の売立目録である『一木庵高橋家所蔵品入札』に所載される。箱墨書には

御本　兎耳　香炉

図13　御本兎耳香炉

とあり、観阿による筆跡である。また箱左下部には「碧雲山房《へきうんさんぼう》蓄蔵物品《ちくぞうぶっぴん》」の蔵印が貼られ、右上部には四角い張り紙が見られる。これは中央に「秘」と書かれており、翠涛が重宝とした作品に多く貼られている印である。

箱蓋裏には以下のような墨書があったとされる。

翠涛尊君草盧に初めて御入りの節、床に飾り置き候を御所望にて進す
天保十年亥中春七十五翁白醉庵観阿[7]

墨書から香炉を翠涛が所望し、観阿が献じたことがわかる。箒庵著『東都茶会記』にも、この香炉の箱墨書についての記述がある。箒庵は明治三十五年（一九〇二）頃に溝口家との直接取引により道具を入手しているが、この香炉もそのうちの一つであると考えられる[8]。

七十九歳　天保十四年

天保十四年（一八四三）の元旦、観阿は自作の茶杓に「寿」（図

図14　観阿作共筒茶杓銘「寿」　個人蔵

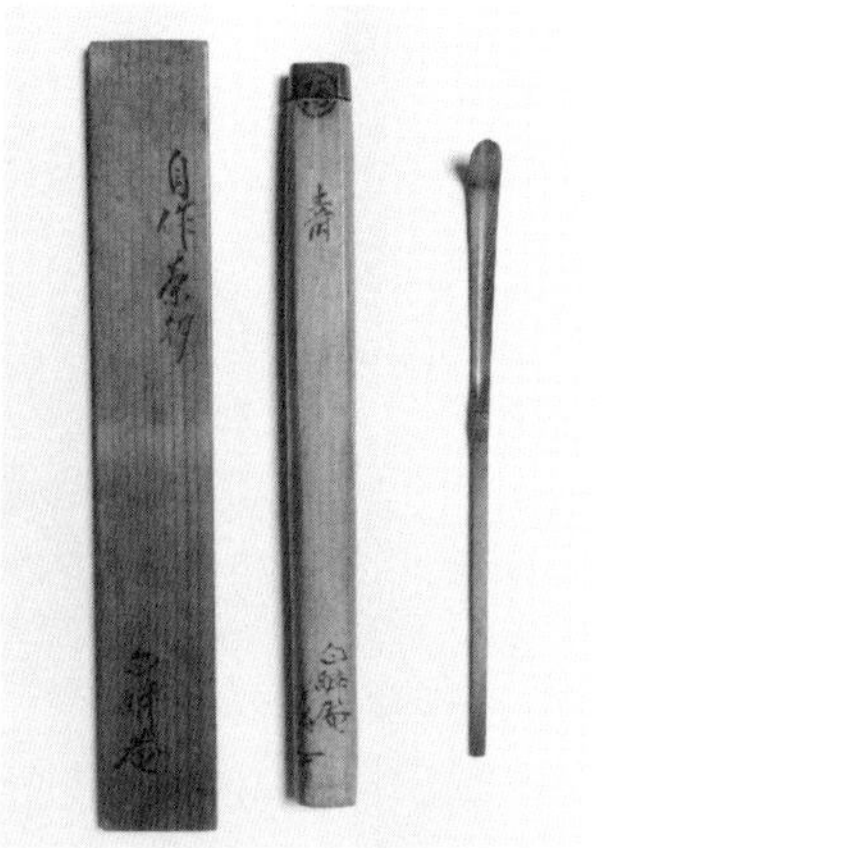

図15　箱墨書　個人蔵

14）という銘を墨書している。

茶杓は中節で、腰はやや高くなっている。総体に細身であり、櫂先はやや角度がついて撓《たわ》められている。筒は竹皮をすべて削いだ真筒である。共箱で甲には「自作茶杓　白酔庵」とあり、筒正面とその側面には以下のような墨書がある。

寿　白酔庵八十翁（花押）
天保癸卯試筆

墨書から天保十四年に自作した茶杓で、筒墨書を試筆（書初め）したものであることがわかる。この茶杓は観阿八十賀に際しての初の自作による道具であった。

ここで八十翁という署名を考えるにあたり「白呉須《しろごす》獅子《しし》蓋香《ぶたこう》炉《ろ》」（口絵13）に注目したい。この香炉を初めて拝見したとき、蓋の獅子が筆者に向かって「こんにちは」と言ったのを今でも鮮明に覚えている。蓋には獅子が座しており、蓋及び身には蓮花および雲の文様が彫られている。

箱甲（図15）には溝口家の旧蔵品を示す「碧雲山房蓄蔵物品」

の蔵印が貼られ、観阿によって

呉洲　香炉

獅子蓋

と墨書された。また蓋裏にも観阿によって

白酔庵

八十翁

苦楽（花押）

と書かれている。

ところで福岡市美術館の後藤恒氏らは、『福岡市美術館研究紀要（第六号）』（二〇一八）において、近代建築に大きな足跡を残した仰木魯堂《おおぎろどう》（一八六三～一九四一）の弟で木工家であった仰木政斎《おおぎせいさい》（一八七九～一九五九）による茶会記『雲中庵茶会記《うんちゅうあんちゃかいき》』の翻刻をしている[9]。紀要の中で興味深い記述があったので紹介しておこう。昭和六年（一九三一）四月二十五日、益田鈍翁《ますだどんおう》（孝／一八四八～一九三八）による小堀遠州の顕彰を目的とする第三回遠州会が品川の碧雲台で開催された。午前中は小堀宗明《こぼりそうめい》（一八八八～一九六二）による献茶が行なわれた。その時の様子は高橋箒庵（一八六一～一九三七）の『昭和茶道記』に詳しい。

同書の記述によると、献茶の会場となったのは応挙館（現在、東京国立博物館に移築）で、遠州像の前に「三具足として呉州三足獅子蓋香炉には初音の名香を薫じ、砧青磁鳳凰耳花入には大山蓮華を挿み、之れと相並んで青磁の燭台を飾付け」とあったことがわかる。

そこで『雲中庵茶会記』で、この遠州会の記事を見ると、使用された香炉として次のような記述がある。

香炉　呉須三足獅子蓋　酔庵（白酔庵）箱　溝口家伝来

酔庵となっているが政斎による誤植で、正しくは白酔庵である。遠州会で使用された香炉とは白呉須獅子蓋香炉であり、当時の所蔵者は鈍翁であったことが判明する。

『昭和茶道記』によれば遠州会当日、献茶に先立ち、明治から昭和にかけて活躍した香道家の式守《しきもり》蝸牛《かぎゅう》（一八七五～一九四六）による遠州所持で、前田家伝来の名香「初音」を献香したとあるが、その香炉こそ、本香炉である。獅子蓋の裏には長年香が炷かれてきたのか、その跡が確認でき、僅かであるがその遺香も聞くことができる。香炉の伝来を整理しておくと次のようになる。まず天保十四年頃に観阿が翠涛に取り次ぎ、同年二月に観阿が箱書をする。その後も溝口家に伝来するが明治三十年代に溝口家と箒庵の直接取引により、箒庵が入手。明治四十五年（一九一二）に箒庵は所蔵品を京都美術倶楽部で売却する。この売立目録が『東都寸松庵主所蔵品』で本作品も所載。その後は鈍翁が所持し、昭和六年に遠州会で使用される経緯がある。

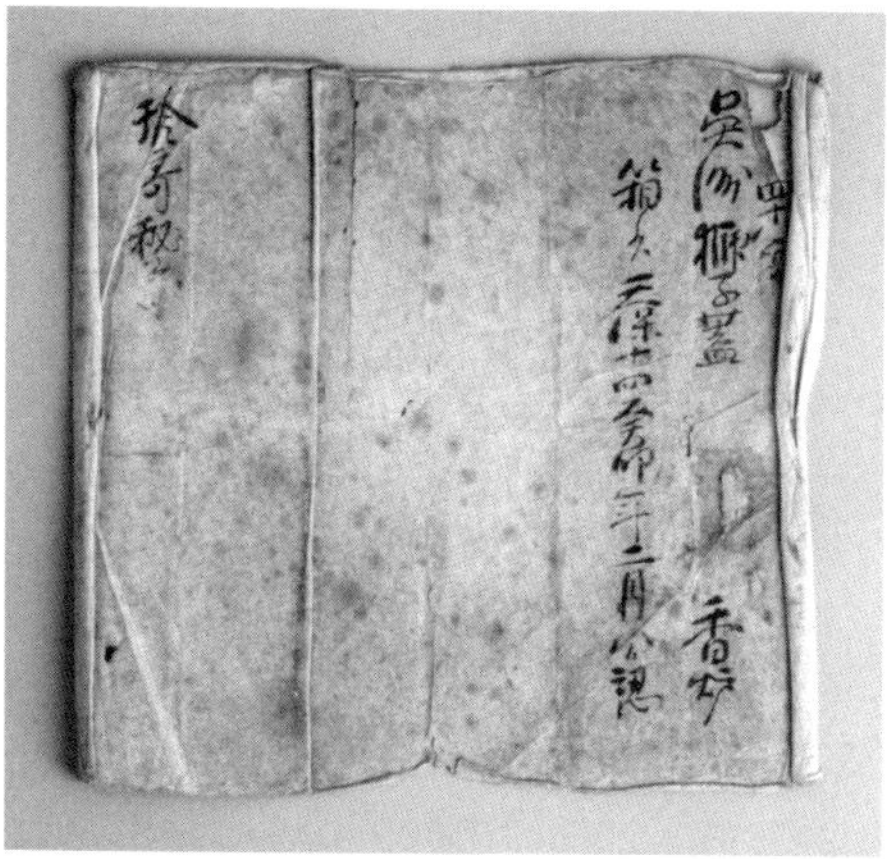

図16　覆紙
個人蔵

ここで改めて香炉の付属品に注目すると、この作品を収納する箱の覆紙（図16）には墨書があり、筆跡から翠涛によるものと判明した。覆紙には次のような墨書が残されている。

四十番
呉洲獅子蓋　　香炉
箱は天保十四年癸卯二月八日認

珍奇秘

天保十四年、観阿は七十九歳である。この年の元旦には翌年の八十賀に向けて茶杓を作成し、筒に元旦の試筆として「寿」と墨書、その翌月には白呉須獅子蓋香炉に「八十翁」の署名をしていることが確認できる。この点から考えると、八十賀となる天保十五年に観阿が好んだ「一閑張桃之絵細棗」の箱墨書は天保十四年中に書かれたものと考えられ、羊遊斎に依頼した時期はその前年あたりと推定される。なおこの細棗の詳細については後述する。

天保十四年の十月頃から、翌年に開催する八十賀の茶会にむけて翠涛と観阿の間で往来があった。

同《天保十四年》　癸卯年十月五日、苦楽翁入来之節来年は八十歳之賀の茶催し有りとて此短冊持参上る、（巻十二）

観阿は翠涛のもとを訪ね、翌年の八十賀茶会のため「幾千代《いくちよ》もなお幾千世も八十八たゝ東方朔《とうほうさく》の数とりのとし」という一首を詠じた短冊を献上している。同年末にも観阿は翠涛のもとを訪ねている。

天保十四癸卯十二月廿日、松花堂を以真向福禄寿を画き吉村観阿江贈る。是ハ甲辰年八十賀之茶事催しあるニ付三筆願之旨こふによつて画く品也。右賛宗中子書

　色替ぬまつと竹とのすえのよお
　いつれ久しと君のみそ見む

鶴亀は晴川院加筆也。右表具箱共出来とて天保十五甲辰年正月十四日持参なり。外題箱書とも同十九日迄ニ皆成箱表書隷の体なり。

　絵賛　福禄寿　翠涛画
　鶴亀　　　　　会心画
古人歌　　　　　宗中書（巻八）

天保十四年十二月二十日、翠涛が松花堂昭乗を意とした福禄寿を描き、観阿へ贈ったとある。これは翌年に八十賀の茶会を催すにあたり、観阿が翠涛を含めた三人に合作を願ったものである。この三人とは翠涛と狩野養信《かのうおさのぶ》（晴川院《せいせんいん》、会心斎／一七九六～一八四六）、小堀宗中《こぼりそうちゅう》（正優《まさやす》／一七八六～一八六七）である。翠涛は福禄寿、養信（会心）は鶴亀を描き[10]、宗中は『拾遺抄《しゅういしょう》（巻第五）』の斎宮内侍《さいぐうないし》による一首を引用して「色替ぬまつと竹とのすえのよおいつれ久しと君のみそ見む」という賛をしている。

この合作は早々に表具され、天保十五年正月十四日に観阿のもとに届けられたことがわかる。三人の箱書が揃ったのは同月十九日であった。箱書には翠涛による箱墨書の文面の控えが記録されている。

天保甲辰の春、白醉菴観阿苦楽翁八十賀あり祝意之三筆一幅を予ニ請。其需に応し松花堂図を以福禄寿を画晴川院法印鶴亀を、加筆賛ハ小堀宗中書。即是を贈る。速に装潢して匣に入又外題匣書共三筆を請ふにより其由来をしるす。　翠涛菴（巻八）

この記述から合作者三人の箱書がなされていたことがわかる。

ところで朝吹英二《あさぶきえいじ》（紫庵／一八四九～一九一八）と野崎廣太《のざきこうた》（幻庵／一八五七～一九四一）は大正九年（一九二〇）四月二十二日、東京美術倶楽部で売立を行なっており、その目録が『朝吹氏野崎氏蔵品入札』である。同書には翠涛、宗中、晴川院による次のような合作（図17）が所載される。

図17　翠涛、宗中、晴川院合作

六〇　晴川、溝口公合作　福禄寿鶴亀　宗中賛　宗中箱書

竪二尺八寸四分　幅一尺

構図も同一なことから、この合作こそが観阿八十賀に際して三人に願った作品と同定される。

第四節　八十歳代から晩年

八十歳　天保十五年

天保十五（一八四四）年、観阿は八十賀を迎え茶会を開催する。

同十五甲辰年十〔正〕月七日年、賀之茶会に参りたる節、一閑張細棗桃之絵更山造る苦楽翁の好ミのよし百二十五之内一ッ上る。箱書も翁之書にて候。此狂歌をしるせりもとより歌よミにあらす作の巧拙を論せす、二品ともに秘蔵となす。（巻十二）

数回にわたり開催された観阿の八十賀茶会の初日には、参会した翠涛に「一閑張桃之絵細棗《いっかんばりもものえほそなつめ》」（口絵14）が配られたことがわかる。甲部には朱金で桃の蒔絵が施される。桃の図柄に注目すると半分は朱、もう半分は金である。葉は三枚、茎は一本、花は一輪蒔絵される。葉の三枚は青漆《せいしつ》で、葉脈が金蒔絵される。茎の一本は金蒔絵で、荒めの砂子が撒《ま》かれている。花の一輪は銀蒔絵されている。蓋裏には朱漆で観阿による「観」と花押がみられ、身底部分には羊遊斎により「羊」とある。棗の意匠は桃で、箱側面には、前年末に翠涛に献上した短冊と同じ歌が墨書されている。桃は千年の長寿を表し、年の意味は千代である。また後述するように八十賀茶会では本席（濃茶席）の掛物は「千代の歌」を用いている点から、この棗の桃の意匠は千代を意図したものであったと考えられる。つまり桃の絵は、千代をキーワードに千年の弥栄《いやさか》を言祝ぐ意匠として使用されたようである。
ここで観阿と黄檗宗の寺院である弘福寺の関係から桃の意匠を考えておきたい。黄檗宗の寺院では堂の戸に桃の意匠を用いた桃戸《ももと》を用いる場合がある。『黄檗冠字考《おうばくかんじこう》』（一九三九）の黄檗桃戸の項には次のような記述がある。

大殿の正門所謂中央の入口には戸帳の下、桃の実と葉二枚を彫刻せる二葉の戸あり、是れを黄檗の桃戸と云ふ桃を刻めるより出てたる事なり。本宗寺院に多く見る処なり。桃は邪気を払ひ延齢の功ありと云へり、延喜を採りたるものなり[11]

桃を意匠として用いる意味は邪気を払い、延齢《えんれい》の功と延喜《えんぎ》によるものである。この点も合わさって観阿は意匠としての桃を着想したのかもしれない。

八十一歳　弘化二年

その後も観阿と翠涛の交流は続いたが、観阿八十一歳、弘化二年（一八四五）五月二十五日が、観阿が翠涛のもとを訪れた最後の日となった。

弘化二年乙巳年五月二十五日ニ入来ハ其納めとなる、時に八十一歳二十五ヶ年之間也（巻十二）

この頃の観阿について先出の『戯画肖像並略伝』によると、弘化二年以降は老病のため病床に臥せっていたことがわかる。

予か邸へ出入したるハ、弘化二年迄中間二十四年にして其後、老病ニより駕篭ニても来ことかなハすなりにける

観阿八十賀茶会では桃の細棗が記念として配られた。その数は百二十五個で、単純に考えれば百二十五人を招いたこととなる。そのための心労もあってか翌年には衰えを見せはじめたと解することができる。

八十四歳　嘉永元年

観阿は嘉永元年（一八四八）、八十四歳で没している。

苦楽翁老病にて嘉永元戊申年六月十九日没時に八十四歳釈迦ねはんの図の如く病床ニ如睡終れり同月八日書納め残し置とて候木団扇両面ニ夢楽の字を書存生中田鶴へ所望いたし貰置也（巻十二）

釈迦の涅槃図のように病床にあって眠るように静かに息を引きとったようである。

観阿は没する十一日前の六月八日、遺墨として木団扇《きうちわ》の両面に「夢」「楽」と一文字ずつ書いた。観阿は不昧による「楽中苦々中楽」の扁額を自室に掲げ、自身も「苦楽」と号していた。このことを念頭におけば、最後に書き残した夢楽の意味は「楽中夢《らくちゅうむ》々中楽《むちゅうらく》」であったと解せられ、夢も楽しみも同一の境地である、という観阿の遺偈ともとれる。その後、没するまでの十日余の間に、翠涛は観阿の妻田鶴に依頼し遺墨を貰い受けたとある。

1『幽清館雑記』第一～第十二巻（うち第九巻は欠）、『千貫樹記』、『小浦浪記』よりなる。東京大学史料編纂所蔵
2『戯画肖像並略伝』東京大学史料編纂所蔵
3 酒井抱一「隣家鴬」『軽挙館句藻』。玉蟲敏子『都市のなかの絵――酒井抱一の絵事とその遺響』星雲社、二〇〇四年（再引用）
4 宮栄二「溝口翠涛と観阿のことなど」『知音』第五十号、茶道宗徧流不審庵、一九五四年
5 宮武慶之「奥高麗片口茶碗「離駒」―毛利元義との関係に注目して―」『文化情報学』第十四巻第一号、同志社大学文化情報学会、二〇一八年
6 新発田市史編纂委員会編『新発田市史』上巻、新発田市、一九八〇年
7 熊倉功夫、原田茂弘校註『東都茶会記』第二巻、淡交社、一九八九年
8 宮武慶之「明治期における溝口家の道具移動史」『人文』第一三号、学習院大学人文科学研究所、二〇一四年
9 後藤恒、岩永悦子、宮田太樹『雲中庵茶会記（翻刻稿二）』『福岡市美術館研究紀要』第六号、福岡市美術館、二〇一八年
10 大正三年三月二十九日、上野鴬谷国華倶楽部において福禄寿会が開催された。この会は池内就富が七十二歳であったが、古希祝賀のため、諸家に所蔵される福禄寿の画幅が展示された。溝口伯爵家は次の作品を出品していることがわかる。
「同家出品の狩野伊川院（晴）が鶴を画き、溝口家の祖先翠涛侯が福禄寿を画き、其上に小堀宗中が色かへぬ松と竹との末の世を何れ久しと君のみぞ見むの賛を書きたる者は、是れ亦固より小品なれども茶人の喜ぶべき洒落幅なり」（前掲注（7）。熊倉功夫、原田茂弘校註『東都茶会記（一二）』）。
記述から、観阿の所望によって書かれた作品と同一の内容である。その後、溝口家の所蔵品となっている点について、二つ

の可能性が考えられる。一つは観阿が所望した当日、控えにもう一つ作成され、翠涛自身が所持したものであること。二つは観阿が歿後、妻の観勢が溝口家に返献した作品であることのいずれかであろう。

11　山本悦心編『黄檗冠字考』黄檗堂、一九三九年

第四章　観阿の行状

第一節　観阿の茶会

先述の通り七十賀では瓢茶器を、八十賀では羊遊斎に依頼して「一閑張桃之絵細棗」をそれぞれ百二十五個作成して知友に配り、記念の茶会がそれぞれ開催された。

これまでみてきたように観阿の茶会は四十歳の時の不昧による谷園中大茶湯、七十賀（古希）の茶会、八十賀の茶会があった。ここでは記録が残る四十歳および八十歳での茶会を詳しくみていきたい。

観阿、四十歳

文化元年（一八〇四）十月二十七日、不昧は江戸の谷園において谷園中大茶湯を行なっている。この茶会では不昧とその知友が茶席を担当した。そのうち利休堂《りきゅうどう》の茶席を観阿が担当している。『不昧公名物茶会記』によれば、茶席で使用された当日の道具組みは次のようになる。

一掛物　　西行筆　　世をいとふことこそ人のかたからぬ

月もてあらふ人ごにもなし

下　文庫　利休好　白紙張

硯箱　一閑張

一釜　あしや

一水指大　ふしき　蓋の上　蓋朱　一染付

柄杓

一茶入　時代蒔絵棗

一茶碗　切《錐》呉器　権兵衛焼

一茶杓　紹智

一こほし　さはり

一炭斗　唐物菜篭

一香合　根来

一羽　鸞

一水次　白木片口

一菓子　黄飯　趣向餅　柚味噌

床の間には西行《さいぎょう》（一一一八～一一九〇）による詠草で「世をいとふことこそ人のかたからぬ月もてあらふ人ごにもなし」が掛けられた。

ところで昭和十二年（一九三七）八月二十五日、益田鈍翁が小田原の碧雲台《へきうんだい》で行なった朝茶の茶会がある。当日茶席にかけられた西行筆の掛物について、客として招かれた松永安左衛門《まつながやすざえもん》（耳庵《じあん》／一八七五〜一九七一）は次のように記録している。

よをいとふことこそひとのかたからめつきもてあそふなさけたになし[1]

この掛物は観阿が谷園中大茶湯において利休堂席で使用した作品と同定される。

掛物の前の正面あたりに利休好白紙張文庫と一閑硯箱が飾られたのであろう。釜は芦屋とあり、ほかの道具組みから炉であったようである。水指は不識《ふしき》の大壺。蓋は朱とあるが、実際にはウルミ塗のように赤みを帯びた塗蓋とした方が適当である。点前座の中央に置かれた。蓋の上に染付蓋置と柄杓が飾られた。蓋は通常の盆蓋もしくは山道盆などが用いられ、蓋置と柄杓は入飾りにして飾られたものと考えられる。茶碗は錐呉器と出雲権兵衛焼の二碗が用いられたようである。権兵衛による作はおそらく高麗茶碗の写しと目され、御本か伊羅保の写しと考えられる。そのため主と替茶碗の二碗の雰囲気は質感の異なるものの系統としては似た印象を受ける。ただ茶器に時代蒔絵の棗を配していることから、置き合わせることで、その変化を意図したものと推測される。さらりとした茶席ながら主茶碗に錐呉器をもってくるところが心憎い。

菓子は「煮染黄飯趣向餅《にしめきはんしゅこうもち》　柚味噌」が振る舞われている。趣向餅は同じ読みでは珠光餅があることから、珠光餅のように餅の上に味噌をかけて呈されたものと推測される。今回、虎屋文庫（虎屋に伝わる古器物、菓子に関する資料をアーカイブし、研究、情報発信する部署。菓子資料室。御用記録をはじめ、菓子の絵図帳や古文書、古器物を保存・整理。様々な菓子資料を収集し、展示の開催や機関誌の発行を通して、和菓子情報の発信を行なう。以上は丸山良氏の教示による）の協力により、餅を梔子の色で染めた道明寺饅（ただし、こちらも趣向を凝らして白餡を入れてみた）で作ってもらい、柚味噌は専門店である八百三（京都）のものを湯で少し伸ばしてかけてみたところ、意外とあっさりした味わいであった。茶会当日は出来立ての趣向餅（口絵15）が茶席で振る舞われたのであろう。器は利休堂ということもあって樂弘入作蓋物を用いた。

観阿、八十歳

先述の通り、翠涛は天保十五年（一八四四）一月七日に観阿八十賀の茶会に招かれていた。従来の研究でも観阿の八十賀と原羊遊斎作「一閑張桃之絵細棗」の関係は紹介されているが、八十賀の茶会自体については資料の不足から明らかにされていなかった。今回、新出の資料となる「桑昔竹形茶杓《くわむかしたけがたちゃしゃく》」（図18）とそれに付属する観阿八十賀の茶会記を個人が所蔵していることを確認したため、茶会の詳細な様子を知ることができた。この茶杓はかつて加納藩江戸家老篠原長兵衛《しのはらちょうべえ》（宝剣子《ほうけんし》）が所蔵していた。茶会記は篠原が観阿の八十賀茶会に招かれたときのもので、その写本となる。ご所蔵家の教示によれば、この茶杓と付属する茶会記は、維新後に加納に戻った篠原長兵衛が遠藤香雨《えんどうこうう》に与えたものとのことである。

茶杓は後述するように茶会の記念として観阿から長兵衛に贈られた。八十賀の茶会記の存在は、当時の茶会の状況を明らかにするとともに、観阿が所持した道具を明らかにする上でも貴重な資料となる。

茶杓の材は桑である。その造りは蟻腰で、節下は一本樋、節上は薬研樋となっている。櫂先は大らかに削られている。筒は細身の竹で側面中央に皮を少し残している。筒の大きさは茶杓に比較して華奢に作られている。筒裏には観阿による墨書で「甲辰　賀」とあり、筒正面には以下のような記述がある。

〔阿〕　桑昔竹形茶杓　八十翁観阿（花押）

十本ノ内

この桑茶杓は天保十五年の観阿八十賀に際して十本作成された茶杓であることがわかる。箱甲には「桑昔竹形茶杓　白酔庵」とあり、箱裏には

寿　幾千代もなおいく千代も八十ハたゝ東方朔の数取の歳

八十翁観阿（花押）

とある。この一首は「一閑張桃之絵細棗」の箱に書かれる歌と同一である。すなわち観阿八十賀に際して、これまで知られて

図18　観阿好「桑昔竹形茶杓」　個人蔵

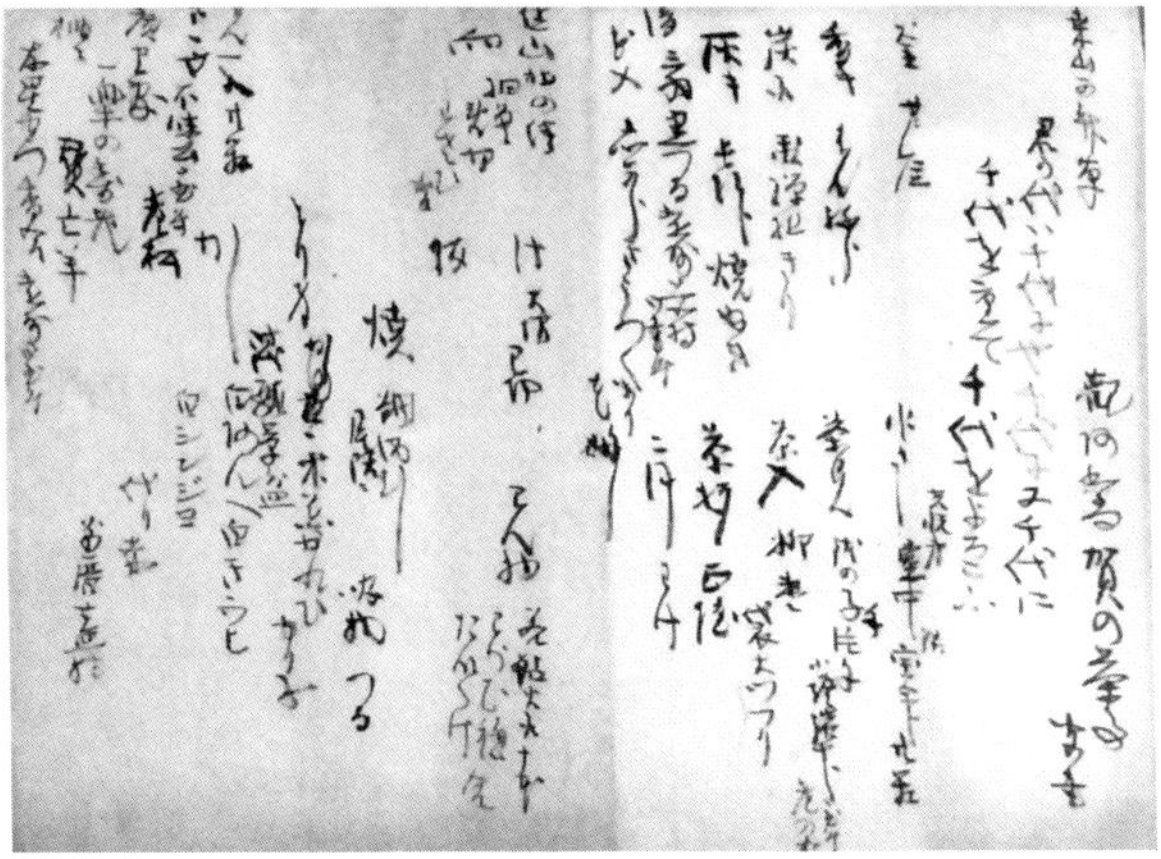

図19　観阿和尚の茶会記　個人蔵

いた百二十五個の細棗以外にも、十本の桑茶杓が用意されていたことが判明した。

　茶杓に付属する茶会記（図19）は、表題に「観阿和尚賀の茶事／写書」とあって、篠原が観阿を和尚と呼んでいたことがわかる。観阿は三十四歳のときに剃髪し、その後は法体であったため、観阿の周辺の人々は和尚と呼んでいたと考えられる。会記の表題には「観阿八十賀茶席 写庚午初冬 篠原宝剣子」とある。会記は篠原が招かれた観阿の八十賀の会記であり、この会記は明治三年（一八七〇）初冬に写されたことがわかる。

　使用された道具組みは以下のようになる。

桑山可斎筆
君か代は千代にや千代に又千代に千代を重ねて千代をよろこふ
釜　芦屋
水さし　光悦弟　空中　銘宝傘　共箱
香キ　はんねら
茶わん　鉢の子手　片《（堅）》手　小堀権十郎書付　老の友

炭取　相禅（宗全か）組きり　茶入　柳棗　袋大門つり
灰キ　長次郎焼ぬき　茶杓　正隠
三羽黒つる遠州所持々書付　こほしわけ

後

花入　しからきうつくまり（蹲）
花　梅
佳山（乾か）　梅の絵　汁　大根わ切
わん物　若鮎　火取十本
わらひ（蕨）穂　松ろたけ　合
向　細そめ切　わさひ有
飯　焼　鯛酒むし
尾頭ニ　吸物　つる
とり身　かる（ママ）茛々木花かれい
わん（茶碗）　一入共箱　時代草盆　ゆり子
ト、ヤ　不昧公御書付　老松　かし　白阿ん（餡）入白キウヒ
白シンジョ　代り赤

広座敷

図20　尾形乾山作
「乾山銹絵槍梅文碗」
サンリツ服部美術館蔵

一(山)楽の寿老賛亡羊　　　萬暦蓋物
棚ニ
　存星ゆつ香合　遠州侯書付

　会記に沿って茶会の様子をみてみたい。初座の床の間の掛物には桑山可《くわやまか》斎《さい》（一六一五～一七〇〇）による「千代の歌」の掛物が掛けられた。釜は芦屋、香合は素焼きの南蛮ハンネラである。炭斗はおそらく宗全作と考えられる組物が用いられ、灰器は樂長次郎作の焼貫、羽は黒鶴の三羽（小堀遠州所持で同人書付）である。

　次に懐石の記述がある。

　筆者は当初、会記の流れから床の間には「佳山」の梅の絵が掛けられたと考えていた。また、山のつく人で、梅の絵を描く人は乾山がおり、観阿周辺では抱一が熱心であったためそうではないかと予想していた。ただ、最近分かったことは、現在サンリツ服部美術館では尾形乾山作「乾山銹絵《けんざんさびえ》槍梅文碗《やりうめもんわん》」（図20）を所蔵しており、向付にこの器が用いられた可能性が高い。「乾山銹絵槍梅文碗」は蓋向の五客で、銹絵で描かれた槍梅が配され、梅花は白である。五客を収納する箱裏には

白醉庵
什物（花押）

と書かれ、観阿の所持品であったことがわかる。筆跡から五十歳代と推定され、永く愛蔵し、自祝の茶会で使用したと判断される。

焼物には鯛の尾頭付の酒蒸が出され、吸物には鶴の肉を用い、強肴には中国で萬暦年間に焼成された磁器の蓋物を用いて紅白で作られた真薯《しんじょ》が呈された。祝意を込めた懐石であり、菓子は白餡入白求《しろあんいりしろぎゅう》肥《ひ》が用いられた。この菓子は白餡を白い求肥で包んだものであるが、一体どのような菓子なのであろうか。そこで老舗京菓子店「末富」の山口富藏氏に再現してもらった。上質な白いヤマノイモの練り切りを丸めて求肥で包むという、内外共に真っ白な菓子である（口絵16）。実際に食してみるとなんとも言えず上品な味わいで、その後の濃茶とも非常に得難いひと時であった。茶会が一月ということと祝いの茶会ということもあって雪の瑞気を感じさせる菓子であったことが想像される。また虎屋文庫長の丸山良氏の教示によれば、不昧が白餡入蒸用を好んで用いており、観阿も用いたのではないかとのことであった。（以前、筆者は家族を招いた茶事でこの菓子を「初雪」と銘して用いたことがある。）

さて、後座の床の間では掛物が外され信楽焼の蹲の花入が飾られ、梅が一種のみ生けられた。観阿の所持した信楽はどのようなものか確認できないが、おそらく上手でビードロ釉が掛かり、口の状態が良い作と思われる。そこで今回は参考のため関元行氏にイラストを願って、後座の雰囲気の挿図とした（口絵17）。

点前座の周辺。水指は本阿弥空中《ほんあみくうちゅう》（光甫／一六〇一～一六八二）の作とあることから、「空中信楽」であったと考えられる。茶入は柳棗で袋は大門つりとある。この棗については材質が柳の木であったのか、柳の模様がある棗かは定かではない。ただ観阿に関係した棗のうち、同人の箱墨書のある作品では、「嵯峨《さが》柳蒔絵大棗《やなぎまきえおおなつめ》」（口絵18）がある[2]。この棗は池田巖氏による『嵯峨棗』（淡交社、二〇〇三）で紹介されており、実見していないため同書から所見を述べておく。一本の柳の木から枝別れした垂れた柳に芽の出た情景が蒔絵されたもので、枝別れした柳の線が経年変化によりかすかに確認でき、総体として静かな印象を与える。茶会記では「袋　大門つり」とあるが、現在、付属する袋は黄緞《おうどん》である。八十賀茶会の濃茶席で使用されたのが本棗だとすれば結構洒落ている。

なおこの棗の箱は桐材で、裏には観阿により次のような墨書がある（口絵19）。

嵯峨棗
柳之画
白醉庵（花押）

同書によれば江戸時代を通じて嵯峨棗と箱墨書のある作品は珍しいとのことである。また筆跡からこの花押がおおよそ五十歳代、すなわち勧進状を寄進する時代と同じ頃であると判断できる。五十歳代の頃から白醉庵の什物として重宝とした茶器を八十歳に至るまで所持し、さらに自身の祝賀の茶会にも用いるところに観阿の愛着を感じる棗である。なお花押の年代比較は252頁に詳しく述べたので詳細はそちらを参照願いたい。

濃茶に使用された茶碗は高麗堅手鉢子で銘を「老の友」（小堀権十郎書付）という。堅手における鉢子手は、元来鉢のみで茶碗はなかったが、そのうち小さい物を茶碗に転用したもので、数が少ないとされる。草間直方（一七五三〜一八三一）による『茶器名物図彙《ちゃきめいぶつずい》』にも所載され、当時の茶の湯では人気の高い茶碗の一つであり、建水は木地曲とある。茶杓の作者として正隠とあるが、これは藤村庸軒《ふじむらようけん》（一六一三〜一六九九）のことを指す。

薄茶席については詳細な記述がないため、濃茶を行なったのと同席であったと考えられる。主茶碗には樂一入作の茶碗、副茶碗には高麗斗々屋の銘「老松」（松平不昧書付）を用いている。

以上の濃茶および薄茶が催された茶席は、道具組みから小間席であったと判断される。この小間に関して『幽清館雑記』では次のような記述がある。

吉村観阿　白醉庵　隠宅掛名　楽之斎囲三畳（巻十）

観阿の浅草の居宅白醉庵には、楽之斎《らくしさい》という三畳の席があったことがわかる。観阿が実際に茶会を行なった小間の茶室は、楽之斎であったと考えられる。

ここで観阿の居宅について触れておくと『白醉庵数寄物語』には次のような記述がある。

観阿宅座敷は古形を以て點作せり、山城国焚木《薪》村酬恩庵一休和尚廟所存在の寺境内に佐川田喜六といへる者隠遁の地なり。其居所の作事を形取り申候佐川田は続畸人伝に載せてある人なりき。

ここで述べられる佐川田昌俊《さがわだまさとし》（喜六／一五七九～一六四三）については『近世畸人伝《きんせいきじんでん》（続）』中、「薪村の酬恩庵の境内に黙々庵を結び幽居す」とある。このことは昌俊の没後、林羅山《はやしらざん》（一五八三～一六五七）が撰文した碑文のうち

結一芽于薪里一休蘭若之側扁日不二榜日黙黙

からも、昌俊が結んだ庵とは不二山黙々寺であったことがわかる。この境内には打睦亭《だぼくてい》、維摩堂《ゆいまどう》、柴《しば》小屋《こや》、湯殿などがあったとされる。その詳細を『佐川田喜六昌俊と黙々寺』（二〇一三）から述べておくと、打睦亭は四畳の間と土間があり、打睦亭の北側に一間半四方の維摩堂、さらに打睦亭の南斜面上の平地に鎮守が、この他、梁行二間と三間の柴小屋などがあったとされる[3]。この点から白酔庵が、全体かその一部を模して造られたものであることがわかる。

また観阿の茶室については『白酔庵数寄物語』に次のような記述がある。

茶室は南都東大寺にある一尾伊織好の形を模せるなり

居宅は薪寺酬恩庵にあった佐川田喜六の作事を模して作られたようである。また茶室は東大寺にあった一尾《いちお》伊織《いおり》（一六〇二〜一六八九）による好みの形を模して作られたとある。ただ、中村昌生氏は『大和文化研究』（一四三号）で『松屋会記』慶長十一年（一六〇六）三月十一日の条に書かれる「四聖坊へ□□□（ママ）座敷三条大」という記述に注目し、四畳半や三畳台目の茶席がいつ誰の好みになるかは明らかでないとしている[4]。ただ伊織自身は細川三斎《ほそかわさんさい》（忠興／一五六三〜一六四五）に茶を学び、三斎流の茶の湯の確立に貢献した人物であり、その周辺を物語る茶室であったことが想像される。このような侘び住いに観阿は過ごしていた。

茶会後は披の間を設けて広間の座敷に移った。広間の床の間には、亡羊の賛がある一楽筆の寿老人（福禄寿）の絵が掛けられ、違い棚には小堀遠州（一五七九〜一六四七）の書付がある存星柚香合が飾られていたという[5]。この広間は茶会が終わってのち、箱書や器物に付属する添状等の閲覧に供された場に相当する。すなわち「一閑張桃之絵細棗」もこの広間で客に配布されたものと考えられる。

披の間の掛物

観阿の八十賀茶会では、前年に翠涛と宗中、晴川院に所望した合作を使用せず、一楽画亡羊賛の福禄寿の掛物を使用していたという。しかしながら亡羊の活躍する以前の人物で一楽なる人物を特定することはできない。

ところで昭和十六年（一九四一）五月二十二日、大阪美術倶楽部で開催された売立がある。その出品目録が『展観入札』である。同目録には次のような作品がモノクロ図版とともに所載されている。

二一　山楽　福禄寿　亡羊賛　着色　大倉極　白醉庵箱　竪三尺一寸一分
巾一尺三寸八分

この作品の追跡調査を行なったところ現在は個人が所蔵していることが判明した。所蔵者の教示によれば、結納の際に細君から贈られたという。なんとも羨ましい。この作品については拙著『茶の掛物』（淡交社、二〇一七）で紹介したが、改めて紹介しておこう[6]。

本幅は狩野山楽《かのうさんらく》（一五五九～一六三五）が福禄寿の絵を描き、三宅亡羊《みやけぼうよう》（寄斎《きさい》／一五八〇～一六四九）が賛をした「福禄寿」（口絵20）である。この掛物の巻留には観阿による墨書で、

福禄寿　山楽画
讃亡羊筆　白醉庵
苦楽翁（花押）

とある。また作品を収納する箱墨書にも観阿による墨書で、甲部に、

福禄寿　賛　三宅寄斎筆

とあり、裏には、

山楽画

讃　三宅亡羊筆　白醉庵（花押）

とある。このように、この作品には観阿による書付が多く見られ、観阿の所蔵あるいは取り次ぎによるものであることは明らかである。

この点から、茶会記にある一楽とは、書写する際の誤写で、正しくは山楽であると考えられる。先述の八十賀茶会で使用された「一楽の寿老」とは狩野山楽画の「福禄寿」と同定される。

福禄寿を描いた狩野山楽とは、狩野永徳《かのうえいとく》（一五四三〜一五九〇）の養子となり永徳没後の京狩野家を率いた人物で、山楽の養子である狩野山雪《さんせつ》（一五九〇〜一六五一）とともに狩野派において重要な人物である。その山楽による寿老人の眉毛は非常に長く伸び、右手は小指を立たせ、左手に奉書のような紙を一枚持っている。背景には松と梅、前方に鶴と亀を描き、寿老人の傍らには童子がいる。そもそも福禄寿とは、福は子供に恵まれること、禄は財産に恵まれること、寿は長寿に恵まれることを意味する。改めて構図に注目すると「福」を表す童子（子供）、「禄」を表す鶴（財）、「寿」を表す亀（長寿）となる。

軸先の材は紫檀で、そこに富貴長命と彫られている。梅の花弁のいくつかは金泥が用いられており、松と梅の下部および地面部分も金泥で描かれている。画面右側には「楽」の方印が捺される。

亡羊による賛の筆跡は最後の行で墨継ぎをしており、ここが書き出しのような印象を受ける。しかし亡羊のほかの書作品では書き出しは墨を筆にあまり含ませずに書き出して、途中から墨を含ませて書いている。しかも全体的に速筆で書かれており、このあたりが亡羊の筆跡の特徴である。改めて賛に注目すると次のとおりである。

徳香応梅
齢松亀鶴
老人依意
童子在側
（徳香《とくのこう》は梅に応じ、齢松《れいしょう》と亀鶴《きかく》と。老人は意に依り、童子は側に在り。）

亡羊の賛は徳の秀でた人間を、構図中の樹木や動物でたたえる内容となっている。天保十四年（一八四三）十二月二十日に、翌年開催される八十賀の茶会を催すにあたり観阿から翠涛、晴川院、宗中に合作を所望し、翠涛は福禄寿を描き、晴川院は鶴亀を描き、宗中は賛をしていた。この合作の絵は、観阿自身が所持していた狩野山楽画三宅亡羊賛「福禄寿」から着想を得たのであろうものと考えられる。観阿八十賀茶会には、当然、翠涛のほか宗中や晴川院も招かれたと考えられ、所望された絵の原本を、茶会で三者に披露する趣向であったことが想像される。

以上のことから、観阿八十賀茶会に際し「一閑張桃之絵細棗」百二十五個のほかに「桑昔竹形茶杓」

十本が配られていたこと、またこの茶会は複数回開催されたこと、茶会に参会した人物は翠涛、長兵衛、宗中、晴川院のほかは明らかではないが、多くの知友が招かれたことが考えられる。

観阿の八十歳の頃の行状を考えるにあたり重要な作品として観阿筆短冊「老松」(図21)を挙げておく。この短冊は、檀紙に雲母を引き、切箔を散らし菊の押模様がある。老松と題して次のような歌一首が書かれる。

年ことに緑をそふる常盤木の松の齢そかきりしられす

白酔庵
八十翁
観阿(花押)

歌意は老松の常緑を祝した内容である。観阿の八十賀茶会を踏まえると、この老松という題は八十

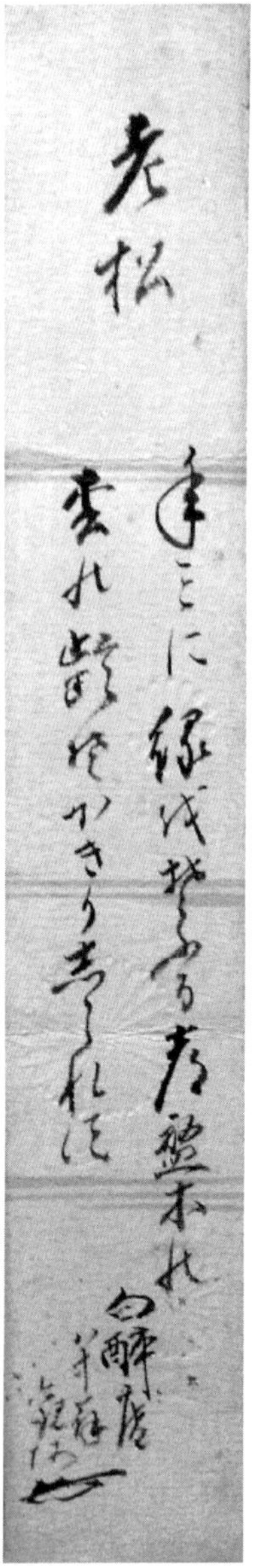

図21 観阿筆短冊「老松」
個人蔵

賀茶会で使用された茶碗の銘にもみられ、その余韻を伝える短冊であることがわかる。

1 粟田有聲庵編『茶道三年』下巻、飯泉甚兵衛、一九三八年
2 この棗を収納する箱墨書には観阿により「嵯峨棗柳之画　白醉庵（花押）」とある。池田巖『嵯峨棗』淡交社、二〇〇三年
3 薪区文化委員会編『佐川田喜六昌俊と黙々寺』薪区文化委員会、二〇一三年
4 中村昌生氏「奈良の茶室」『大和文化研究』一四三号、大和文化研究会、一九七〇年
5 茶会記から、小堀遠州の書付がある存星柚香合として著名な作品では現在、個人が所蔵する遠州蔵帳所載の存星柚香合があるが、観阿による書付などはなかった。
6 宮武慶之『茶の掛物』茶道教養講座第七巻、淡交社、二〇一七年

第二節　寺院への寄進

弘福寺への寄進

寛政十年（一七九八）、観阿は三十四歳のとき剃髪し、浅草に白醉庵を結んでいる。その後の観阿の行状として弘福寺の碑文には次のような記述がある。

ひとゝせ寺中に□《〔ママ〕》所の千体仏破壊し、纔《わずか》に什が一の残れるを禅師の憂給ふをきゝて、翁にはかりて其荘厳を新にす。後三十年の星霜を経て、又損失したりしを、弘化二乙巳のとし再び修理を加

へ潤色古に復す。

記述によると観阿は文化十二年（一八一五）に弘福寺にあった千体仏の一つを安置する荘厳の寄進を行なっている。この千体仏について『江戸《えど》黄檗《おうばく》禅刹記《ぜんさつき》』中にある鉄牛和尚《てつぎゅうおしょう》（一六二八～一七〇〇）の「弘福遺訓」では、境内の様子や寄進者について触れられている。同書には次のような記述がある。

禅堂所安一千一百十一体大小弥陀尊[1]

禅堂に一千一百十一体の大小の阿弥陀尊像が安置されていたことが知れる。このことから観阿は禅堂にあった千体仏が破損し、残った尊像を安置するためにその荘厳を改めていたと考えられる。さらに三十年後の弘化二年（一八四五）には再び改修の寄進を行なっている。

観阿は観勢とともに葛飾牛島の弘福寺の鶴峰廣大を仏法の師としていた。観阿は死期を近くして旧師の因により尭隣真徳に乞い、自身の遺骨を納める墓所を弘福寺とした。

ところで東京国立博物館の四宮美帆子氏は『黄檗文化（第一二〇号）』で「山田道安と鶴峰廣大」と題する論考を発表し『古画備考』に書かれている戦国時代に活躍した画家山田道安《やまだどうあん》の末裔が鶴峰廣大であることを起点に、位牌や過去帳などについて詳細な資料をもとに論じている[2]。論文中では奈良県生駒郡にある善福寺の位牌を紹介し、次のように述べている。

鶴峰禅師は、善福寺七代で、法諱を廣大といい、山田道安（順貞）の遠孫にあたる山田順實の四男であるという。山田氏を出た後善福寺に入り、葉室頼熙の養子として、葉室家の菩提寺である浄住寺に第六三代住持としてあったと考えられる。また明和元（一七六四）年、安永五（一七七六）年、寛政十二（一八〇〇）年と文政十一（一八二八）年の時点では善福寺に住していたか、または何らかの関わりを持っていたことがわかる。

また四宮氏は弘福寺にある昭和七年（一九三二）に第三十三代住職により新調された一基に十名ほどの住職の名が録された位牌の一つに

當山第廿三代鶴峯廣老和尚　天保九年十二月十日

と書かれていることを報告している。

天保九年（一八三八）、観阿七十四歳のとき、鶴峰は没していたことになる。また観阿の父が名乗った屋号、山田屋の山田とは、六世前の先祖が、奈良の山辺の山田という地域もしくは山田氏に関係する人物であったことが想像され、廣大との関係を考える上でも誠に興味深い。

勧進状の寄進

先述したように東大寺勧学院の寿蔵碑文によると観阿の六世前の先祖が奈良の出身であったとされ

る。そのため、観阿は文化十四年（一八一七）、五十三歳のとき自身が所持していた俊乗房重源による勧進状を東大寺に寄進している。

　この勧進状とは「元久二年重源上人勧進状」（口絵21）である。東大寺は平安時代末期に平重衡《たいらのしげひら》（一一五七〜一一八五）による南都焼き討ちにより罹災したため、重源は東大寺再建のための大勧進に任ぜられる。そのとき重源により寺社造営のための勧進を行なう旨の勧進状が書かれた。観阿が寄進した勧進状とは、元久二年（一二〇五）十二月、東大寺東塔の完成後は童を配して法華経を千部、転読させたい旨を認めたものである。

　勧進状の奥書（口絵22）には観阿による墨書がある。

重源上人再所勧進東大寺法華會之真迹一巻珍蔵于予書斎
中既多歳矣今茲某月参禮於當所而愈随喜上人済度之功
業即以此巻奉寄進焉且和州者予家所出之邦也仰冀憑是
勝縁與祖先考妣将成佛果菩提也因恭記喜捨之信趣矣

文化十四年丁丑四月六日

武州江戸
芳村氏観阿（花押）

（重源上人再所勧進、東大寺法華会の真迹一巻、予が書斎中に珍蔵する既に多歳。今茲某月当所に参礼して愈上人済度の功業を随喜し、即ち此巻を以て寄進し奉り、且つ和州は予が家出づる所の邦なり。仰ぎ冀くは是勝縁に憑り、祖先考妣と将に佛果菩提を成さんとするなり。因て恭しく喜捨の信趣を記す。

文化十四年丁丑四月六日　武州江戸　芳村氏観阿[3]

観阿はこの一巻を珍蔵し、文化十四年四月六日に寄進している。寄進の理由として、観阿の先祖が奈良の出身であることに加え、亡き父母の菩提を弔うためであるとしている。すなわち、観阿が奈良に自身の寿蔵を建立したのは、先祖の供養のためでもあった。

この勧進状は観阿が文化十四年に東大寺に寄進したのち再び流出し、近代では奈良の素封家である中村雅真（一八五四〜一九四三）が所持し、昭和十二年（一九三七）に再び東大寺に所蔵されることとなる。

ここで勧進状をなぜこの時期に寄進したのかが問題となるが、これは不昧の影響が極めて大きい。というのも不昧は同年正月二十五日に大徳寺孤篷庵で大圓庵披露の茶会を行なっている。これは不昧の塔所であり、没後に寄進する雪舟筆「一円相図《いちえんそうず》」（図22）を用いた茶会である。この茶会には観阿も参加していた。つまり両者に共通していえることは、自身が重宝とした作品を寄進し、墓所を建てることに他ならない。不昧と同行していた観阿がこの点に触発され、勧進状を寄進したのである。

法隆寺への寄進

このほか観阿と寺院の寄進に着目すると、法隆寺にも観阿による箱書がある額箱（図23）があった。

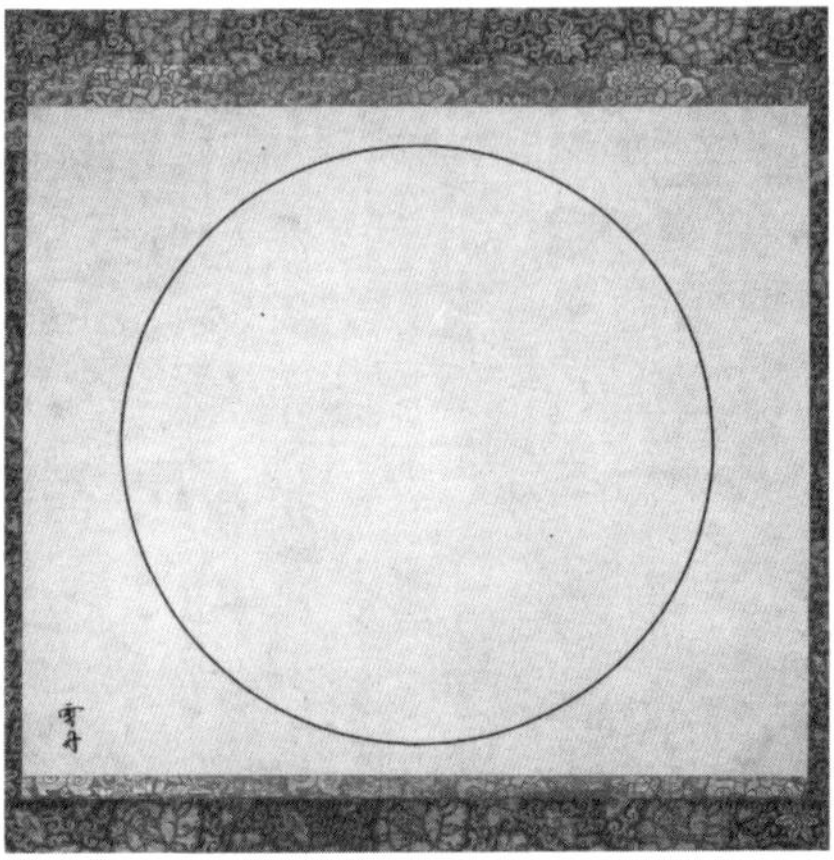

図22　雪舟筆「一円相図」
大徳寺孤篷庵蔵
写真提供：島根県立美術館

この額箱については一九八一年に始まった昭和資材帳調査によりすでに明らかにされている。

そこで『法隆寺の至宝（第十四巻）』（一九九八）で紹介される「黒漆塗箱」の箱書について紹介しておきたい。同書では次のように紹介されている。

【蓋表】法隆寺／弘法大師／御真蹟／御額／円明院

【蓋裏】天保壬寅秋造此額箱以寄附／東都　白酔庵／吉村
観阿「花押」／同　観勢女／
同　信□《ママ》（花押）／漆工貞次

【身外底】苦楽翁七十八歳「花押」／片店　□《ママ》山「花押」[4]

箱裏および箱底の漆書にある人物名の各一文字が判読されていないため、それぞれの人物について不詳であった。今回、法隆寺の協力のもと資料の提供を受けたため、その判読を試み、観阿との関係をみてみたい。

額箱は黒漆の搔合塗の箱で、箱を面取りして朱漆を施した爪紅となっており、箱甲には次のよう朱漆書がある。

図23　弘法大師額箱
法隆寺蔵
写真提供：小学館

弘法大師　　法隆寺
御真蹟
御額
圓明院

この額箱に収められているのは弘法大師筆の額であり、法隆寺の円明院が所蔵していたことがわかる。

この額箱の蓋裏には朱漆書で次のように書かれていた。なお今回新たに判明した文字は□で囲っている。

天保壬寅秋造此額箱以寄附
東都
白醉庵
吉村観阿（花押）
同　観勢女
同　信[軸]（花押）
漆工　貞次

額箱は天保十三年（一八四二）、観阿が七十八歳のとき、箱を法隆寺円明院に寄進したものである。なお『白醉庵数寄物語』中には法隆寺に関し、蓮蒔絵経箱を酒井抱一が入手した条や、法隆寺から放出された古作杉の釈迦尊像の条などの記述がみられる。

ところで天保十三年、法隆寺は江戸両国の回向院において出開張をしている。江戸での出開張は元禄七年（一六九四）と天保十三年に同所で開催している。観阿による額箱の寄進は、出開張を契機になされたものであったと考えられる。

朱漆書は観阿と信軸の花押部分のみが自署である。署名は芳村ではなく吉村としており、この頃の観阿は吉村に改めていたことがわかる。観阿の署名の隣には妻観勢の名前が確認できる。さらに信軸の名前と花押、箱を作成した漆工である貞次の名前も確認できる。

観勢については弘福寺の碑文中、次のような記述がある。

其妻観勢は浜松の藩士瀧原氏の女にして、名を田鶴といふ、貞操怜悧《ていそうれいり》能《よく》翁が雅業《がぎょう》を佐《たす》く。亦翁と共に仏法に帰依して、葛飾牛島弘福禅寺の鶴峰禅師を師とす。

観勢は浜松藩士瀧原氏の娘で、名前を田鶴という。「翁が雅業を佐く」とあることから観阿の茶会や鑑定、取り次ぎなどを内で支えた人物であったようである。また観阿夫婦は仏法に深く帰依した。

額箱の箱底裏には朱漆書で次のような自署がある。

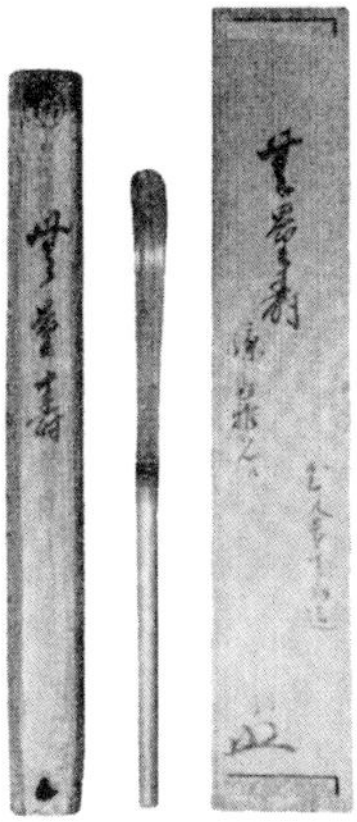

図24　観阿作共筒茶杓　銘「無量寿」

苦楽翁

七十八歳（花押）

陸庵　弥　山（花押）

『法隆寺の至宝』では「片店」としているが誤読で、正しくは「陸庵」である。弥山とする人物の花押は、蓋裏の信軸の花押と同一である。そこで、これと同じ花押をもつ箱墨書に注目したい。河瀬無窮亭の旧蔵品である観阿作共筒茶杓銘「無量寿」（図24）は観阿による共筒茶杓で、筒の〆印は阿に丸印を押し、墨書で「無量寿　茶ヒ而喫之人延命也　白醉庵観阿（花押）」とある。

収納する箱の墨書には、

無量寿　潦斎《りょうさい》主雅兄へ　老父苦楽翁造　弥（花押）

とあり、潦斎主雅兄の求めに応じて書かれ、茶杓が老父の作であると認めている。すなわちこの墨書は観阿の息子によるものであり、同じ花押の持ち主である弥山（信軸）は観阿の息子で

図25　狩野永徳筆三幅対「鳳凰、聖像、麒麟」
高尾山薬王院蔵

あったことが判明する。

弥山が父の作った茶杓に箱書をしている点から、同人も江戸における茶の湯文化に関わった人物であったと考えられる。また弥山は祖父と同じ陸庵を名乗っていたことがわかる。

ところで、中井浩水は東大寺四月堂には観阿の位牌が安置され、その位牌には、

嘉永元戊申　六月十九日　施主江戸浅草田原町吉村庸之丞《ようのじょう》

の記述があると報告している[5]。観阿は隠居後、浅草の田原町に幽居したとあるが、この屋敷は観阿が浅草に結んだ白酔庵であった。位牌にある吉村庸之丞とは白酔庵を住居としていた弥山であったと推測される。なお第一章で紹介した養川院筆不昧賛「釈迦如来像」（口絵11）にも弥山の箱書がある。

最後に狩野永徳筆三幅対「鳳凰、聖像、麒麟」（図25）にも触れておきたい。絹本著色で掛幅装であり、三幅とも署名に「永徳筆」とある。作品は江戸時代中期頃の作と考えられることから作者は永徳を号した中橋狩野家十二代狩野高信《かのうたかのぶ》（一七四〇～一七九五）である。この作品について『高尾山薬王院

文化財調査報告書』（二〇〇三）には、図版と箱の記述が紹介されている。同書を参考に述べておくと、三幅対を収納する箱蓋裏には次のような記述があると紹介される。

奉納／三幅対狩野永徳筆／高尾山薬王院常住物也／天保六年乙未九月十八日　願主／　江戸浅草住人／　白酔堂《(ママ)庵か》／観阿（花押）[6]

墨書か漆で書かれたものかは不明である。また白酔庵と書かれるはずの箇所が「白酔堂」となっている。仮に読み間違いであればこの作品は天保六年（一八三五）九月十八日、観阿により薬王院に寄進された三幅対である。このとき観阿は七十一歳である。

先にみた弘福寺、東大寺、法隆寺など寺院への寄進から、観阿自身も仏心の篤い人物であったことが知れる。

1 木村得玄『校注江戸黄檗禅刹記』春秋社、二〇〇九年
2 四宮美帆子「山田道安と鶴峰廣大」『黄檗文華』第一二〇号、黄檗文化研究所、二〇〇〇年
3 高橋箒庵『東都茶会記』第五輯上、箒文社、一九一八年
4 法隆寺昭和資財帳編集委員会編『法隆寺の至宝』第十四巻、小学館、一九九八年
5 中井浩水「白酔庵観阿」『陶説』第四二号、日本陶磁協会、一九五六年
6 東京都教育庁生涯学習スポーツ部計画課編『高尾山薬王院文化財調査報告書』東京都教育庁生涯学習スポーツ部計画課、二〇〇三年

第三節　勧進状の寄進の背景

観阿は文化十四年（一八一七）六月に、自身が若い頃から重宝とした「元久二年重源上人勧進状」を東大寺に寄進した。その後、東大寺勧学院内に墓所が与えられ、寿蔵を建立する。その顛末は、亀田鵬斎による寿蔵碑文と、勧進状にある観阿自筆の奥書から判明する。しかしながら、なぜこの時期であったのかはこれまで明らかにできていない。この出来事に大きく関係すると思われるのが、同年、不昧により大徳寺孤篷庵《こほうあん》に寄進された大圓庵《だいえんあん》披露の茶会である。

ここでは不昧の大圓庵寄進について触れておく。不昧は文化三年（一八〇六）に致仕し、隠居する。隠居後は松江へ二度帰国している。一度目は文化五年であり、二度目は文化十三年である。二回目の帰国で注目すべきは、翌年の正月十三日、松江を出発した不昧が京都の孤篷庵に立ち寄り、自身が寄進した茶室、大圓庵披露の茶会を行なっていることである。この茶会について従来判明していることは、茶会で使用された道具と、不昧とともに参会していたのが根土宗静《ねづちそうせい》、本屋了我であることのみである。

現在、四日市市立博物館に寄託所蔵される『清水本陣文書』は、四日市にあった清水本陣旧蔵の文書である。このうち「文化十二年正月大福帳」には文化十四年正月晦日に不昧が宿泊した記録がある。この時期は大圓庵で茶会を終えた不昧一行が清水本陣に宿泊した時期と判断される。また『清水本陣文書』には宿割と関札を担当した米田伝左衛門《よねだでんざえもん》による「文化十四年松平不昧様御宿割帳」も所蔵される。この文書はすでに『四日市市史（第十七巻）』で紹介され、その解説では松江藩主の松平不昧が、国元へ帰る際に四日市に宿泊したときの家臣の宿割帳とされる[1]。実はこの記録に「芳村物外」すなわち観阿や、山口宗一、根土宗藤など、不昧の茶友の名を確認することができ、大圓庵の茶会に関係したことが伺えるのである。

そこで本資料を用い、文化十四年の不昧の動向に注目しつつ、観阿が「元久二年重源上人勧進状」を寄進する背景について検討する。

文化十三年八月二十一日に江戸を出発した不昧は、同年九月十七日に松江に到着している。そこで松江藩の藩士をまとめた『松江藩列士録』で、文化十三年の不昧の行状で確認できるのは十月十日には神谷兵庫の茶事[2]、十一月六日には乙部九郎兵衛《おとべくろべえ》の茶事[3]、十一月八日には大橋茂右衛門《おおはしもえもん》の茶事[4]に参会していることである。特に茂右衛門が所持した権兵衛焼の水指を、不昧の近習であった志立傳八郎を介して所望し、茂右衛門は献上している[5]。松江にあっても道具収集に余念の無い不昧の姿が確認できる。

松江での不昧の茶会としては、十一月五日に御在所妙喜庵において、翌年寄進する雪舟筆「一円相図」(図22)を使用しており、その惜別の茶会を催している。参会しているのは根土宗静、山口宗一、本屋了我、疋田一二である[6]。なお不昧は文化十三年七月二十一日に山口宗一、本屋了我、根土宗静を招いた茶会を催しており、彼らが松江への先発であり、そのための送別の茶会であったと位置付けられる。

翌年正月十三日、松江を出発した不昧一行は、大圓庵披露の茶会に赴く。この茶会は不昧の菩提所となる大圓庵を建立し、寿塔、廟舎とともに茶室を設けたものであった。同月二十五日には、大徳寺孤篷庵七世の寰海宗晙《かんかいそうしゅん》（一七五二〜一八一七）、八世の大鼎宗允《だいていそういん》（一七七五〜一八三二）、今宮宗了《いまみやそうりょう》（生没年不詳）を迎え茶会を行なっている。このとき使用された道具は次のようになる

濃茶

床　雪舟筆圓相図
釜　御好大圓庵圓相文字　因幡作　囲炉裏
香合　存星紅花緑葉
炭斗　瓢
羽箒　大鳥
灰器　楽新焼
水次　木地片口
花入　嵯峨青竹　御作一重切
花　紅白椿
水指　木地釣瓶
茶入　葵御紋付棗　一双
茶碗　瀬戸天目　遠州所持
台　盛阿弥作黒・根来朱
茶杓　割筒象牙

建水　曲
蓋置　青竹
御菓子　昆布　水栗　腰高白餡饅頭
器　土器白木足付台
惣菓子　御好松葉　御国かき餅
器　木地対重

薄茶

棚　白木長板
釜　浄味尻張
水指　出雲焼
茶器　御好竹面中次
茶碗　新茶碗　吉左衛門作・出雲焼

広座敷

床　狩野伊川院筆蝠鹿蜂猴二幅対
桐木地桐文料紙硯　盆石（かつら盆）[7]

これらの道具はことごとく孤篷庵に寄進されている。

二日後の二十七日には、寰海が亭主となり、客に寄進者である不昧、相伴客として本屋了我、根土宗静を迎え茶会を行なっている。この時使用された道具は孤篷庵に伝来する大燈国師墨蹟などが用いられている。

ここで「文化十二年正月大福帳」と「文化十四年松平不昧様御宿割帳」から不昧一行の宿泊に注目する。「文化十二年正月大福帳」は文化十二年から文政八年（一八二五）までの清水本陣の宿泊客名や同行者を記した文書である。そのうち文化十四年正月晦日の条には不昧の宿泊に関する記述がある。これに関連して「文化十四年松平不昧様御宿割帳」に注目すると次のような記述がある。

正月晦日御帰府　拾八万六千石雲州松江　土山ニ而

松平出羽守様御隠居　関御休

このことから、土山宿より途中の関宿での休憩を経て、四日市宿に到着していたことがわかる。

土山宿で宿泊した点については、土山宿本陣土山家の休泊記録である「宿帳」（個人蔵、甲賀市教育委員会寄託）から確認できる。甲賀市教育委員会歴史文化財課の伊藤誠之氏の教示によれば土山宿での宿泊は二十九日で、その前日には大津宿で宿泊しており、本陣付き人数は上三人、下十五人、供連れの下宿は三十軒でそのうち志立伝八郎（?～一八一九）は「俵や」、長尾平右衛門（?～一八二五）は「大こくや」に宿泊したことが記されているとのことである。

二十八日の不昧の動静について考えるとき、三井《みつい》高祐《たかすけ》（一七五九〜一八三八）による『高祐日記』（三井文庫蔵）中、同日に行なわれた高祐の茶会についての記述がある。同書を紹介した清水実氏によれば「二十八日は、高祐は不昧を招く茶事を予定したが、急遽来られなくなり、代理の人が招かれたようである」としている[8]。

これらの点から、大圓庵披露の茶会後の不昧の足取りを近畿圏内だけ述べておくと、京を出発した不昧一行は東海道を歩み、二十八日には大津宿、二十九日には土山宿、三十日には四日市宿で宿泊していることがわかる。この点から京を出発したのは二十八日であったと考えられる。二十五日からの五日間の行動を整理しておくと次のようになる。

正月二十五日　大圓庵披露の茶会
　二十七日　答礼茶会
　二十八日　京を発ち、大津宿泊
　二十九日　土山宿泊
　三十日　四日市宿泊

「文化十二年正月大福帳」によれば、不昧は四日市宿の本陣宿泊に際し、清水家に銀二枚を与えている。同行した家臣を「文化十二年正月大福帳」から整理しておくと次のようになる。

御家老　志立傳八郎
御用人　長尾平右衛門

御次役　田口四良左衛門
御添役　小倉源左衛門
御側役　右御両人兼役
御目付
御読上　後藤新右衛門
御殿中方
人馬方　矢嶋専七
　　　　小林㐂文太
　　　　小村軍七
　　　　陰山三平
　　　　松崎江惣太
　　　　野沢杢右衛門
御宿割　米田傳右衛門
御関札

この記述から、同行した家臣の役職、氏名が判明する。

次に「文化十四年松平不昧様御宿割帳」は米田伝左衛門による宿割の記録である（全文は本節末に収録）。不昧一行の宿泊に際し、同行者の宿割をあらかじめ四日市宿に伝えていたものと考えられる。

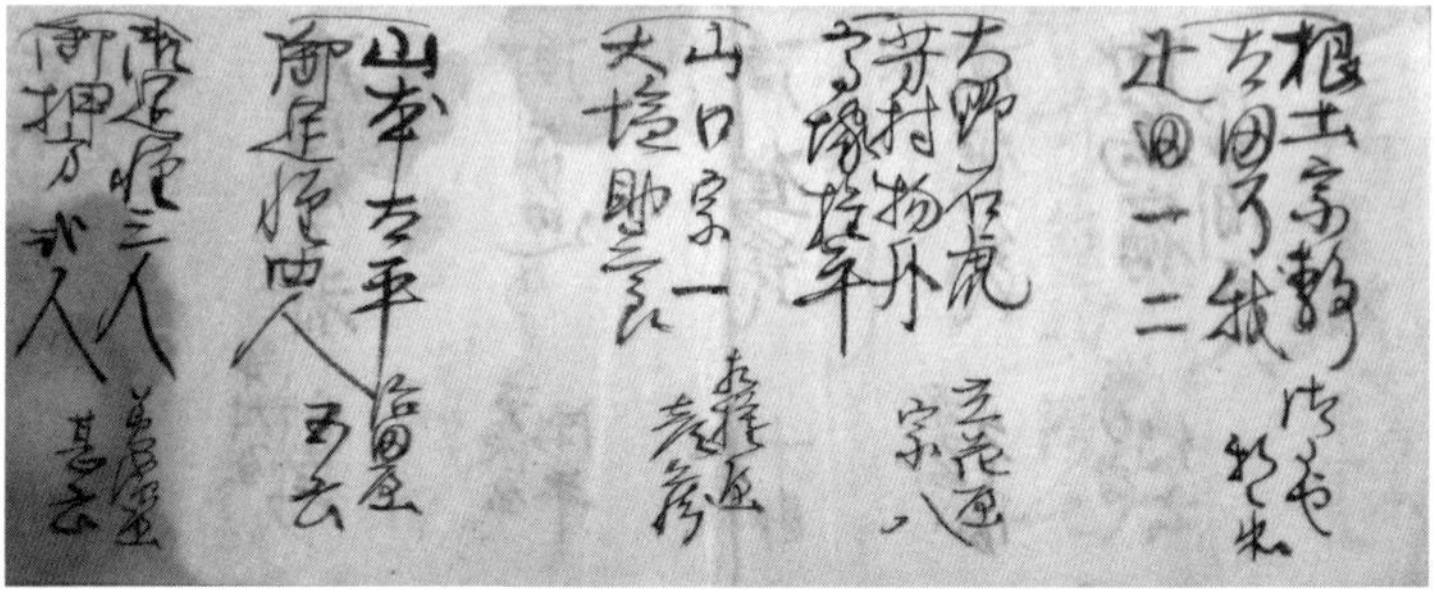

図26　「文化十四年松平不昧様御宿割帳」四日市市立博物館

家臣の多くは不昧の近習で、納戸役の者が確認できる。これらは清水本陣以外の四日市の宿に宿泊していることがわかる。ここで注目すべきは、その宿泊客の中に、不昧の茶の湯で関係の深い人物が多くいることである。その名を挙げておくと、前年、松江の口切茶会に参会していた根土宗静、太田了我（本屋惣吉）、山口宗一、疋田一二らの他に根土宗藤、芳村物外らの名前が確認できる（図26）。

根土宗静（孤輪庵／生没年不詳）は松江藩支藩の広瀬藩の茶頭として仕えた人物で、不昧の茶会にも多く出席している。根土宗藤（玄風庵／生没年不詳）は宗静の息子で、広瀬藩の茶頭を務めた。

太田了我とは本屋了我のことである。はじめ貸本屋を営むがその後、道具目利きとなり不昧に多くの道具を取り次いだ。なお本資料により了我は当時、太田姓を名乗っていることが確認できる[9]。

芳村物外とは先述したように観阿のことである。

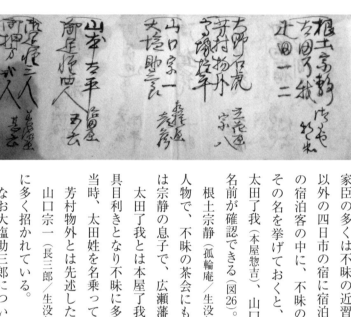

山口宗一（長三郎／生没年不詳）は銀座役人であり、不昧と親しくし、茶会に多く招かれている。

なお大塩助三郎について、断言することは控えるが松江藩士で大塩姓はいないため、不昧の関係で考えられるのは墨屋《すみや》助三郎《すけさぶろう》ではないだろうか。助三郎の家は元々奈良墨を扱い、その後に唐物や道具を扱うようになった家である[10]。了我、物外、宗一はいずれも町人の身分でありながら、不昧の茶会に多く招かれている。この点から、家臣以外にも多くの茶友を引き連れて宿泊していることが判明した。

不昧が文化十三年十一月五日に御在所妙喜庵で行なった、翌年寄進する雪舟筆「一円相図」の惜別の茶会に参会しているのは根土宗静、山口宗一、本屋了我、疋田一二である。彼らもまた、大圓庵披露の茶会ののちに、「文化十四年松平不昧様御宿割帳」に記載のあるように四日市宿に宿泊している。大圓庵披露の茶会では、宗静や了我の参会は確認できるが、他の芳村物外、山口宗一らの参会は現在のところ、資料の不足から確認できない。ただ、その数日後には、観阿らが四日市宿に、松江藩の関係者として宿泊している点からも、彼らもまた、大圓庵披露の茶会が目的であったと考えられる。

ところで先述の『高祐日記』では、文化十四年正月二十五日の茶会に関する記述がある。当日は曇りで孤篷庵の座敷では蕎麦が振る舞われ相伴したとある。その座敷の道具組みは次のように記録されている。

掛物　江月横物一行
小座敷掛物　松花堂牛の絵
釜　広口
水指　古瀬戸ゑふご形　輪花　遠州箱書付
茶器　木地挽物棗　遠州箱書付
茶碗　染付赤絵入

高祐が座敷で蕎麦の振る舞いに参加していることが確認できる。この記録について清水氏は『松平不昧伝』中、大圓庵の茶会の記録中に高祐の名が確認できないことから、振る舞いにのみ参加したと指摘している[12]。ただこの茶会のために帯同した茶友は江戸に在住の人物が多く、そのため帰路も不昧と行動を共にしたと考えられる。また大圓庵の建立については不昧が寰海に宛てた消息から、了我や京都の道具商であった谷松屋貞七（宗潮／?～一八五三）が関与していたことが知れる[13]。答礼茶会に了我の参会が確認できることから、披露の茶会もしくは答礼茶会に貞七をはじめとする関西在住の不昧の茶友が参加していたものと推測される。これらの点から、茶席での道具の拝見も含め、その後は座敷で蕎麦の振る舞いがなされたものと考えられる。不昧の好物は蕎麦であり「茶をのみて 道具求めて 蕎麦を食ひ 庭をつくりて 月花を見ん その他望なし 大笑々々」という句が思い起こされる場面である。

なお不昧没後に、松江藩では正室の彰楽院（一七五二～一八二九）の意向もあって、その肖像画の他にいくつかの品を孤篷庵に寄附しており、運搬の道中の正使は小倉源左衛門《おぐらげんざえもん》（?～一八五〇）[14]、副使は神《こう》山弥左衛門《やまやざえもん》（?～一八二九）[15]である。彼らもまた大圓庵披露の茶会に不昧の近習として同行していた。

ここで改めて注目したいのが、不昧が重宝とした雪舟筆「一円相図」をはじめとする道具と茶室の寄進、寿塔、廟舎を設ける姿である。

不昧による大圓庵披露の茶会では、不昧が没後に「一円相図」を寄進することを決めたことや、茶室の寄進および寿塔と廟舎を設ける姿がみられた。このことは、不昧が息子である松江藩第八代藩主・松平斉恒《まつだいらなりつね》（月潭《げったん》／一七九一～一八二二）に宛てた「大圓庵建立之義」（個人蔵）にも注目することができる。

我等歿後の佛事をなし給えと申置候て、即ち法號大圓庵不昧宗納と號し、秘蔵の雪舟の圓相の軸、我等が像となし、自賛して大圓庵に置き又、寿塔を建て、以自筆石に刻み置き、見事に一庵建候[16]

この一文が書かれたのは大圓庵披露の茶会後のことである。また秘蔵した「一円相図」を寄進するとともに、寿塔を建て、不昧による自筆で石に刻み置かれたことがわかる。茶会を終えた不昧ら一行は、同年二月十二日に江戸に到着している。そこで当時の観阿の状況にも注目したい。寿蔵碑文では

謁上人曰、余今年五十三已過半生矣

とあり、東大寺の公般上人との面談は文化十四年の出来事と知れる。また、観阿が勧進状を同年四月に寄進している点から、観阿が奈良を訪れたのは同年正月から四月の間であると判断される。

さらに、寿蔵碑文の書かれた時期について次のような記述がある。

文化十四年歳在丁丑夏五月
江戸　亀田與撰

この点から、文化十四年五月に亀田鵬斎、酒井抱一により書かれたことが知れ、寄進を決定したのちに依頼していたことがわかる。

大圓庵披露の茶会に観阿が参加していることを考えると、観阿自身の重宝とした勧進状を寄進し、東大寺内に寿蔵を建て、親しくした鵬斎による碑文、抱一による墓題を依頼する行動とも重なってくる。観阿と不昧の親密な交流は消息などから確認できている。このことも含め、観阿が不昧に帯同して大圓庵披露の茶会に参加したことが、東大寺への寄進を決定した理由と結論付けることができる。

資料紹介「文化十四年松平不昧様御宿割帳」（清水本陣文書。四日市市立博物館寄託所蔵）

文化十四丑年正月晦日御帰府
松平不昧様　御泊
御宿割　米田傳右衛門

志立傳八郎　帯屋
七郎右衛門

長尾平右衛門　二見屋
七右衛門

田口四良左衛門　近江屋
廣田九助　孫七

小倉源左衛門　萬屋
廣嶋㐂太夫　栄吉

鈴村袷平　信の屋
徳永憐助　次郎右衛門

戸田八右衛門　小杉屋
板倉㐂右衛門　市右衛門
田口龍八郎

星野小右衛門　上村屋
椎野軍八　茂助

岡九兵衛　もめんや
小倉団蔵　㐂右衛門

横野三郎兵衛　茶わんや
㐂平次

神山弥左衛門　三ヶ所屋
弥右衛門
清水道仙　若槻屋
北尾玄昌　宗吉
坂部甫鋒《鑓か》
吉見玄益　かめ屋
吉見玄利　傳三郎
川上勘蔵　江戸屋
御女中宿　彦兵衛
山門平左衛門　藤岡屋
高橋半兵衛　長四郎
後藤新右衛門　柏屋
山田専蔵　六左衛門

景山茂右衛門
倉崎権平　志水屋
仲田八十八　権右衛門
内部権平
矢嶋専七　笹屋
小林㐂文太　徳右衛門
小村軍七
陰山三平
松崎江惣太
野沢杢右衛門
御遣納戸
人馬方
小買物方
〆
根土宗藤　小杉屋

原田宗平　利八
遠藤宗三

根土宗静　つたや
太田了我　新兵衛
疋田一二

大野石虎　立花屋
芳村物外　宗八
高塚権平

山口宗一　相模屋
大塩助三郎　彦蔵

山本太平　治田屋
御足軽四人　五六

御足軽三人　美濃屋

御押方弐人　甚六
吉井㐂右衛門　甲州屋
御小人拾五人　平左衛門

御飛脚之者　中村屋
助右衛門
御手廻り　赤堀屋
瀬平

壱
御駕篭　小泉屋
十助
弐
御駕篭　平のや
久兵衛

御馬宿　はまたや
御中間三人　傳六
長持宰領　桑名屋
平四郎
田中善蔵　ふきや
源七

〆三拾壱軒
目雇方
一弐はん　かさ屋
六兵衛
一三はん　竹屋
太平次
〆弐軒
（「文化十四年松平不昧様御宿割帳」以上）

---

1 四日市市編『四日市市史』第十七巻　通史編近世、四日市市、一九九九年
2 島根県立図書館郷土資料編『松江藩列士録』第二巻、島根県立図書館、二〇〇四年
同書には次のような記述がある。
　文化十三丙子年十月十日宅江為御茶事御隠居様被為懸御腰御懇之蒙御意御肴一折被下之
3 前掲注（2）
同書には次のような記述がある。
　同《文化》十三丙子年十二月六日宅江為御茶事御隠居様被為懸御腰御懇之蒙御意御肴一折被下之
4 前掲注（2）
同書には次のような記述がある。
　同《文化十三年》十三丙子年十一月八日宅江為御茶事御隠居様被為懸御腰御懇之蒙御意御肴一折被下之
5 前掲注（4）

同書には次のような記述がある。

文化十三丙子年所持之権兵衛焼水指志立傳八郎干時格式御扈従御番頭上座 御隠居様御用達を以御所望被遊ニ付差上之

6 加藤義一郎『不昧公茶會記抄』雅俗山荘、一九四五年

7 前掲注（6）

8 清水実「『高祐日記』にみる松平不昧関連記事—三井高祐と松平不昧の交流—」『三井美術文化史論集』第十二号、公益財団法人三井文庫三井記念美術館、二〇一九年

9 本屋惣吉の詳細については次を参照されたい。

宮武慶之「本屋惣吉親子—了我と了芸」『なごみ』通号四六八号、二〇一八年

宮武慶之「本惣・本屋惣吉と松平不昧（平成三十年度大会発表概要）」『茶の湯文化学』第三一号、茶の湯文化学会、二〇一九年

宮武慶之「江戸の道具商・本惣—了我、了芸の活動に注目して—」『日本研究』第五九集、国際日本文化研究センター、二〇一九年

10『町方取調箇条書　池之端仲町』（林陸朗ほか編『江戸町方書上』第三巻）には次のような記述がある。

一　町内元家持墨屋助三郎先祖の者、京都出生にて慶安年中御当地へ罷り下り候ところ、当所末家作など建て揃い申さず候場所にて、南都油煙墨を仕入れ、当時仲町片側町なかほどの往還にて莚鋪に致し、売りひろめ候につき、墨屋と申し来り候ところ、おいおい元手に取り続き茶器・唐物道具を家業に仕り候ところ、文化七午年中転宅仕り、下谷茅町二丁目甚兵衛店借地仕り候。もっとも先祖より当時五代相続仕　り候。元禄年中の古帳面所持罷りあり候。

11 前掲注（8）

12 前掲注（8）

13 松平家編輯部編『松平不昧伝』中巻、箒文社、一九一七年

14 前掲注（2）

同書には次のような記述がある。

文政元戊寅年五月二十三日此度、大圓庵様御画像京都大徳寺地中孤篷庵江被為納之其外御寄附物も被遊付而道中奉守護罷越於彼地孤篷庵江御使者相勤右之御品々可相納旨被仰渡之

15 前掲注（2）

同書には次のような記述がある。

文政元年
同五月二十三日此度　大圓庵様御画像京都大徳寺地中孤篷庵江被為納之其外御寄附物茂被遊付而道中奉守護罷越於彼地孤篷庵江御使者小倉源左衛門江被仰付右之御品々可相納旨被仰付之間右副使之心得を以罷越若源左衛門故障等有之節者右之

御使者可相勤之旨被仰渡之
16　出雲文化伝承館編『不昧公の大名茶』出雲文化伝承館、二〇一二年

図27　古備前徳利　五島美術館蔵

第四節　観阿と酒器

懐石で向付や鉢、膳、椀などとともに重要視されるのが酒器である。懐石で酒器も客として招かれた楽しみの一つではないだろうか。最初に燗鍋と引盃（朱の盃など）を出し、さらにすすめて自慢の徳利や陶磁器などの石盃を出すことがある。観阿とて同様でやはりお気に入りの酒器があったようである。後述する溝口家に取り次いだ高麗堅手盃の他に二件が確認できるので紹介しておこう。

第一は土味の良い「古備前徳利」（図27）である。茶席で濡らされ酒が注がれた情景は、その土味をいっそうなものにしたであろう。観阿の箱墨書の花押も五十歳代と思しく、その当時を思い起こされる。

第二に売立目録『西枇杷島町川島家並ニ市内某旧家所蔵品売

図28　青磁馬上盃

立』に所載される「青磁馬上盃」（図28）である。箱墨書もやはり五十歳代による筆跡であり、この当時は酒器に関心を寄せていたことが知れる。

第一章の観阿の号の出典で、白酔は酒を飲まずとも酔う意としていた。実際に観阿の自作品では茶碗や香合、水指は多いものの酒器特に盃の類をこれまでの調査では確認できていない。そのため酒器との関係は興味深いものがある。またこのように観阿の箱墨書の残る作品は徳利にせよ酒器にせよ優れた作品であるとともに珍しい品々である。そう考えれば、やはり酒は控えていたとも思われるし、安酒は飲まぬ体であったことが想像される。

第五節　苦楽号の使用時期

苦楽号の使用が多くみられるのは観阿自作の陶器である。多くの自作品を確認したが、ここでは次の五点を紹介しておきたい。

・黒楽茶碗銘「やれ衣」（図29）は満岡が『茶道雑誌』で紹介

図29　観阿作黒楽茶碗　銘「やれ衣」　個人蔵

図30　観阿作赤楽茶碗　銘「秋ノ色」　個人蔵

している茶碗である。調査により現存することを確認した。茶碗側面には篦目が残る。高台はやや竹節に削られて、内部は平たく削られている。側面に「苦楽翁（花押）」と彫銘がある。箱墨書から七十三歳の作とわかる。

・赤楽茶碗銘「秋ノ色」（図30）は塩笥の形状をした茶碗で薄作である。白い釉薬に黄色を加え、その景色から秋の色と命名された。下部には「苦楽」の彫銘がある。箱墨書から八十歳の作とわかる。『遅日庵並某家所蔵品売立』に所載される。

・黒楽茶碗銘「紅雲」（図31）は薄作で丸形に形成され、黒色と赤い釉薬が使用されている。高台は小さく内側が少し削られている。高台付近には「苦楽（花押）」の彫銘がある。箱墨書から「應桐生求」とあって桐生氏の求めに応じた作品であることがわかる。

・赤楽茶碗銘「霜夜」（図32）は先出の個人蔵「秋ノ色」と同形の茶碗である。ただこちらは白釉薬と灰色および黄色の釉が掛かっている。茶碗下部には「苦楽」の彫銘がある。箱墨書から七十六歳の作とわかる。

・観阿作水指（図33）の胴体はほぼ焼貫で楽焼の手法による。わずかに口周辺に釉薬が掛かり、一条の雪崩が景色となっている。塗蓋が添い、底には「白醉庵作（花押）」の彫銘がある。箱墨書から七十三歳の時の作とわかる。

これらの作品は観阿の居住した浅草の田原町という土地柄から考えて、

図31　観阿作黒楽茶碗銘「紅雲」個人蔵

図32　観阿作赤楽茶碗銘「霜夜」一般財団法人北方文化博物館蔵

隅田川焼と推定される。

以上にみた現存する作品でも、後述する赤楽茶碗銘「時雨」（個人蔵）および他の自作品、箱墨書に苦楽と署名したものが見受けられる。「苦」「楽」をそれぞれ一文字ずつ丸印にしたものがあり、観阿の八十賀に際して好んだ羊遊斎作「一閑張桃之絵細棗」の箱側面にも押されている。箱墨書について苦楽と署名したものは老年になってからが殆どである。そこで苦楽銘の使用時期について検討する。

翠涛自筆の『三夢録《さんむろく》』（東京大学史料編纂所蔵）には次のような記述がある。

白醉乞余曰。以苦楽二字為號奈何。且求書余即許諾。自書之于扁額以贈[1]。

観阿は翠涛に苦楽の二字を号として用いることについて相談し、その号を揮毫することを依頼している。翠涛は許諾し、書して扁額にして贈ったことがわかる。同書の見返しには不昧による「楽中苦々中楽」を、翠涛により縮写した臨書が所載されている（図5）。この点から翠涛が観阿に贈った扁額とは、観阿が苦楽を号とするに際して翠涛が浅草の白醉庵に掲げられた不昧の扁額を臨書し、記念に贈った額であると考えられる。

苦楽を署名として使用した初期作品とみなすことができる「瓢茶器」は天保五年（一八三四）、観阿七十賀の記念として知友に配られた。箱墨書には「苦楽翁」と書かれている。この点から、観阿が苦楽を号として用いようとした時期は七十歳を迎えた頃と考えられ、翠涛に号の使用を相談したのもその前年のことと考えられる。

図33　観阿作水指　個人蔵

1『三夢録』東京大学史料編纂所蔵

第四章　観阿の行状

第五章　溝口家の事例にみる観阿の取り次いだ作品

第一節　観阿の取り次ぎと鑑定した作品

観阿は目利きとして著名であるが、実際にどのような作品に関係していたのであろうか。観阿が所蔵した作品のうち現在確認できるのは、これまでも再三触れてきた「元久二年重源上人勧進状」（東大寺蔵）、狩野山楽画三宅亡羊賛「福禄寿」（個人蔵）、「御本兎耳香炉」（『一木庵高橋家所蔵品入札』所載）のほかに、「織部手鉢」（畠山記念館蔵）、「高麗雨漏茶碗」（福岡市美術館蔵）がある。これら以外にも多くの道具を所蔵し、コレクションを形成したと考えられる。

従来、観阿は町人数寄者とされているが、溝口家の記録を通じて、作品だけでなく取り次ぎとしての具体的な交流関係を探ってみたい。そこで観阿の行状のうち、所蔵した道具や他家に所蔵される道具を取り次ぎ売却している点に注目する。

観阿による道具売却について『白醉庵数寄物語』では次のような記述がある。

墨屋助三郎、青磁桔梗の香合を神田妙（明）神下にて銀十匁に買取り、夫より河内屋喜兵衛が四十両出して買入れ、又これを観阿は五十両にて買受け、竟に金十枚に払ひ出せり。是は今より三十年余なれば、当時大約二百両位にも相成べき品なり。

青磁桔梗香合を観阿が五十両で買取り、金十枚で他所に売却している。このほか同書では次のような記述もある。

朽木様御隠居に星橋樗（ママ）と申せし御方は、至て軸物好み多かりき。蘭亭洗硯の図、李龍眠の筆など右御払物より世間に相渡り。此ころ観阿は二十金に買取れり。松平周防守様より二百両のお直段を墨屋良助もて被仰聞仕合まで打上り候。其他馬遠の林和靖、李安忠の韃人狩の図等も其中にて見受けたる者ありき。

朽木《くつき》星橋《せいきょう》（綱貞《つなさだ》／一七一三～一七八八）の所持した蘭亭洗硯の図や李龍眠などを同家が売却した際に、観阿が二十金で買い取ったことなどの記述がみられる。

先述の通り、観阿が不昧に取り次いだ道具としては、松栄の屏風、古銅鉢、篷雪の額、象眼床几、裂類の数々、多葉粉入、緒じめ、根付、刀剣の鍔、柄木、其他文房類の珍品奇什などがあった。不昧の没後、観阿は溝口家に出入りしているが、その交渉は文政三年（一八二〇）に行なった道具の鑑定が最初であった。

的確な鑑定によってすでに信頼を得ていた観阿は、溝口家に出入りを許され、親密な関係を構築していた。そのなかで茶道具や自作品のやりとりをしていた様子も確認できた。これまでの筆者の研究で明らかになった溝口家旧蔵品のうち、観阿が同家に取り次いだ作品には、大燈国師《だいとうこくし》墨蹟「日山之賦《にっさんのふ》」（図34）がある。この墨蹟は近代では松下幸之助（一八九四～一九八九）が所蔵したことでも著名な墨蹟である。墨蹟の内容は日山という僧への悟りを証明する印可であり、大燈国師（宗峰妙超／一二八二～一三三七）の最晩年である建武四年（一三三七）の筆になる。実際に拝見してみると朦朧とした書体でありながら、襲いかかるような印象を受ける。最晩年中の名跡としても名高い墨蹟である。

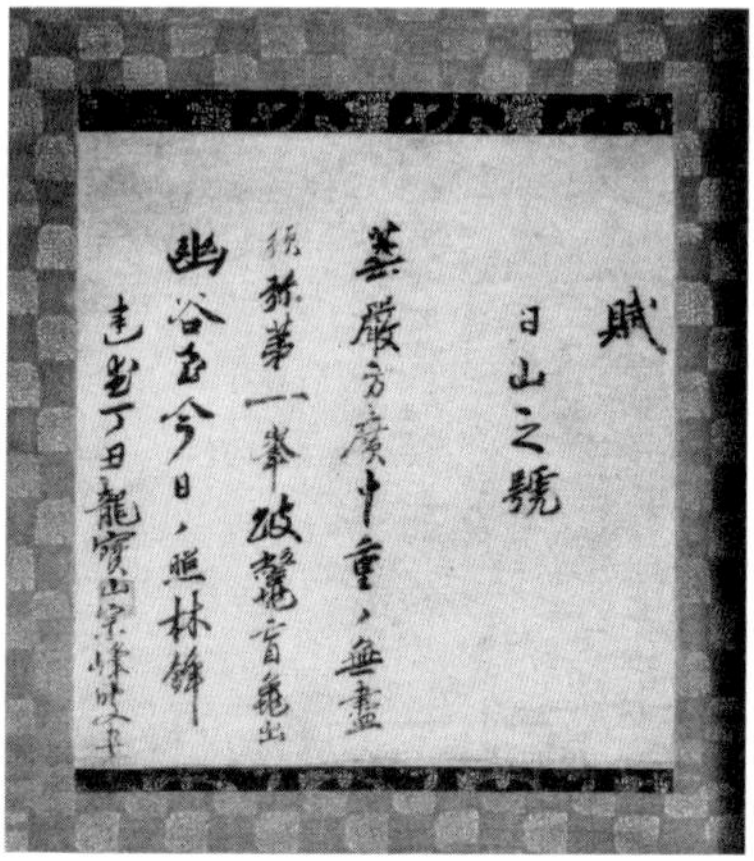

図34　大燈国師墨蹟「日山之賦」　MIHO MUSEUM蔵

　この墨蹟には小堀遠州をはじめ溝口翠涛の添状も付属している。添状の包紙には以下のとおり書かれている。

　了伴秘蔵之軸天保十五甲辰年七月同人ゟ求之　観阿取次也

　この墨蹟はもともと古筆了伴が所持していたが、観阿が取り次ぎ翠涛に譲渡していることが確認できる。

　了伴が所蔵した作品を翠涛が入手した例では、石清水八幡宮

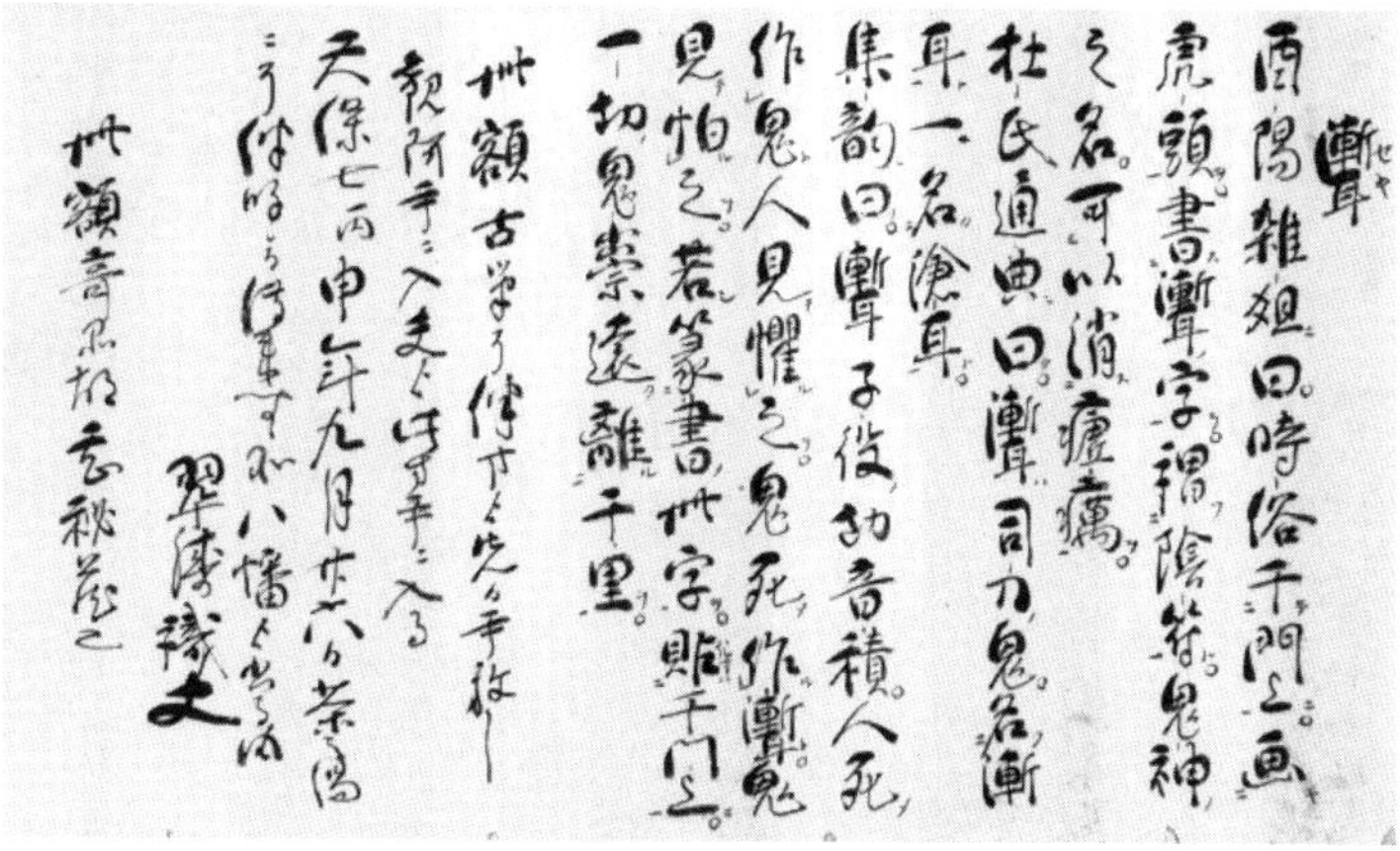

図35　石清水八幡宮伝来の額「聻」の翠涛による控え
東京都江戸東京博物館蔵
画像提供：東京都歴史文化財団イメージアーカイブ

に伝来した額「聻《セキ》」がある。この額の現存は確認できないが、翠涛による控え（図35）が東京都江戸東京博物館に所蔵されており、次のような記述がある[1]。

此額古筆了伴方ゟ先日手放し観阿手ニ入、夫ゟ此方手ニ入る、天保七丙申九月二十六日茶湯ニ了伴呼る伝来す品八幡ゟ出る内

翠涛識（花押）

此額奇品故意秘蔵也

やはり、了伴が所蔵した額を観阿が入手し、翠涛に売却していることがわかる。

先述の大燈国師墨蹟「日山之賦」がはじめて使用された茶会は、弘化二年（一八四五）十一月に開催された「御数寄屋開にて初て御口切御茶会」である。なお、この茶会で使用された井戸脇茶碗について、先述の『幽清館雑記』では以下のような記述がある。

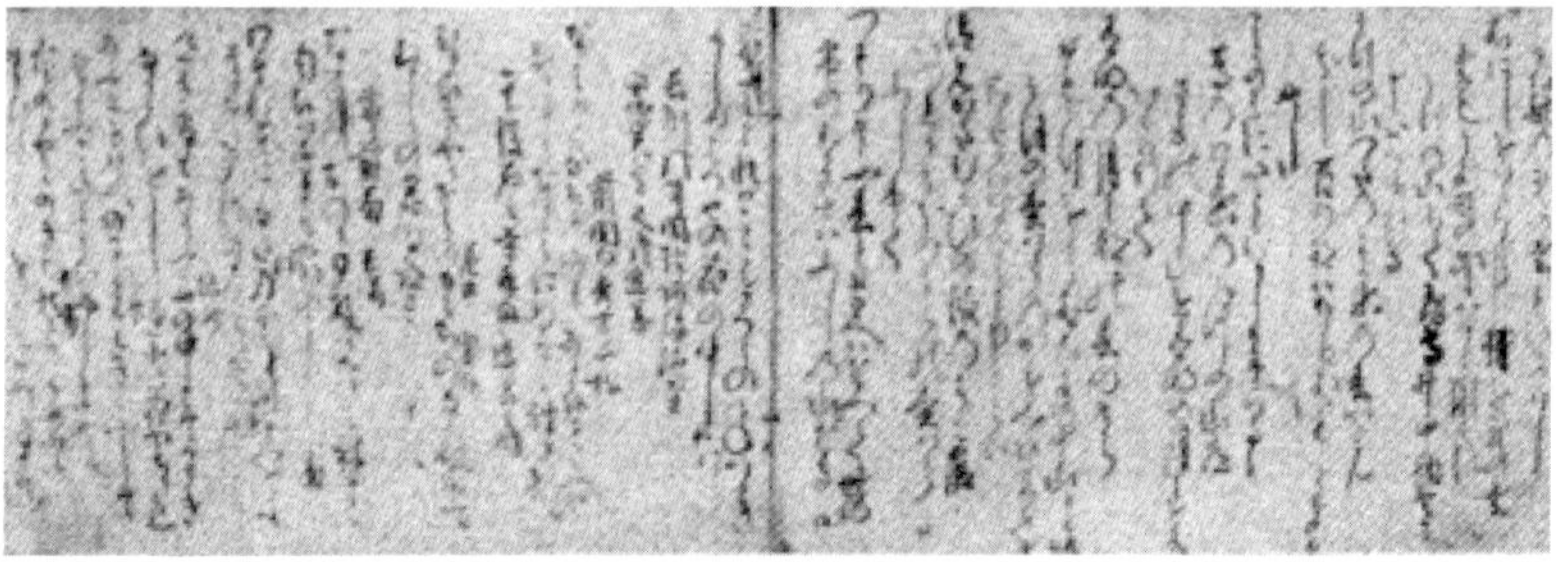

図36　石州公聞書

右は元安部様ニ在之、其後観阿所持。近年御取入井戸脇之内にてハ珍しき出来物之由。（巻五）

この茶碗は安部家にあったものを、観阿が所持し、その後は翠涛に売却していることがわかる。

観阿が溝口家に関係した作品について先出の『戯画肖像並略伝』をみると次のような記述がある。

翁か許より予か手ニ入たる道具数々あり。其中に最秘蔵するハ石州公自筆茶道教歌之小本也し、また雨漏茶碗ハ翁か八十賀之茶会に自これを用ひて茶を予に喫せし品也。其後翁か手より得之予か家に蔵む。又翁か没後にゆつるへき約束の品々存生中にゆつり度由にてのしを付上る内に、青貝八仙大硯屏ハまれなる品也

翠涛が観阿より入手した多数の道具のうち、最も重宝としたのは片桐石州（一六〇五～一六七三）自筆の茶道教歌の小本であったという。このような石州関係の作品では昭和十一年（一九三六）十二月二十三日に大阪美術倶楽部で開催された丘甫庵の売立に出品された作品に注目することができる。

同売立目録『丘甫庵所蔵品入札』には次のような作品が所載される（図36）。

一三五　石州公聞書観阿包紙　貞房公箱　溝口家伝来

箱墨書は片桐貞房《かたぎりさだふさ》（一六四二〜一七一〇）の筆とされる。包紙には観阿による墨書があるとされ、同人が翠涛に献上または取り次いだ作品もしくは鑑定した作品と判断される。石州による自筆本ではないが、このような作品にも観阿は関係していた。

観阿の没前に翠涛が譲り受けた「雨漏茶碗」について、溝口家の茶道具の蔵帳である『新発田御道具帳』（新発田市立歴史図書館蔵）のうち「茶碗之部」をみると、「高麗雨漏茶碗」、「見明院様御道具　雨漏手茶碗　銘さざれ石　内石州公外箱宗中」、「見廟御秘蔵　粉吹雨漏手茶碗　銘一文字」の三点のうちいずれかと考えられる。

また、翠涛は観阿所持の道具を没後に譲渡する約束をしたものの、それらの作品を生存中に貰い受けたようで、このとき観阿が道具類に熨斗をつけて送ってきたと述べられている。ここに挙げられた「青貝八仙大硯屏」は、観阿が晩年まで所持したコレクションの一つである。

溝口家の旧蔵品には観阿による箱書が多くみられる。そのためこれらの作品は観阿が溝口家に取り次いだ作品とみなして差し支えない。現存する作品では「白呉須獅子蓋香炉」（口絵13）をはじめ、堅手の高脚盃である「高麗堅手盃」（図37）、釉裏紅による共蓋の茶器で発色も鮮やかな「祥瑞香浅手茶器」（図38）、松花堂昭乗、澤庵宗彭《たくあんそうほう》、江月宗玩、小堀遠州という珍しい組み合わせの四人の合筆「和漢四句」

（図39）、讃岐円座と唐物組物の二枚組の「釜鋪」（図40）、洒落た「南蛮砂張香箸」（個人蔵）がある。

　このほか「交趾黄鹿香合」（図41）[2]は発色の冴えた黄交趾の鹿香合で、型物香合の番付では前頭二枚目にある。上部の黄色、身と蓋の一部は緑の釉が掛けられるが姿はなんとも言えず艶やかである。白木の桐箱には、やはり観阿による次のような箱墨書がある（図42）。

図37　高麗堅手盃
個人蔵

図38　祥瑞香浅手茶器
個人蔵

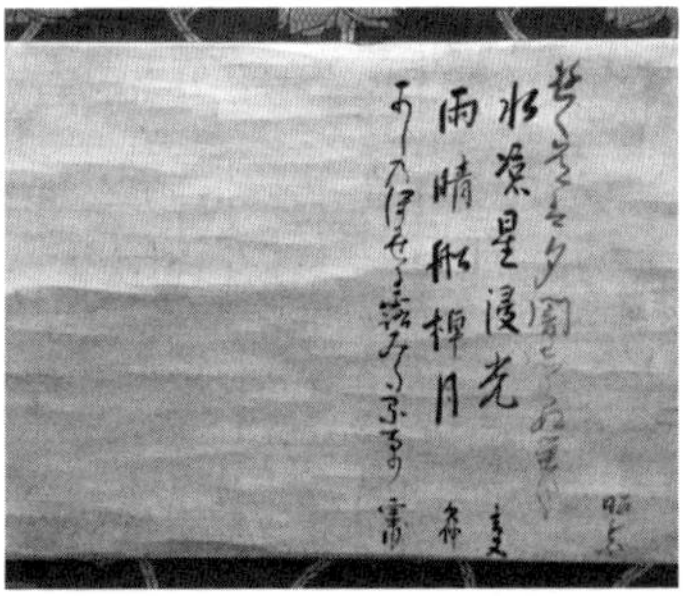
図39　和漢四句
個人蔵

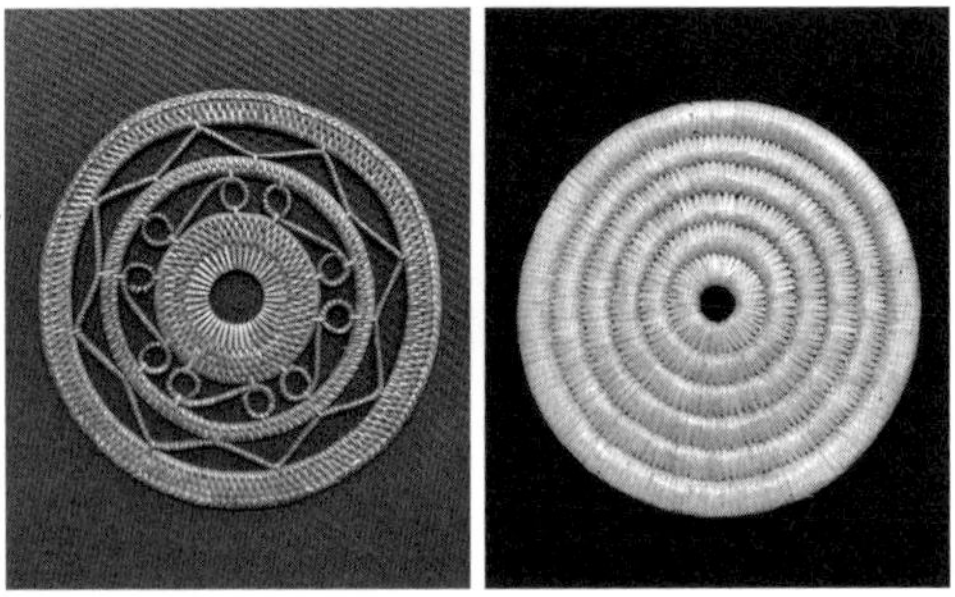
図40　釜鋪（二枚）
個人蔵

図41　交趾黄鹿香合
サンリツ服部美術館蔵

図42　交趾黄鹿香合を収納する桐箱
サンリツ服部美術館蔵

白酔庵
　観阿（花押）

花押に注目すると「元久二年重源上人勧進状」のそれと類似している。そのためやや幅をとって四十歳代後半から五十歳代と推定した。花押の年代を起点に考えると、当時、観阿は不昧と親しくしており多くの名物道具に触れる機会に恵まれていた。そうした中で観阿自身もこの香合を所持したものと考えられる。この箱書をみると、「ようやくいい香合が持てた」という観阿の喜びが伝わってくる。後年この香合は、観阿が親しくする溝口翠涛に譲られたようで、箱には「碧雲山房蓄蔵物品」の蔵印がある。観阿の初期のコレクションであり、不昧や翠涛との交流を考える上でも重要な香合である[3]。

売立目録中、溝口家旧蔵品かつ観阿の箱墨書がある作品が表3となる。このうち次の二点について触れておきたい。

一点目は『展観入札』に所載される「石川丈山共筒象牙茶杓（白酔庵　了意箱）」（図43）である。この茶杓は石川丈山《いしかわじょうざん》（六々山人／一五八三〜一六七二）の好みによる象牙茶杓である。利休形の象牙茶杓と比較してみると櫂先が太くなっている。筒は真削りである。筒墨書には丈山特有の隷書体で「象牙」

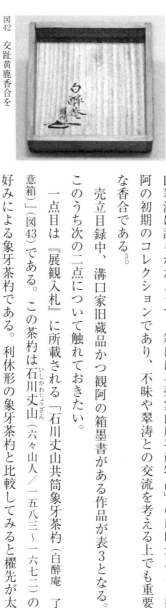

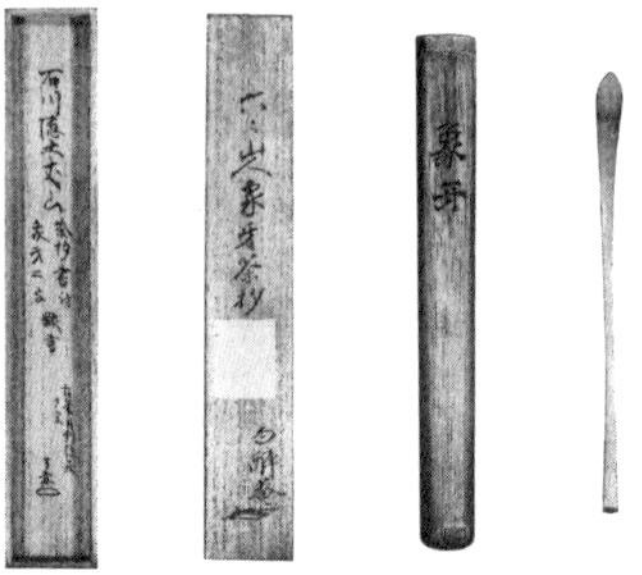

図43　石川丈山共筒象牙茶杓

とある。

目録の図版をみると、筒を収納する箱甲には観阿による墨書で

六々山人象牙茶杓　白酔庵（花押）

と書かれ、箱裏には古筆家九代・古筆了意《こひつりょうい》（一七五一～一八三四）による墨書で

石川隠士丈山　茶杓書付　象牙二字　隷書

と書かれている。「古筆目利隠居」とその隣に、おそらく年号の表記があると思われるが画像が不鮮明なため判読できない。甲部に貼られている紙は不鮮明ではあるが「碧雲山房蓄蔵物品」の蔵印である。

二点目は『東京積翠庵所蔵品入札』に所載される「乾山笹絵向付　五人前　白酔庵所持　溝口家蔵品ノ内」（図44）である。この作品は尾形乾山《おがたけんざん》（一六六三～一七四三）による笹の絵の平たい向付で五客セットになっている。かつて観阿は乾山の伝書を所蔵していた点からも、その関係性が興味深い。

このような道具以外でも観阿が取り次いだ道具を、溝口家の掛物の蔵帳で

図44　乾山笹絵向付

ある『御掛物帳』（新発田市立歴史図書館蔵）でみると「秋之部」には

一　東山公菊懐帋白酔庵宗蔵（収）

とあり、足利義政筆とされる懐紙も観阿が溝口家に取り次いでいたことがわかる。

このほか「祥瑞《しょんずい》鳥摘《とりつまみ》福寿字《ふくじゅじ》茶入《ちゃいれ》」（口絵23）がある。祥瑞の発色も抜群。収納する箱の覆紙には、溝口家の旧蔵品を示す「碧雲山房蓄蔵物品」の蔵印を捺した貼紙がある。箱裏には貼紙で「上　芳村」と朱書された紙が貼られており、観阿が翠涛に献上した茶器である。その後の調査では溝口家伝来品でかつ「上　芳村」の貼紙がある作品として「地紅《ちべに》堆黒《ついこく》唐花《とうか》彫軸《ほりじく》盆《ぼん》」（図45）を確認した。本作品は堆黒によるもので地は朱、花紋を彫ったものである。裏は経年変化による段紋がみられ、南宋から元時代の作と推定される。収納する箱には溝口家の旧蔵品を示す「碧雲山房蓄蔵物品」の蔵印がある。また箱裏には付箋が貼られ、朱墨で

上　芳村

図45　地紅堆黒唐花彫軸盆　個人蔵

とあり、観阿が翠涛に献上した品であることがわかる[4]。今回の軸盆の出現により二例目が確認できた。さらに箱墨書に注目すると次のような記述がある。

酉年

堆黒一巻乗盆

この墨書は観阿の筆跡とは言い難く、溝口家で書かれたものである。右上に書かれる「酉年」であるが、献上した時期を考えると観阿が溝口家に出入りした文政期の比較的初期と判断されることから、文政八年（乙酉）と判断される。すなわち、観阿が溝口家に出入りし始めた当初は、道具の献上を行なっていることが確認できる。

このように観阿が翠涛に献上した作品について考えるとき、溝口家所蔵の茶杓を原寸大で模写した『茶杓図譜』（東京大学史料編纂所蔵）に注目したい。同書の絵は新発田藩御用絵師の林勝《はやししょう》鱗《りん》（一八三一～一八八八）、筒墨書や小書は翠涛によるものである[5]。題字である「茶杓図譜」の四文字は小堀宗中による。本書の成

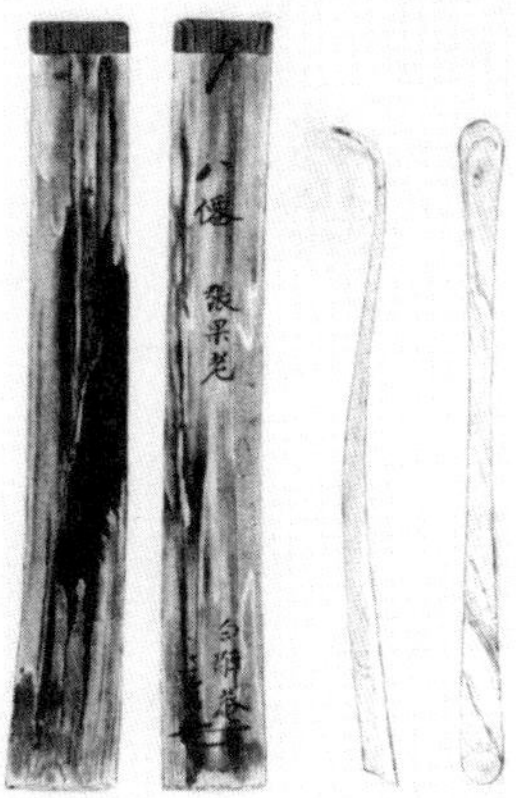

図46　一角茶杓　銘「八僊　張果老」
東京大学史料編纂所蔵

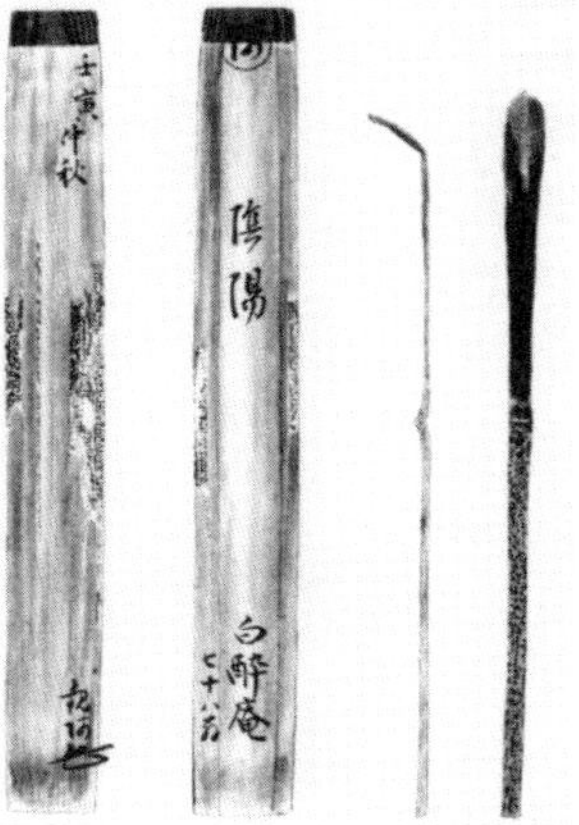

図47　観阿作竹茶杓　銘「陰陽」
東京大学史料編纂所蔵

立年代は奥書に「安政丙辰季春」とあることから安政三年（一八五六）である。

同書には観阿作の茶杓四本が所載される。

①天保九年、観阿七十四歳のときに一角の茶杓を八本作り、そのうちの一つを翠涛が求め、観阿が献上した銘「八僊《はっせん》　張果《ちょうか》老《ろう》」（図46）。

②天保十三年、観阿七十八歳の仲秋に作られた銘「陰陽《いんよう》」（図47）。

③、④同年秋に小出家旧地の竹で作られた銘「達磨《だるま》元来《がんらい》観自《かんじ》在《ざい》　浄名《じょうみょう》元是《がんぜ》老維摩《ろうゆいま》」（図48。詳細については後述する）と銘「むかし桑竹形茶杓」（図49）が確認できる。なお「むかし桑竹形茶杓」が献上された時期について触れておくと、八十賀記念の茶会のとき細棗以外の特別な十人には桑茶杓が配られたが、この茶杓は本歌と目される。溝口家の記録にみられないことから茶会以後もしくは観阿の没前に翠涛に譲渡された作品であると考えられる。

以上は観阿が溝口家に作品を献上または売却した作品であるが、このほか特筆すべきは翠涛の道具収集では鑑定にも携わっ

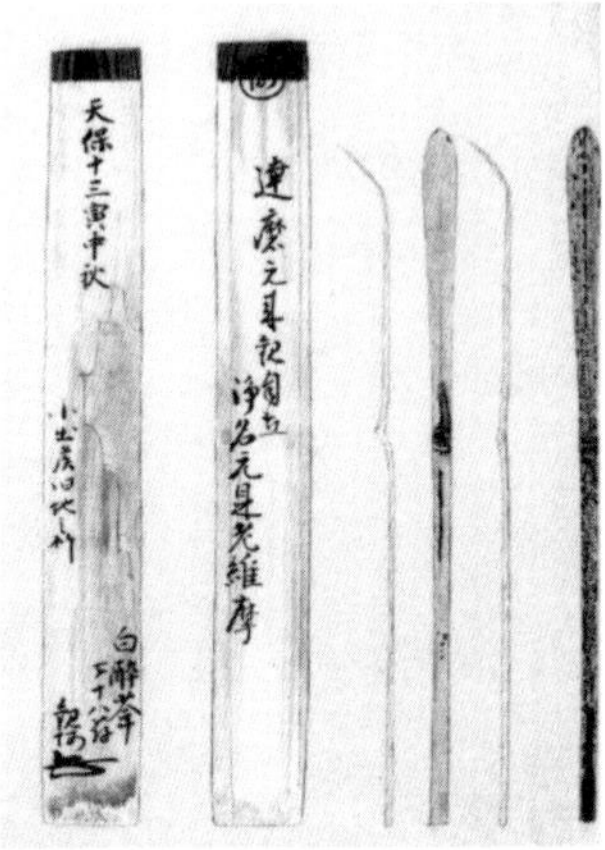

図48　観阿作竹茶杓　銘「達磨元来観自在　浄名元是老維摩」　東京大学史料編纂所蔵

ていたということである。その状況を詳しく紹介する。

観阿が溝口家の所蔵品を鑑定した点について、溝口家の茶会に注目したい。それは弘化三年（一八四六）の小堀遠州二百年遠忌に際し、五月に溝口家で開催された御名物点茶会である。このとき茶会で使用されたのは豊臣秀吉から溝口秀勝が拝領したとされる「桐の御釜」である。

　道仁作ニて有之と先年観阿鑑定申上候（『幽清館雑記』巻五）

武野《たけの》紹鷗《じょうおう》（一五〇二〜一五五五）の釜師であった西村道仁《にしむらどうにん》（生没年不詳）による釜を観阿が鑑定していることがわかる。この釜は「桐紋撫肩釜《きりもんなでがたかま》」（図50）である。釜を収納する箱蓋裏には紙が貼られ、翠涛の記述によれば文政十三年（一八三〇）十一月十二日に観阿に鑑定させたところ、道仁の作と述べたという。

観阿は溝口家の新たなコレクションとなる道具を取り次いだ一方、かつてより溝口家が所蔵していた所蔵品の鑑定にも関係した。そのため同家は優れたコレクションを形成することができたことがわかる。

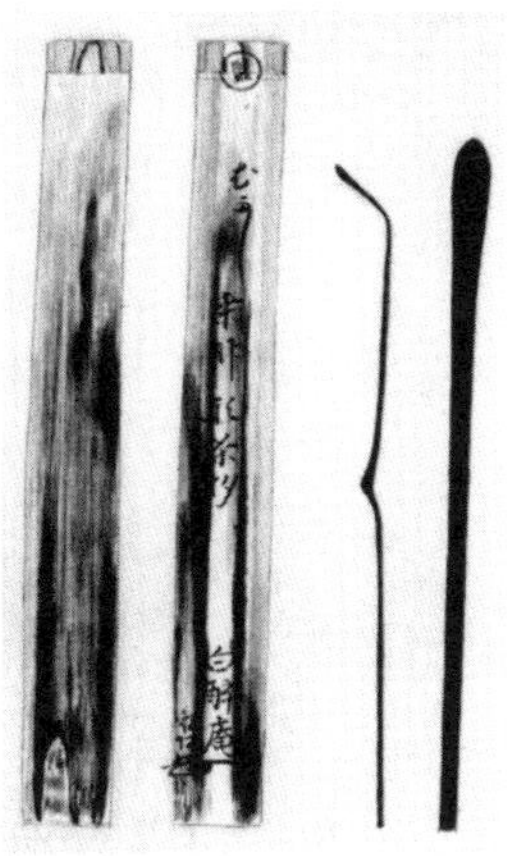

図49　むかし桑竹形茶杓
東京大学史料編纂所蔵

図50　西村道仁作「桐紋撫肩釜」
九州国立博物館蔵
撮影：落合晴彦

このように道具を多く購入した翠涛であるが『白醉庵数寄物語』では次のような記述がある。

> 怡渓和尚作の茶杓。以前までは千匹位、[た]たし当時は十金位も直段なり。是全く渓山様ゆゑと察せらる。半々庵作の茶杓又は墨蹟類近頃高料に相成り二分位の物が二両位ならでは購求し兼るなり

ここでは渓山という人物について述べられているが、同じ読みである景山と読めば、これは翠涛のことと解することができる。怡渓和尚とは怡渓《いけい》宗悦《そうえつ》（一六四四～一七一四）のことで、大徳寺二五三世。新発田藩四代藩主・溝口重雄が師事した茶の湯の師である。また半々庵作とは伊佐《いさ》幸琢《こうたく》（初代。一六八四～一七四五）であり、いずれも石州流の茶を嗜んだ。これらの点から翠涛が怡渓や幸琢の茶杓を求めたことが知れる。また翠涛が道具買いの主力であったことがうかがわれる一文で、近くにあった観阿ならではの記述である。

1「新発田藩江戸中屋敷史料中屋敷額解説」江戸東京博物館蔵

2 徳川義宣、小田榮一、竹内順一、谷晃『茶の湯美術館』第三巻、角川書店、一九九八年。同書の解説では次のような記述がある。

箱＝桐外箱・桐内箱　箱書＝外箱蓋表墨書「交趾　黄鹿　香合　碧雲山房蓄蔵物品（紙貼紙）」外箱蓋裏墨書「白酔庵　観阿（花押）」

3 昭和三十一年の光悦会、東京席で出品された「香合　交趾黄鹿　溝口家伝来」とは、本香合と目される。

4 明治三十九年、東京帝室博物館で特別展覧会が開催され、その出品目録である『明治三十九年特別展覧会列品目録（丙）』には溝口直正が出品した作品として

第二五五号　地紅堆黒唐花彫軸盆

が確認できる。個人蔵品の軸盆は本作品と同定される。

5『茶杓図譜』東京大学史料編纂所蔵

表3　売立目録にみる観阿が溝口家に取り次いだ作品名一覧

所載誌	売立の開催年月日	会場	作品名
東都寸松庵主所蔵品	明治四十五年五月二十七日	京都美術倶楽部	趙昌釈迦　左探幽江月和尚像　右同佐久間将監像　三幅対　江月自作彫字箱　外箱白醉庵　江月外題　寸松庵伝来品
東都寸松庵主所蔵品	明治四十五年五月二十七日	京都美術倶楽部	呉須獅子蓋香炉　白醉庵箱書付　溝口家旧蔵
堺市宅醸春軒所蔵品入札（第二回）	大正二年六月十四日	大阪美術倶楽部	趙昌釈迦　左右探幽　江月和尚佐久間将監像　江月賛　三幅対　江月自刻箱書付　江月外題　白醉庵外箱　寸松庵伝来　竪二尺三寸二分巾一尺一分
東京某伯爵家当市寺島家旧蔵品入札	大正四年二月九日	大阪美術倶楽部	宗和一重切花入 さひ竹 白醉庵箱
東京某伯爵家当市寺島家旧蔵品入札	大正四年二月九日	大阪美術倶楽部	唐物青貝四方盆　双清文字　弘治年號銘　見竜院箱書付

所載誌	売立の開催年月日	会場	作品名
東京某伯爵家当市寺島家旧蔵品入札	大正四年二月九日	大阪美術倶楽部	堆黒草花彫軸盆 （地紅堆黒唐花彫軸盆。献上品）
東京某伯爵家当市寺島家旧蔵品入札	大正四年二月九日	大阪美術倶楽部	宗鑑一行　二千里外云々　双幅 白醉庵箱
東京積翠庵所蔵品入札	大正四年十一月四日	大阪美術倶楽部	乾山笹絵向付　五人前　白醉庵所 持　溝口家蔵品ノ内
高橋家御蔵品入札	大正七年四月五日	東京美術倶楽部	染付茶碗　銘腰あられ 白醉庵箱　溝口家旧蔵
水戸徳川家音羽護国寺並ニ某家御蔵品入札目録	大正十年十一月二十八日	東京美術倶楽部	織部筋花入　観阿箱 溝口家伝来
水戸徳川家音羽護国寺並ニ某家御蔵品入札目録	大正十年十一月二十八日	東京美術倶楽部	和漢四句　松花堂、澤庵、 江月、遠州　了意了音外題 観阿箱　溝口家伝来 竪九寸四分×巾一尺四寸二分
籾山家某旧家御蔵品入札	大正十一年六月五日	東京美術倶楽部	時代鐵象嵌鹿香爐 白醉庵箱　碧雲山房伝来
一木庵高橋家所蔵品入札	昭和五年十月二十七日	東京美術倶楽部	時代　桑柄灰匙 箱書付白醉庵　溝口家伝来

一木庵高橋家所蔵品入札	昭和五年十月二十七日	東京美術倶楽部	御本兎耳香炉 白醉庵所持　溝口家伝来
説田家蔵品展観目録	昭和六年五月十九日	東京美術倶楽部	祥瑞鳥摘福寿字茶入　溝口家伝来 （献上品）
新潟県新発田町安倍家蔵品入札目録	昭和九年十一月十九日	超願寺	棕櫚組底板手付籠 溝口家伝来　白醉庵箱
新潟県新発田町安倍家蔵品入札目録	昭和九年十一月十九日	超願寺	陳元贇墨痕短冊 白醉庵箱　溝口家伝来
新潟県新発田町安倍家蔵品入札目録	昭和九年十一月十九日	超願寺	唐物釜鋪　白醉庵観阿箱 溝口家伝来　二枚
丘甫庵所蔵品入札	昭和十一年十二月二十三日	大阪美術倶楽部	石州公聞書観阿包紙 貞房公箱　溝口家伝来
展観入札	昭和十五年四月五日	京都美術倶楽部	石川丈山共筒象牙茶杓 白醉庵　了意箱
書画茶道具備前ト薩摩展観正札会	昭和十六年十一月二十七日	東京美術倶楽部	唐津建水　白醉庵箱 溝口家伝来

第二節　遠州蔵帳「三不点茶箱」

『幽清館雑記』には次のような記述がある。

〇三不点茶箪笥桐木地けんとん蓋表ニ江月筆左之文あり
　点茶語云
　天不晴
　則不点
　湯不老
　則不点
　不得其
　人則不
　点
　喫却了也
　転合什物
　右茶箱類之内第一之秘蔵宗甫子所持之品也
　天保七丙申年九月二十六日観阿手ゟ取入内具ハ予か好にて追々集む外箱ハ天保十五
　壬寅年十一月八日出来　宗中書ハ同年なり（巻八）

この茶箱は遠州の所持した茶箱で、遠州の茶室転合庵の什物であった。茶箱には江月宗玩《こうげつそうがん》（一五七四〜一六四三）の筆による「三不点《さんふてん》」の語があった。この茶箱は天保七年（一八三六）九月二十六日に、翠涛が観阿から入手していることがわかる。また外箱には天保十五年とあるが、「壬寅」より天保十三年とも考えられ、いずれかの年に墨書がなされた。先述のように当日は観阿から額「聻」を入手しており、観阿は了伴と共に翠涛の茶会に参会していたものと考えられる。

「三不点」茶箱を収納する箱には宗中により次のような箱墨書が書かれていた。

茶簞筒外箱蓋うら書写
江月筆跡三不点之茶簞筒転合菴之
什物宗甫所持之品無紛今不堪感情
来由記云ニ　宗中誌（巻八）

茶箱に仕組まれた道具は追々、翠涛によって集められたものであった。それらの道具について溝口家の茶道具の蔵帳である『新発田御道具帳』（新発田市立歴史図書館蔵）には次のような記述がある。

茶碗　朝鮮刷毛目一ッ　黒楽一ッ
薄茶器　蒟醤象牙蓋
茶入　瓢形

茶杓　　　竹
茶筅筒　鋳竹内黒塗江月極書入
茶巾筒　象牙七宝透し
菓子入　蓋裡巌浪蒔絵羊遊斎造
ふり出し　青磁瓶子形紅網袋入
香線入　染付鉄せん模様茶網袋入
服紗　　紫二ッ

ここで注目すべきは菓子入に羊遊斎による「蓋裡巌浪蒔絵」が仕組まれていることで、観阿が取り次いだ作品と思われる。

この茶箱は現在、個人が所蔵していることを確認した。今回、小堀宗実宗匠のご尽力で拝見することができた（口絵24）。材質は桐、蓋の枠部分は桑で、そこに七宝、桐、宝尽の文様が彫られる。また桐部分にはやはり江月により三不点の語で『幽清館雑記』同様にこう書かれている（口絵25）。

點茶語云
　天不晴
　則不点
　湯不老

則不点
不得其
人則不
點
喫却了也
轉合什物

江月による謹直な筆跡であり、紙本ではなく桐木地に書かれたということもあるが、親しみのある文字で遠州との交流が筆跡からも伺える点が誠に興味深い。蓋の摘は鉄で作られ、さらに上部には錠前がある。さらに茶箱全体を持ち上げるための取っ手もつけられ、それは花七宝を意匠とし、字は魚々子のように細かく仕上げられている。総じて桐と桑の材質を生かして、文様を控えめにし、さらに江月和尚の三不点語と相まって、瀟洒な茶箱に仕上がっている。この茶箱には当初から袋が付属しており、平成十九年(二〇〇七)の秋に更紗に取り替えられたのを機に、現在は紙に包まれ保管されている。

茶箱全体を収納する箱墨書には『幽清館雑記』同様、宗中による墨書が確認でき、この側面には溝口家の旧蔵品を示す「碧雲山房蓄蔵物品」の蔵印がある。

さて、茶箱に仕組まれる道具の品々であるが、蔵帳にみた作品中、合致するものがあった。それらは、順に蒟醬《きんま》象牙蓋茶器、朝鮮刷毛目茶碗、青磁瓶子形紅網袋入振出である(口絵26)。

蒟醬象牙蓋茶器は、側面に馬などの文様を蒟醬で描いており、内側には金物が貼られ、口は錫縁に仕立てられている。牙蓋は象牙の良い部分が用いられる。牡丹紋の袋が添っている。朝鮮刷毛目茶碗は小ぶりながら刷毛目が利いた作品で、高台も穏やかではあるが茶箱に収める寸法としては申し分ない。青磁瓶子形紅網袋入振出は七官の手で、瓶子形であり、胴に文様がある。網袋は七宝編みである。なお茶箱の入日記によれば、茶碗のもう一つは喜首座手造茶碗であったとされ、黒楽の茶碗であったことが知れる。

『幽清館雑記』の記述に従えば、これらの茶箱に収める道具は翠涛により後々に追加されとあり、羊遊斎作「蓋裡巌浪蒔絵」の関係から、翠涛が観阿に茶箱にあう道具を所望して、組まれた可能性が高いように考えられる。

この茶箱であるが、当初は小堀家にあったのを天保七年の時点で観阿が入手している点から、それ以前に流出したと考えられ、後述する寸松庵伝来三幅対の入手と同様、やはり京から江戸にきた道具の一つと解することができる。

第三節　木下長嘯子筆「十六夜の文」

観阿が翠涛に取り次いだ作品のうち、掛物では現在、個人が所蔵する「十六夜の文」（口絵27）がある。この掛物は弘化三年（一八四六）八月十六日に行われた溝口家の茶会で本席の掛物として使用された。観阿が取り次いだ作品中、本席の掛物として使用された例では現時点で本作品のみであるため、ここでは本作品に注目する。

木下勝俊《きのしたかつとし》（長嘯子《ちょうしょうし》、挙白、天哉爺／一五六九～一六四九。以下、長嘯子に統一）は豊臣秀吉（一五三六～一五九八）の正室北政所（?～一六二四）の兄、木下家定（一五四三～一六〇八）の長男で、豊臣の姓を許された人物である。若狭小浜城主となり官位は従四位下、左近衛権少将であった。

慶長五年（一六〇〇）の関ヶ原の合戦では東軍に属した。徳川家康（一五四二～一六一六）から伏見城留守居を命じられるが、鳥居《とりい》元忠《もとただ》（一五三九～一六〇〇）に退去を迫られ、このことが原因で改易となる。その後は東山にある北政所の住居であった高台寺近くに挙白堂を営み、晩年は大原野にて隠棲し、茶の湯や和歌などをして過ごす。小堀政一（遠州／一五七九～一六四七）や佐川田昌俊（喜六／一五七九～一六四三）らと茶の湯や和歌を通じて親しく交流した。また長嘯子は唐物文琳茶入銘「木下丸壺」や唐物肩衝茶入銘「靫《うつぼ》肩衝」を所有したことでも知られる。歌道は細川藤孝（幽斎／一五三四～一六一〇）に学んだ。幽斎の同門であった松永勝熊（貞徳《ていとく》／一五七一～一六五三）とも親しく交流した。

貞徳は連歌師里村紹巴（一五二五～一六〇二）から連歌を学び、九条稙通《くじょうたねみち》（一五〇六～一五九四）や幽斎から和歌、歌学を学んだ。のちに秀吉の右筆となり、長嘯子を友とした。慶長二年に朝廷から花咲の翁の称を与えられ、俳諧宗匠の免許を許される。貞徳の歌風はその後、松尾芭蕉（一六四四～一六九四）の俳諧に影響を与えた点で評価されている。

長嘯子が貞徳に贈った消息は、現在個人が所蔵する。本書では消息中に十六夜の夜に詠まれた二首の歌が書かれることから「十六夜の文」と称する。

先行研究において「十六夜の文」は国文学者で、長嘯子研究で知られる吉田幸一（一九〇九〜二〇〇三）により『文学論藻（通号四十八号）』（一九七三）[1]で紹介され、当時新出の長嘯子資料として注目された。また翌年には吉田による『長嘯子全集（第五巻）』（一九七五）でも取り上げられた[2]。

『文学論藻』において吉田は、文中の「おちゃあ」と「おつう」について、後述するように「おちゃあ」とは茶々（一五六七〜一六一五）、「おつう」とは北政所の侍女通（生没年不詳）としている。吉田が論考を発表してより以後、個人が所蔵したため最近まで所在不明であった。「十六夜の文」は現在、別の個人が所蔵していることを確認した。

「十六夜の文」の字粒は大きく、伸びやかに書かれている。本紙寸法は縦二七・九センチ、横八七・九センチ。掛幅装となる。

消息には次のように書かれている。

此短冊者此者
返可給候　かしく
一昨日御ちやあ御つう
御出候まゝ以使者申入候
處無其儀候即
吟被遊候短冊共
もたせてまいらせ候可有

一覧候将亦我々先日
十七日まて彼山庄にて
いさよいの月たゝひとり
見申候つる物さひひとしほ
心すみわたり候つる月を
待かね候て霊山のみねを
こそやましなのうへまて
あかり候へは月いて申清光を
おひて帰宅已さる
おりしも古今序に
月をおもふとてしるへなき
やみとれるといへる事おもひ
いてられ候まゝ
まことにそ闇にたとれる出ぬまは
月まつやまによちのほりつゝ
さひしさは山のかひあるすみかにて
心ひとつのしつかなる哉　人々
被帰候て一心無事仙郷候

〆勝遊老　獨咲《笑》

日付の記載はない。一昨日「おちやあ」「おつう」の来駕があるということで、使者をもって申し入れたところ来駕はなかった。後日「吟遊遊ばされた」際の短冊を遣わしてきた。文面からこの書状と一緒に短冊も貞徳のもとに届けられ、追而書から一覧するようにと記される。

消息によれば十七日まで山荘にいたという。この山荘とは高台院近くに長嘯子が営んだ挙白堂《きょはくどう》を指すものと考えられる。旧暦八月十六日の十六夜の月をただ一人で見ていると物寂しい雰囲気であったが、一人、心が澄み渡った気持ちになったようである。そのため霊山、すなわち霊鷲山正法寺（国阿山）あたりの山を越え山科まで足を運び、月の清き光を求めたという。このように月を求める自身の姿を、古今和歌集仮名序で述べられる一節に重ねており、ただ月を求めてさ迷い歩いた姿と重ねたと解することができる。そして二首を詠じた。その二首とは「まことにそ闇にたとれる出ぬまは月まつやまによちのほりつつ」と「さひしさは山のかひあるすみかにて心ひとつのしつかなる哉」である。

署名は長嘯子の号のひとつ独笑《どくしょう》である。なお『長嘯子全集（巻五）』では長嘯子消息が八十九件所収されるも、署名に「独笑」とあるのは「十六夜の文」のみである。筆者がこの掛物を拝見したとき、字粒の大きさもさることながら、その大らかな雰囲気に、長嘯子が若狭少将と名乗った若い頃が思い起こされる。おそらく翠濤が茶会に用いようとした意図は日付が同じということもあるが、何よりその作品の良さに共感したからに違いない。

軸の巻留には

天哉翁文　貞徳宛　白醉庵（花押）

と観阿の墨書がある。収納する箱甲（口絵28）には

東山長嘯公消息　貞徳宛

とあり、裏（口絵29）には

白醉庵観阿（花押）

と書かれていることから、こちらも観阿による筆とわかる。箱墨書の「観阿」の筆跡は謹直に書かれていた。花押は筆に勢いがあり、「二」の線が謹直である。以上の点から「十六夜の文」を収納する箱墨書の花押は五十代後半から遅くとも六十代後半までと判断され、すなわち文政元年（一八一八）の五十四歳以降、天保五年（一八三四）の七十歳までの間の筆跡と考えられる。「十六夜の文」を収納する箱側面をみると部分的に剥落した蔵印が貼られており、「碧雲山房蓄蔵物品」と判読できる。この蔵印は新発田藩主溝口家の旧蔵品の箱もしくは覆紙に貼られている蔵印である。そこで溝口家の所蔵した掛物の蔵帳である『御掛物帳』（新発田市立歴史図書館蔵）をみると「秋之部」にはやはり

一　十六夜之文　長嘯子消息貞徳宛

とあることから「十六夜の文」は観阿の取り次ぎにより翠涛に売却された作品であり、その後は溝口家に伝来したことがわかる。

この茶会について溝口家の記録である『幽清館雑記』をみると次のような記述がある。

> 同年(弘化三年)同月(八月)十六日正午時の御茶会あり、御客
> ハ竹腰正富君、小堀宗中子、道樹、宗休なり
> 床の御掛物は木下長嘯子十六夜の歌入
> 文をかけさせらる、其宛名は松永貞徳也
> まことにそ闇にたとれる出ぬまハ月まつやまに
> よちのほりつつ
> さひしさハ山のかひあるすミかにて心ひとつの
> しつかなる哉
> 今日の御掛物、時に当りて殊更めつらしき
> 御真筆、御うたからも面白侍ると宗中
> 子の御賞詞ありき(巻五)

この茶会に参会した客は竹腰正富《たけのこしまさとみ》（篷月／一八一八～一八八四）、小堀宗中（正優／一七八六～一八六七）、鳥羽屋道樹《とばやどうじゅ》、鈴木宗休《すずきそうきゅう》である。正富は尾張藩附家老で茶の湯を宗中に学んだ。宗中とは『原色茶道大辞典』によれば「天明六年—慶応三年（一七八六～一八六七）幕臣、遠州茶道宗家八世。六世政寿の男。大膳を称し、宗中・和翁と号した。分家小堀政純らの嘆願が容れられて文政十一年（一八二八）召出され、切米三百俵を給わり、本家小堀氏の名跡を復興した。その長子の宗本（正和）、次子政安（後の権十郎）を薫陶し、茶家小堀家を中興した業績が大きい」[3]人物である。道樹は江戸十人衆鳥羽屋の一族の一人である。姓は三村氏で、多くの優れた道具を所蔵した[4]。宗休は柳営数寄屋頭格である。

茶会に招かれた宗中は「十六夜の文」に書かれる十六日と同じ日にこの掛物を用いた点や筆跡と歌も出来が良いことから、本幅を激賞していたことがわかる。長嘯子の消息は多く残されるが、本作品のように若い頃の消息ではあるが、字粒の大きさはやはり気宇を感じさせる点でも得難い作品である。

本幅は観阿と翠涛の関係もさることながら、溝口家においても重要な作品であったことがわかる。

1 吉田幸一「長嘯子と貞徳の新出書簡をめぐって」『文学論藻』通号四十八号、東洋大学文学部日本文学文化学科、一九七三年
2 吉田幸一編『長嘯子全集』第五巻、古典文庫、一九七五年
3 井口海仙監修『原色茶道大辞典』淡交社、一九七五年
4 所持した道具では中興名物茶入「藻塩」（野村美術館蔵）、本手斗々屋茶碗（舟越永景箱。個人蔵）、井戸脇茶碗銘「鳥羽屋」（『大正名器鑑』）、玉子手茶碗銘「古高麗」（松浦鎮信箱。『大正名器鑑』）、松平不昧自作茶碗銘「世外」（『大正名器鑑』）がある。

第四節　大徳寺寸松庵伝来の三幅対

北宋時代の画家趙昌《ちょうしょう》の筆とされる釈迦像、江戸時代初期に活躍した狩野派の画家狩野探幽《かのうたんゆう》（一六〇二〜一六七四）による江月宗玩、佐久間将監《さくましょうげん》（寸松庵《すんしょうあん》／一五七〇〜一六四二）の寿像を加えた三幅対（口絵30）は大徳寺寸松庵に伝来した作品である。寸松庵とは将監が元和七年（一六二一）に大徳寺龍光院内に創立し、寛永十九年（一六四二）に西北の新地に移った茶室である。天保五年（一八三四）の火災に焼け残り、明治十二年（一八七九）に取り壊されることになったが東京へ移され、やがて高橋箒庵邸に移建され大正十二年（一九二三）に焼失した[1]。

この三幅対について美術史家の門脇むつみ氏は「当初からこの三幅対で寸松庵什物、それも庵の本尊に相当するものとして制作されたことが分かる。（中略）仏画と自分たちの肖像画をあわせて三幅対とし、子庵の本尊のように扱うという意識が認められることは誠に興味深い」としている[2]。また門脇氏は松花堂昭乗筆「十六羅漢図」に注目し、文化八年（一八一一）に寸松庵蔵資料を書写した『紫野《むらさきの》大徳寺明細記《だいとくじめいさいき》』にある寸松庵について次のような記述があると紹介している。

江月和尚像

仏祖　釈迦文仏像　探幽斎一筆

寸松庵殿像

仏祖脇小襖十六羅漢像　松花堂筆

後述する売立目録の図版から江月像の自賛に寛永十一年と書かれている点に注目し、脇小襖の制作年代をその頃か、もしくは寸松庵の創建当初の頃であると、見解を示している[3]。三幅対についてはすでに門脇氏が『寛永文化の肖像画』（勉誠出版、二〇〇二）で現在の所在は不明としながらも、二件の売立目録に所載されていると報告している[4]。

この二件の売立とは、明治四十五年に京都美術倶楽部で開催された東都寸松庵主高橋箒庵の売立、大正二年（一九一三）六月十四日に大阪美術倶楽部で開催された宅徳平《たくとくへい》（醸春軒／一八四八～一九三二）による第二回の売立である。

それぞれの売立目録での表記をみると『東都寸松庵主所蔵品』では

趙昌釈迦　左探幽筆江月和尚像 右同佐久間将監像　三幅対

江月和尚自作彫字箱　外箱白醉庵

江月外題

『堺市宅醸春軒所蔵品入札（第二回）』では

趙昌釈迦　左右探幽江月和尚 佐久間将監像　江月賛　三幅対　竪二尺三寸二分 巾一尺　一分

江月自刻箱書付　江月外題　白醉庵外箱　寸松庵伝来

と記載される。

三幅を収納する箱には江月によるとされる自刻の箱があり、外箱には観阿による書付があることがわかる。また作品の寸法も把握できる。なお箱および外題については醸春軒の目録に所載されている。

この三幅対について考えるとき、溝口家の掛物の蔵帳である『御掛物帳』の「雑之部」には次のような記述がある。

　　　左江月探幽筆
一　三幅對中釋迦趙昌ニ申傳
　　　右佐久間探幽筆

作品の内容から、売立目録所載品と同定され、観阿の取り次ぎにより溝口家が入手した作品であることがわかる。

そこで観阿が一時にせよ所持した点から、霞兄老人《かけいろうじん》（一八〇〇～?）による『過眼録《かがんろく》』（国立国会図書館蔵）に注目した[5]。同書については神戸大学名誉教授の影山純夫氏が『茶の湯文化学会報（第三号）』で紹介しており、筆者は霞兄老人で、寛政十二年（一八〇〇）に生まれ、晩年は江戸両口に住んでいた人物であるとされる。霞兄老人は吉村観阿や酒井抱一と共に茶会に参会し、西村藐庵の茶会にも招かれており、江戸時代後期の茶の湯文化において『過眼録《かがんろく》』は貴重な研究資料であるとしている。同書には茶会の記録のほか、拝見した道具の見聞録も含まれる[6]。

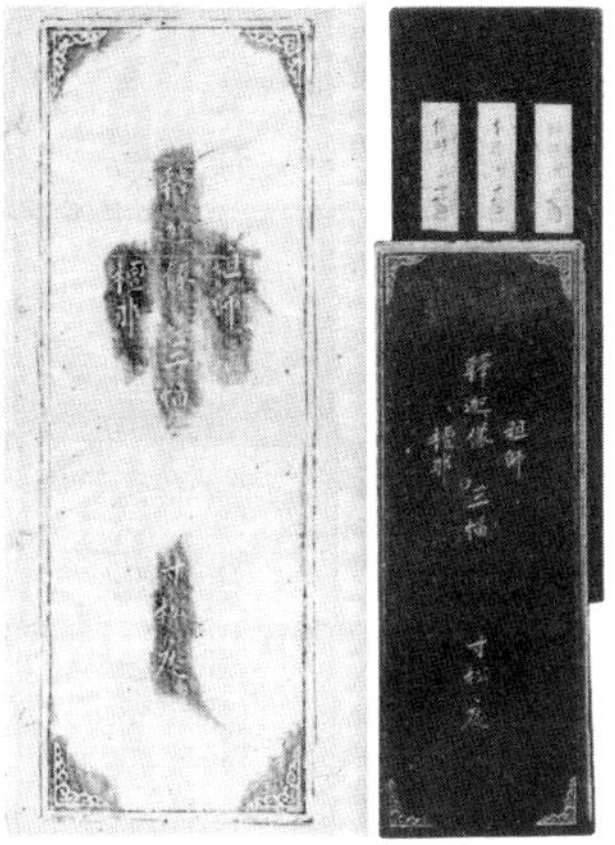

図51　売立目録に所載される箱と『過眼録』に所載される頁をつなぎ合わせた図の比較

『過眼録』の第四十四巻には趙昌筆釈迦像、狩野探幽筆江月宗玩像、同佐久間将監像の三幅対の賛文および顔容、箱のプロッタージュが所載されており、同書を起点に詳しくみていきたい。

先述の『堺市宅醸春軒所蔵品入札（第二回）』には箱の図版が掲載される。地黒の箱であることがわかり、箱には

祖師
釈迦像　三幅　寸松庵
檀那

と彫られ江月の筆跡であるとされる。そこで『過眼録』をみると箱のプロッタージュが所載されていた。売立目録と『過眼録』の各頁を繋ぎ合わせたものを並べたのが図51である。

祖師とは『新版禅学大辞典』（大修館書店、一九八五）によれば「祖は始祖。師は師範。一宗一派を創めた開祖の意味にも、また正法を伝持した列祖の意味にも用いられ、特に菩提達磨を祖師ということもある。」と述べられている。また門脇氏の教示によれば江月自身が祖師と名乗ることはあり得ないとのことであっ

た。本幅を所蔵した高橋箒庵はこの祖師という表記について、後述する『東都茶会記（第一輯）』（一九二〇）では大徳寺開山の大燈国師としており、当時の所蔵者でさえも疑問視していたことがうかがわれる。

観阿による外箱があることから、寸松庵に伝来した時期に、塗箱で保管されていたものと考えられる。

『過眼録』には三幅対を収納する箱について次のような記述がある。

面朱　彫　縁青入

地黒

箱は地黒に面取りした部分を朱漆で塗られた箱であり、江月の文字の部分は彫られて青漆で塗られている。なお箱側面もプロッタージュされ（図52）、箱の上下隅に金具が付けられ、面取りして朱漆が塗られている。また緒を付ける金具があることから箱底部分の中央左右に二箇所あったと考えられる（なお箱と観阿の所持品との関係については後述する）。

この作品を収納する箱には外箱があり、そこに観阿の箱墨書があるとされる。溝口家伝来品の場合、所蔵を示す「碧雲山房蓄蔵物品」の蔵印が貼られており、塗箱もしくは観阿の墨書がある外箱に貼られているものと予

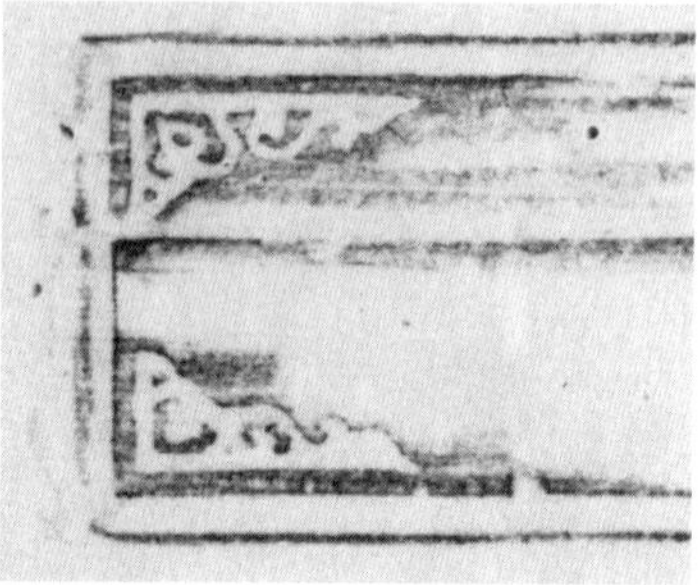

図52　塗箱側面　国立国会図書館ウェブサイトより転載

想される。

付属する外題の写しには次のように書かれている。

祖師　與宗　寸松庵　印
本尊　釈迦　寸松庵　印
檀那　宗可　寸松庵　印

外題は『堺市宅醸春軒所蔵品入札（第二回）』で紹介される通り、箱に貼られている。

ここでは江月宗玩像と佐久間将監像の江月による賛に注目する。将監像の賛文は『東都茶会記（第一輯）』で次のように紹介されている。

山隠宗可寿像
常磨三尺靠腰中、秘在形山将退躬、瓶裏梅花對人語、徳香吹起一松風
江月叟謾賛　書于寸松庵[7]

また江月像の賛について門脇氏は売立目録図版から次のように判読を試みている。

馬九方甄

□従来相　寛永十一載
色分明□□　［朱文方内円印「宗玩」］江月叟自□［朱文
方印「折脚鐺」］
兮真不真□　佛成道日
□□偽不偽
丹青錯□□[8]

二件の目録図版の不鮮明さもあり、文字の配列がかろうじて確認できる。そこで、先述の『過眼録』をみると将監像の賛（図53）には次のような記述がある。なお同書に記載される賛文を明確にするため該当する部分を□で囲った。

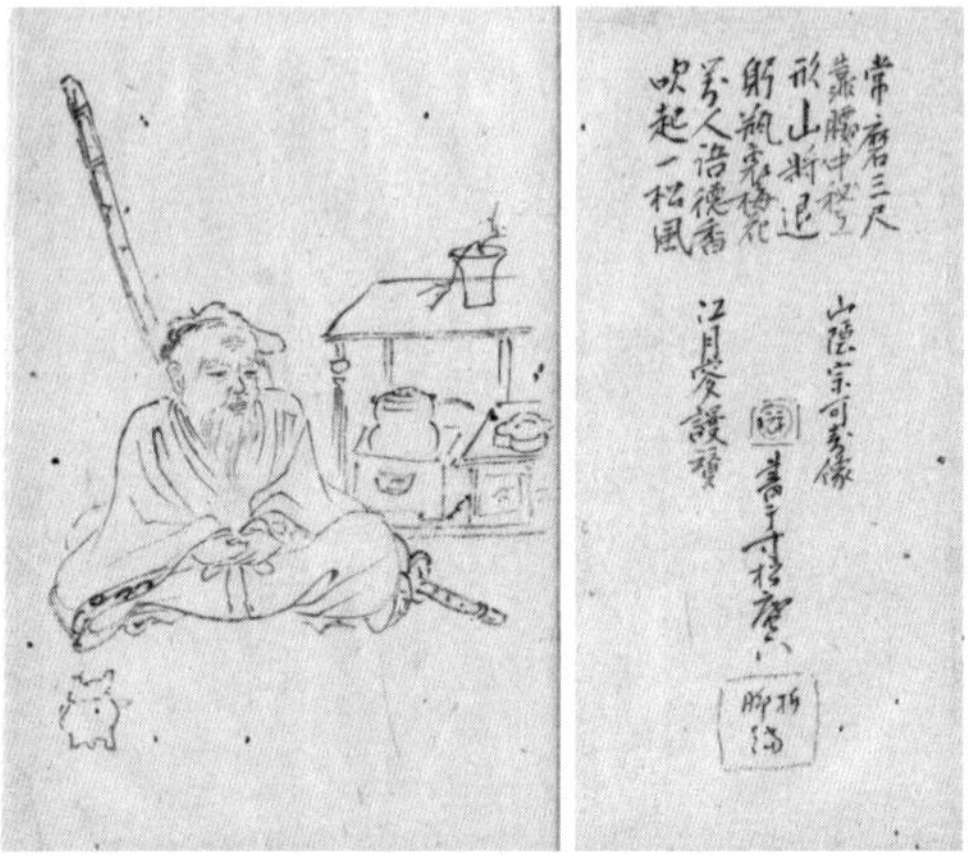

図53　佐久間将監像と賛　国立国会図書館ウェブサイトより転載

常磨三尺
靠腰中秘在　山隠宗可寿像
形山将退　印　書于寸松庵
（下　印）
躬瓶裏梅花　江月叟謾賛
對人語徳香

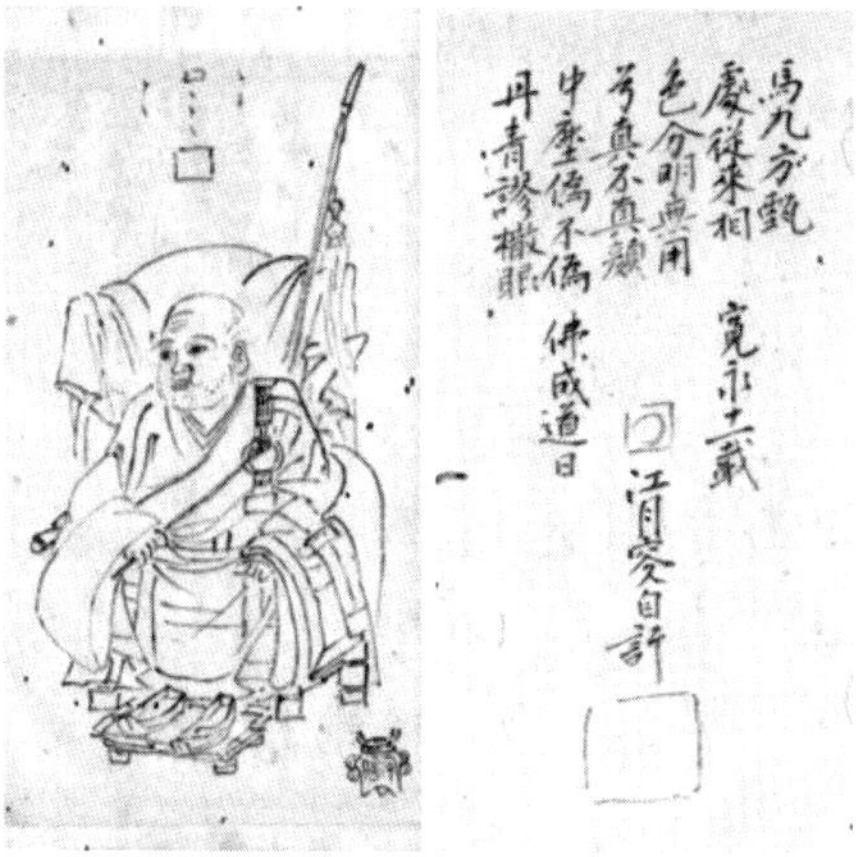

図54　江月宗玩像と賛
国立国会図書館ウェブサイトより転載

吹起一松風

ところで明治三十六年（一九〇三）四月、東京帝室博物館の特別展覧会が開催された。その作品を『特別展覧会列品目録』にみると溝口家が出品した作品として次のような記述がある。

第七二号　寸松庵主佐久間将監像　狩野探幽筆　絹本著色
一幅[9]

先出の『御掛物帳』で探幽による将監像は、三幅対の内の作品しか確認できず、特別展覧会に出品された作品とは寸松庵伝来の一幅であると判断される。将監像および江月像は同じ探幽による作品であることから絹本に描かれたことが判明する。

次に江月宗玩像の賛（図54）は次にように書かれている。

馬九方甄
處従来相　　寛永十一載
色分明無用　　印　江月叟自

図55　釈迦像　国立国会図書館ウェブサイトより転載

（許　印）
兮真不真顔　佛成道日
中塵偽不偽
丹青謬撤眠

この賛文が書かれたのは寛永十一年（一六三四）、陰暦二月十五日であることが知れる。なお印については門脇氏が将監像で指摘するように上部は朱文方内円印で「宗玩」、下部は朱文方印で「折脚鐺」と認められる。

『過眼録』には霞兄老人による釈迦像および江月、将監像の模写がある。釈迦像（図55）は親指と中指を立て部分的な姿を写している。光背や全体の姿も描かれており、その様子がわかる。目録の図版では衣に丸紋の金泥で描かれたと目される模様がみられるが、その部分は描かれていない。

江月像は靴を脱ぎ、衣を掛けた椅子に座した様子が描かれる。注目すべきは鼎形印が書かれている点である。なお門脇氏によればこの印形は狩野派がよく使う壺形印とは少し形状が異なり、三脚であることがはっきり分かる形であるため、鼎形印が適当との教示をいただいた。このことから本紙右下部分には鼎形印が押されていたことが知れる。形状から『探幽印譜』にある印と比較したとき、最も形状が近いのは守信の鼎形印である[10]。

将監像は手を膝上で結び、半眼の姿が描かれる。傍には太刀を置き、側にある棚の下部には釜が四方の風炉（唐金で造られたのであろうか）に据えられ、山水の絵が書かれた棚の上には木瓜形の水指もしくは香炉が置かれている。棚上には棒の先のような形の花入が置かれ、賛文から梅が挿れられていることがわかる。また本紙左下部には先ほどの印が押されている。『過眼録』から三幅対の内容が判明した。

ここで霞兄老人が三幅対を拝見した時期について述べておきたい。『過眼録』において霞兄老人が溝口家の茶会に招かれた記録は確認できず、また、直接溝口家で肖像や賛文の模写および箱のプロッタージュを行なったとは考えにくい。

そこで観阿と霞兄老人の関係に注目し『過眼録（第三十五巻）』をみると開催年未詳であるが[11]十一月十九日に観阿、抱一、霞兄老人、福田竹軒が茶会に参会しており、抱一存命中より観阿と霞兄老人は面識があったことが知れる。また同書第三十三巻には観阿の所持した宗薫（今井《いまい》宗薫《そうくん》か）の短冊が図入りで所載されており（図56）、霞兄老人が拝見していたことが知れる。

寸松庵伝来の三幅対が所載される第四十四巻の題箋には「戊戌」と書かれている。同書の記載に信を置くならば、三幅対もその時期に霞兄老人が拝見したこととなる。そこで干支について考えるとき、第十六巻の最終頁には

慶應丙寅仲夏初二日　霞兄老人抄録旹年六十有七

と書かれており、霞兄老人は慶応二年（一八六六）に六十七歳であることがわかる。この点より題箋にある「戊戌」は天保九年（一八三八）か明治三十一年（一八九八）のいずれかであるが、後者の場合に霞兄老人は九十九歳となり、やはり天保九年であると判断される。

以上から天保九年にはすでに観阿が所持し、同年以降に溝口家に売却され同家に伝来したことがわかる。

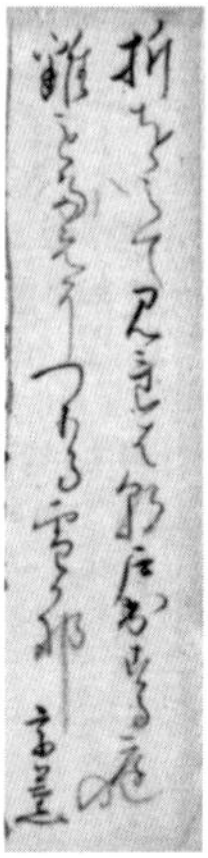
図56　観阿所持の宗薫筆短冊
国立国会図書館ウェブサイトより転載

1 井口海仙、末宗廣、永島福太郎監修『原色茶道大辞典』淡交社、一九七五年
2 門脇むつみ「佐久間将監の肖像」『寸松庵逍遙』龍光院、二〇一三年
3 門脇むつみ「龍光院ゆかりの絵画（一）　松花堂昭乗筆「十六羅漢図」」『南游行』第〇号、龍光院、二〇一四年
4 門脇むつみ『寛永文化の肖像画』勉誠出版、二〇〇二年
5 霞兄老人『過眼録』国立国会図書館蔵
6 影山純夫「『過眼録』と酒井抱一」『茶の湯文化学会報』第三号、茶の湯文化学会、一九九四年
7 高橋箒庵『東都茶会記』第一輯上巻、慶文堂書店、一九一四年
8 前掲注（4）
9 東京帝室博物館編『特別展覧会列品目録（明治三十六年）』、一九〇三年
10『探幽印譜』風俗絵巻図画刊行会、一九一九年
11 この点について影山純夫氏は文政十一年の出来事としている。影山純夫「宗雅と抱一の茶」『茶の湯文化学』第二号、茶の湯文化学会、一九九五年

第六章　江戸における観阿の交流

観阿は不昧没後の江戸で溝口翠涛を始め多くの人物らと交流があった。また文政七、八年（一八二四、五）頃には浅草の白酔庵に多くの人々が集った。特に、この頃の交流でわかっているのは毛利元義、酒井抱一、桧山担斎、古筆了伴などである。また観阿は若いころの原羊遊斎を支援しており、後年には「一閑張桃之絵細棗」を作成している。しかし彼ら以外にも江戸では多くの交流があった。そこで関係する作品や資料を通じて、その交流に注目する。

第一節　桧山担斎

桧山担斎（義慎《よしちか》／一七七四～一八四二）は国学者であり、書画の鑑定にも優れた。担斎は絵画に関係する文献で著名である。その一つに、狩野栄信《かのうえいしん》（伊川院／一七七五～一八二八）の次男で、兄を養信《おさのぶ》（晴川院／一七九六～一八四六）とする朝岡興禎《あさおかおきさだ》（一八〇〇～一八五六）による『古画備考《こがびこう》』がある。同書については古画備考研究会による『原本「古画備考」のネットワーク』（二〇一三）の中で、編纂に大きく貢献した人物であると評価している。

このほか担斎は狩野山雪の長子である狩野永納《かのうえいのう》（一六三一〜一六九七）による『本朝画史《ほんちょうがし》』の遺漏を補った続編として文政二年（一八一九）に『続本朝画史』を刊行した。

天保十年（一八三九）、担斎は永納を顕彰することと自身の古希（七十賀）を兼ねて江戸の浅草寺山内日音院を会場として思功供展画会《しこうぐてんがかい》を開催した。本書では便宜上、展画会に統一する。

この展画会には担斎の知友が『本朝画史』所載の画家の作品を中心に持ち寄り展示された。その出品者と作品名を記し、同年秋に刊行されたのが『思功供展画目録』（東京都立中央図書館蔵）である。同書には八十七点の作品名とその出品者が記載される。従来『思功供展画目録』は美術史家の大口理夫（一九〇九〜一九四八）により『画説（昭和十五年十月号）』（一九四〇）で紹介されている[1]。同目録は当時の所蔵者と作品、および所蔵者と担斎の関係を伺うことができる重要な資料である。しかしながら、大口が指摘するように出品者の詳細な検討がなされていない。そこで目録に注目して観阿がどのように関係しているのかを明らかにしたい。

『思功供展画目録』[2]の文末にはこの展画会について担斎自身が次のように跋文で述べている。

狩野永納翁嘗著本朝画史後世鑒
画之模範而其功最偉僕年来蔵其
肖影今茲五月朔将備一瓣香聊作
思功供社中人喜此舉更設僕古稀

賀筵一併會於浅草寺中日音院諸
名家各携画史中所載奇幅恵然肯
来妙蹟燦然四圍實賞鑒三昧之勝
縁而近世之盛事也抑亦可謂翁之
遺徳矣頃者刻其目録進呈諸彦因
述来由附巻末
天保歳次己亥中秋日
　桧山成徳宣慎識

この跋文について既に大口が『画説（昭和十五年十月号）』で述べており引用すると次にようになる。

本書の編者は幕末の鑑定家として著名な桧山担斎であって、彼は延宝のむかし狩野永納が本朝画史を著作した功を偉とすること大に切、偶々年来その肖像を襲蔵するを機縁として、天保己亥十年の五月、永納の「思功供」を思ひ立ち、社中の人に計るに、社人は更に担斎の古稀賀筵を設け、浅草寺内日音院に両者を併せ催し、多数の名家画史所載画家の奇幅を携へ来り、盛会を極めた、その際の画展を輯録せるもの、即ち本書であって、同年秋上梓して知友に進呈された

目録で当日の出品者と出品された八十七件が知れる。なお大口は岡村家松庵が出品した室町時代の

画家単庵智伝《たんあんちでん》（生没年不詳）による葦鷺図《あしさぎず》が現存していると指摘し、この作品は現在東京国立博物館が所蔵する単庵智伝筆「葦鷺図」である。

ここでは担斎と観阿の関係について注目する。酒井抱一による句集『軽挙館句藻』によれば文政八年七月十三日、観阿は抱一、古筆了伴、担斎らとともに烏丸光廣の法要に参列している。このとき観阿六十一歳、担斎五十二歳であり、この時点で交流があったことが確認される。

そこで『思功供展画目録』の出品者をみると

観音影啓書記画　　吉村　白醉庵蔵

との記述がみられ、思功供展画会当日、観阿は出品者として参加したことがわかる。先述のように法隆寺の額箱から天保十三年に吉村と署名していることを明らかにしたが、天保十年の時点で、すでに吉村と名乗っていたことがわかる。

また『思功供展画目録』の出品者には

芸阿弥画猿猴　　白醉庵男　吉村信軸蔵

とあり、信軸《しんちゅう》（弥山）が観阿の息子として紹介されている。

観阿は室町時代中期から後期にかけて活躍した賢江祥啓《けんこうしょうけい》（啓書記／生没年不詳）による観音像、信軸は室町幕府の同朋衆であった芸阿弥《げいあみ》（一四三一〜一四八五）による猿猴図を出品している。担斎を巡る人物の中で観阿と息子信軸の名前が見出せることは、両者が当時の江戸で鑑定家、もしくは茶人として相当の位置にあった人物と考えられる。また観阿親子は思功供展画会に出品し、同会開催に向け援助していたとも考えられる。

このような観阿親子と担斎の周辺について検討するとき、朝岡興禎による『古画備考』（東京藝術大学附属図書館蔵）にも注目したい。同書巻二十下（名画八下）には室町時代後期に活躍した臨済宗の僧周徳《しゅうとく》（生没年不詳）の画歴と印譜が紹介される。紹介される作品のうち梅図の賛（図57）がみられ、小書には次のような記述がある。

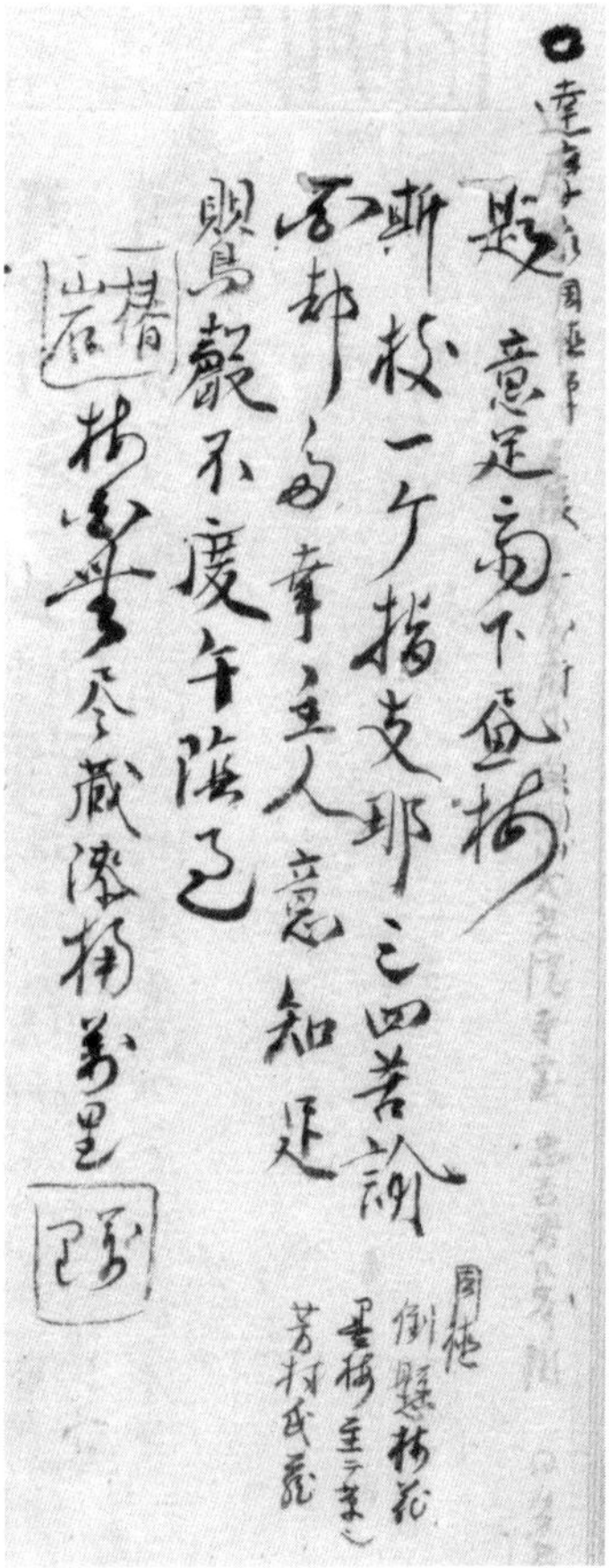

図57　周徳筆「梅図」の賛　東京藝術大学附属図書館蔵

周徳
倒懸梅花、墨
描至テ草也
芳村氏蔵

また同書の巻二十三（名画十一）には三谷信重《みたにのぶしげ》（雲澤等悦とも／?～一六七五）の山水図について次のような記述がある。

陶淵明図横向也、有侍童歩行、墨画小立物、天保三二、内藤氏
ニテ見、
印　印　芳村氏山水ヨリハ劣、
　　　　雪舟流モ、直ニ不見芳
　　　　村ノ牛ハ、養澤ナリ、
　　　三谷　トノミ印[3]

以上の記述から、当時の芳（吉）村氏が周徳の梅花図と、三谷信重の山水図を所持していたことがわかる。

『古画備考（巻二十下）』が書かれたのは嘉永五年（一八五二）三月十九日以降、同書巻二十三は嘉永四

図58　中興名物瀬戸茶入銘「女郎花」

年辛亥三月二十四日以降である。観阿は嘉永元年に没していることから、これらの作品を生前の観阿、もしくは観阿没後に信軸が所持していたと考えられる。

ここで改めて『思功供展画目録』をみると出品者に木挽町狩野家とあり、この人物は興禎の兄である狩野晴川院（養信）である。担斎と晴川院の直接的な関係がみられる一方で、観阿と晴川院との関係を巡っては観阿八十賀の前年となる天保十四年（一八四三）に、溝口家で翠涛、小堀正優（宗中／一七八六～一八六七）、晴川院にそれぞれ福禄寿、賛、鶴亀の合作を所望していた。このように担斎を中心とする絵画のネットワーク中に観阿もいたことがわかる。

第二節　岡田雪台

中興名物瀬戸茶入銘「女郎花《おみなえし》」（図58）は不昧が所蔵したのち岡田雪台《おかだせったい》（一七九九～一八六八）が所蔵した。しかしその後は西本願寺に売却される。雪台が西本願寺に売却するに際して観阿が関係しているものと考えられるため、その周辺を論じたい。

この茶入の形状と付属品については『大正名器鑑（第三編）』（一九二六）[4]および『草人木書苑（茶入）』（一九八三）[5]から知れる。この茶入は小形の古瀬戸である。胴には筋があり、釉薬がかけられるが下部の部分にはかかっておらず、土をみることができる。底には糸切のあとがみえる。口はひねり返しがみられる。ややを肩を張っており、そのため小肩衝とも呼ばれる。茶入を収納する挽家は鉄刀木で作られ、甲には「女郎花」と彫られ緑青が施される。なおこの字形は小堀遠州による。内箱は桐白木で、筆者は不明ながら「女郎花　小肩衝」と墨書がある。外箱も桐白木で、不昧による朱漆で「女郎花」と書かれている。付属する袋は二つあり、間道竪縞横縞縫合（裏は玉虫、緒は藤色）、白地一重蔓古金襴（裏は海気、緒は紫色）である。袋を収納する箱には不昧により「女郎花　袋」と定家様の筆跡がみられる。象牙蓋は細い巣（象牙の神経）が入った掬蓋がある。蓋を収納する箱も桐白木で甲には、不昧により「女良花　蓋」との書付がある。また以上を収納する総箱がある。なお『草人木書苑（茶入）』には付属する盆として「唐物朱段文四方盆　裏青漆」の記載があるが、『大正名器鑑』ではみられない。このことから近代になり所蔵した井上家以降の所蔵家で次第に加えられたのであろう。

この茶入は松平乗邑（一六八六～一七四六）による『三冊名物集』、松平不昧による『古今名物類聚』（一七八七）、草間直方による『茶器名物図彙』にも所載される著名な作品である。茶入および付属品を収納する総箱に注目してみると、箱裏には次のような記述がある。

此女郎花茶入者、元本田伊豫守所蔵、其後松平出羽守所持、岡

田伊勢守へ譲後、御物と成
袋白地一重蔓古金襴裏玉虫海気緒つがり紫
替袋緘廣東裏玉虫海気緒つがり茶
天保十一年子五月記

この茶入は本田伊予守すなわち伊勢国神戸藩初代藩主・本多忠統《ほんだただむね》（猗蘭《いらん》／一六九一〜一七五七）が所持した。本田家より松平不昧、さらに養子であった岡田雪台が所持し、御物となったことがわかる。付属する仕覆の裂地も現在付属しているのと同一である。この箱墨書は天保十一年（一八四〇）五月に書かれたことがわかる。

この茶入は近代では大谷家が所蔵していた。大谷家について『大正名器鑑』では東本願寺としている。この茶入について、大正二年（一九一三）四月一日、本派本願寺御殿で同寺の売立が開催された。この時の売立目録が『大谷家旧御蔵品入札目録《本派本願寺》（第一回）』である。同書で紹介される作品のうち、巻頭の本願寺名物西行落葉色紙に次いで二番目に所載されるのが名物女郎花茶入である。この点から総箱墨書にある御物とは西本願寺が所持したことを意味する。その時期も天保十一年五月のことであった。この当時の門主は西本願寺二十世・広如《こうにょ》上人（一七九八〜一八七一）である。

先述したようにこの茶入はかつて不昧が所持していた。不昧の茶会記である『不昧公名物茶会記』では、文化三年（一八〇六）十月六日に独楽庵で開催された口切茶会での使用が確認できる。この日を初日として十月十日、十三日、二十二日、二十四日、二十五日に開催され、二十二日には牛尾宗苔、芳村物外（観阿）、山下養我が招かれている。

独楽庵は不昧が文化年間はじめに入手した茶室である。利休好みの二畳の茶室で太柱が豊臣秀吉より拝領の長柄の橋杭であった。庵号の額は天林和尚によるものである。はじめ宇治田原に作られ、その後は各所を転々としたが、不昧が入手し、大崎屋敷に移築された。おそらくその席披きと口切りの茶会が合わせて開催されたと目される。この晴れの舞台で使用された茶入が女郎花であることから不昧が重宝とした茶入であったことがわかる。

その後、不昧は文化八年に所蔵の道具を整理し、息子の松平斉恒（月譚《げったん》／一七九一～一八二二）に譲渡する道具を記した蔵帳を作成する。それが『雲州《うんしゅう》松平《まつだいら》家《け》道具帳《どうぐちょう》』である。同書には宝物、大名物、名物並、上之部、中之部としてランク付けされ、それぞれの道具が記されている。そのうち名物並之部の冒頭には

女郎花　大瀬戸

との記述があり、その末には

右中興名物同様之品故名物並と名付候秘蔵可致者也
文化八辛未九月　　　不　昧
出羽守殿

の記述がある。この点から文化八年当時は松平家に所蔵され、斉恒に譲渡していたことが確認できる。不昧は実子が産後に没したため、久世道空《くせどうくう》（広景／一七四七〜一八二七）の六男を養子に迎える。道空は宗徧流の茶人で宗徧四世山田宗也に学び、流鏑馬の研究書も著した人物であった。また不昧とは茶の湯を通じた交流があり、その茶会にも招かれている。

不昧は寛政三年（一七九一）九月六日に実子となる斉恒が誕生したが、後継の不安から弟の衍親《のぶちか》の長男駒次郎を寛政十年七月九日に養子に迎え、さらには道空の六男である幼名久三郎（このほか後藤勝五郎、卿廣とも）すなわち、のちの雪台を養子に迎えた。その後、文化十二年三月に斉恒の子斉斎が誕生したことで、同年四月十一日、雪台を岡田家に養子に出す。

岡田家であるが、養父となった岡田善明は武勇に優れた人物として著名であった。また藩政をよくして岡田家中興の祖とされている。岡田家では藤原定家による小倉色紙のうち「玉の緒よ絶えなば絶えねながらへば 忍ぶることのよわりもぞする」を所持したことでも著名であった。

雪台が岡田家へ養子に出されるに際し、不昧は養子心得十六条を与えている。この点から、不昧は女郎花の茶入を文化八年の時点では一旦、斉恒に譲渡していたが、文化十二年に孫が誕生し雪台を岡田家へ養子に出すことになり、養子心得条とともに、餞別としてこの茶入を譲渡したものと推測される。

そこで茶入に付属する添状に注目する。『大正名器鑑』には次のような記述がある。

今日は雨中御苦労に奉存候唯今漸く女郎花御茶入ふた箱に入一

つ岡田様より為参候間則武藤氏御使へ相渡し貴所様迄差上候間
御落手其筋へ御差出可被下候御箱書不昧公之御筆に御座候て
岡田様よりも御伝に御座候取急候間書餘貴面の節にて萬々可申
述候艸々頓首
　五月二十六日未刻来艮差出
　　　　　　　　　　芳村観阿
　　　　　　　　　　　　証之
　　欠　様　伝右衛門
女郎花ふた添

本状は観阿によって書かれたものである。五月二十六日、岡田家から茶入の蓋一つと収納する箱が届き、雨の中使者がやってきて茶入の蓋を引き渡した内容である。文中の武藤氏とは広如上人との関係から、武藤栄信と考えられ、書状が書かれた時期は西本願寺が、女郎花茶入を入手した天保十一年のことと考えられる。なおこの添状は『大谷家《本派本願寺》旧御蔵品入札目録（第一回）』にも所載されている。

箱墨書が不昧であることを認め、この茶入が岡田家に伝わったことが述べられている。日時の記載に五月二十六日未刻来艮差出とあるが、これは茶入の蓋が届いた時間が五月二十六日の未刻（午後一時から三時の間）であり、書状を認め差し出したのが艮刻《うしとらのこく》（午前二時から四時）だと判断できる。宛名は切り取られ、茶入の蓋を添えて出されたものであることから、武藤栄信の使者と目される人物が観阿のと

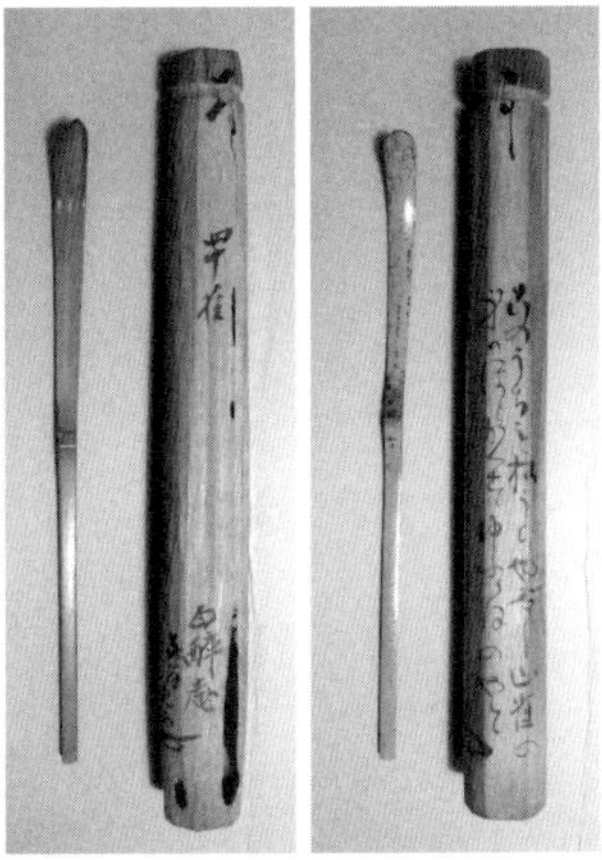

図59　吉村観阿、岡田雪台合作茶杓
銘「四十雀」と銘「山雀」
個人蔵

ころまでやってきて蓋の引き渡しを行なったことがわかり、その時期は天保十一年（一八四〇）であると判断される。

武鑑によれば雪台は文化十二年（一八一五）に岡田家の養子となって、文政六年に寄合から火消役となり、文政八年（一八二三）に新番頭、文政十一年に小姓番頭、天保四年に書院番頭、そして天保九年に辞職していることが判明している。

女郎花の譲渡は雪台の隠居後の出来事である。また茶入の譲渡に際し観阿が蓋の仲介を行なっていることから、茶入の仲介も行なっていたと考えられる。

ところで、現在個人が所蔵する吉村観阿作共筒茶杓銘「四十《しじゅう》雀《から》」、岡田雪台作共筒茶杓銘「山雀《やまがら》」、合作二本（図59）がある。茶杓の削りをみると、銘「四十雀」の方は、華奢に作られるが、背面の削りをやや荒くし、櫂先をおおらかにため、勢いよく削られている。腰の部分も抉られており、銘「山雀」の方は少し胡麻の景色のある竹を用いて作られ、背面は丁寧な削りがなされている。

四十雀の筒には

四十雀　白酔庵
㐂翁
観阿（花押）

と書かれている。署名に㐂翁《きおう》とあることから、当時七十七歳であったことがわかる。
また箱甲には雪台の筆で

山雀　自作
四十雀　白酔翁作

とある。蓋裏の墨書は観阿の筆で

山雀　岡田宗夕侯作
四十雀　愚作
白酔庵
苦楽翁
誌之（花押）

と書かれている。このことから、この二本の共筒茶杓は、観阿の喜寿（七十七歳）を記念にして作られた合作であると判断される。

観阿と雪台の交流は、観阿が若い頃不昧と親しくしていたことを考えると、後年は不昧の周辺にあった雪台を含む人物らと交渉があったと考えられる。

このように天保十一年には雪台が所持した女郎花茶入を西本願寺に取り次ぎ、翌年には合作の茶杓を作るなどの親しい交流がみられることが確認できる。雪台の周辺には不昧の元に集まった道具商が当然いたと考えられるが、その中でも観阿が取り次ぎに関係している点から、雪台は観阿を重用していたことが確認できる。

観阿は文化三年の茶会でこの茶入を拝見していた。その後、文化八年以降に不昧から雪台にこの茶入が渡ったが、雪台の事情により西本願寺に売却することとなる。その際に仲介役となったのも観阿であった。

観阿が浅草に結んだ白酔庵には諸大名が多く集ったとされるが、以上から岡田雪台もその一人であったと判明した。

第三節　七代目・市川團十郎

七代目・市川團十郎（一七九一～一八五九）について『白酔庵数寄物語』では次のような記述がある。

> 当時の團十郎、甚《はなは》た数寄者にて舞台提げの印籠は頗る結構なる拵ひの物を用たり。先つ瀧登鯉の図は文晁《ぶんちょう》の下絵、牡丹は抱一上人。下絵粉地高蒔絵にて内は刑部梨子地《ぎょうぶなしじ》とし原更山《はらこうざん》と申もの制作せる由。更山は神田下駄新道に住居せり。此職人は観阿に於て世話いたしたる者なり。大きな切金をベタ〳〵と貼けしを刑部梨子地と申しぬ。扨《さて》此印籠下絵より拵上け迄三十五両は慥かに費へり、其上珊瑚《さんご》の緒〆玉は拾両位、根付枝サンゴ十五両位都合六十両の内なり。品筥桐柾目木地きてふ面取にして上書鵬斎《ほうさい》、裏書敬義、外箱堅地黒塗に金粉なるが抱一上人発句をも題しあり。中々大造なる装ひなりき加賀象眼海老の形なる錠を観阿二両二分にて購置しもの。或日更山尋来り土井様御望の由に付差上けよと申談せり。実に土井様の御望ならば御出入のこと故、更山へ被仰聞なく直に申来られ可然《しかるべく》ことを何とて斯く煩はしきぞや。不審なりと挨拶し語りぬれば更山、忽ち顔地を替ひ去からは打明け申さん。全く團十郎よりの依頼なりと観阿、於茲乎ハタと手を拍ちいと易きこと哉即ち熨斗を付て送りやらんと承引せり。夫より右錠に取合、唐木寄細工の簞笥を拵ひける由。是とて入用は二十両位かゝりしとなん。其指物屋は京都利斎の弟子にて清兵衛《せいべえ》と申し上手なる者なり。両国に住居せるが近頃老衰いたし候。團十郎が矢の根五郎をいたし候節の腰掛、右の清兵衛に頼みし所桧の木きてう面取に拵遣はし代金をば不申受とかや。京生れの人にして江戸つ子の気前も有之感心いたされ候。右上箱書附を観阿認めたるなり。

観阿が所持していた加賀象嵌海老の形をした錠は二両二分で購入したものであった。ある日、観阿のもとへ原羊遊斎が訪ねてきた。羊遊斎は古河藩主土井家の蒔絵師であり、観阿が所持した錠を下総古河藩四代藩主・土井利位《どいとしつら》（一七八九〜一八四八）が所望し、その譲渡交渉のため来たのであった。文意に従えば、土井家の所望であるならば羊遊斎を仲介に立てず直接依頼すれば良いのに、不審であると観阿が言えば、羊遊斎は実は團十郎の依頼だと打ち明けた。そのため観阿が「團十郎の依頼ならばいと易きこと」と手を打っていることから、團十郎の依頼を羊遊斎が取り次いでいたことがわかる。観阿は熨斗をつけ、錠にあう唐木細工の箪笥を二十両ほどかけて清兵衛《せいべえ》に拵えさせ贈ったとある。

同書では團十郎が舞台で矢の根を演じる時に、腰掛けを清兵衛に依頼して作成したとある。清兵衛は檜を面取りして作ったが、その代金を受け取らなかった。清兵衛は京の生まれであるが、その江戸っ子気質が評判となったようである。また、この腰掛けの箱墨書は観阿によるもので、その仲介にあたっていたと考えられる。この腰掛けとは、現在でも舞台第一場面の主人公の五郎が腰掛け矢の根を研ぐ場面で使用する炬燵の櫓《やぐら》（こたつの布団を掛ける四柱方形の木組みのやぐら）である。炬燵櫓の作者である清兵衛について『貴賤上下考《きせんじょうげこう》』中、「指物師」の項には次のような記述がある。

> 指物師に清兵衛といふ名高き人あり、二代に名を継て、後の清兵衛は近頃死す、元祖清兵衛の作、七代目団十郎矢の根五郎の炬燵櫓残る、世上に清兵衛が細工せし指物、高金にして、人々もてはやす[6]

清兵衛は指物師として著名な人物であり、二代続いていたようである。その作品は多く残っており高値で取引されたことがわかる。矢の根の炬燵櫓は初代清兵衛による作で、当時現存していたことが知れる。すなわちこの炬燵櫓こそ團十郎が観阿を介して清兵衛に依頼した作品と同定され、評判となっていたことがわかる。

また観阿と七代目團十郎をめぐっては『白醉庵数寄物語』中、次のような記述がある。

市川團十郎は俳優連にて珍しき好事癖ありて抱一様の許へも時々参上したることありき

七代目團十郎は数寄者と評される人物で、収集癖もあったようである。というのも江戸時代後期の戯作者である山東京伝《さんとうきょうでん》（一七六一～一八一六）による『蜘蛛乃糸巻』では江戸の料理屋升屋に掲げられた鋳物の額について次のように紹介している。

升屋祝阿弥、件のごとき大家ゆゑ、諸家の留守居者の振舞といふ事、みな升屋を定席とせり。其繁昌、今比すべきなし。広座敷に望陀覧の三字を鋳物になし、地は呂色、縁は蒔絵、四角に象眼のかな物、大きさ六尺ばかり、書漢文にて南海君の祝阿弥へ賜ふゆゑよし、二百字ばかり記しあり。嗚呼盛唐の宮閣も亡ぶる時あり、此額近ごろ、質の流れを買ひしとて、或人の家にて見しが、後に聞けば、今の白猿に与へけるとぞいひし[7]

白猿、すなわち七代目團十郎が不昧の父松江藩六代藩主・松平宗衍《まつだいらむねのぶ》（一七二九～一七八二）による望汰《ぼうだ》欄《らん》の額（江戸の洲崎にあった料理屋。宗衍が贔屓にし、店のために贈った額）を入手していたことを紹介しており、團十郎の収集癖の一端がうかがわれる。

ところで観阿作赤楽茶碗銘「時雨」（口絵31）は塩笥の形状をなし、赤色や緑色の釉薬が掛かる。内側には焼成時に偶発的にできた斑点があり、その景色から「時雨」と命銘されたと考えられる。高台の側面には

苦楽翁

七十六才作（花押）

との彫銘がある。

高台周りや茶碗の内側も箆を用いて削られており、やや薄作で、入念な作であることがわかる。実際に茶を喫すると口当たりが良い。

箱は状態がよく真田紐も当時のままである。甲には

手焼茶碗

との墨書があり、裏には

白醉庵

観阿造（花押）

時雨

市川氏へ

上る

との墨書がある。茶碗の宛名にある「市川氏」とは観阿との関係を考えた場合、七代目團十郎であると判断される。箱の保存状態から長く、同家で大切に保管されてきたものと考えられ、当時の観阿の交流が確認できる点でも重要な作品である。

第四節　阿部休巴

翠涛による、和漢の絵に関する借覧または拝見の記録である『和漢画図筆記《わかんがずひっき》』（東京大学史料編纂所蔵）には中国明代末期に活躍し、書画に優れた董其昌《とうきしょう》（一五五五～一六三六）による画賛の一軸について次のような記述がある。

○絹地竪幅白描山水　董其章画賛　一軸
右辰十二月二日休巴ゟ出ス実は観阿方ゟ取出る由
代金二十両之由申す一覧之事先日出る分よりは宜敷
相見と申すなれとも当吟味申付其後返す先日出分も別年也[8]

翠涛の元へ休巴によって董其昌の白描による山水図が持ち込まれた。実はこの作品は観阿が見出し、休巴の元に持ち込まれた作品であった。阿部休巴（一七八五～一八五三）は新発田藩茶頭をつとめ、翠涛に石州流の皆伝を与えた人物である。

この一軸の代金は二十両である。翠涛の元には過日にも董其昌による作品が持ち込まれたようであるが、それよりは出来が良かったようである。しかし結局は返却したことが述べられている。翠涛とは直接的な交渉が確認できたが、本資料により翠涛周辺の人物とも観阿と交流のあったことがわかる。この記述から、休巴と観阿の関係性を伺うことができる。

ところで小堀宗中筆「松」（口絵32）に注目したい。作品は松と大書し、次のような歌一首が書かれている。

君かよにくらへていはゝ松やまのまつの葉かすはすくなかりけり

この歌は『千載《せんざい》和《わ》歌《か》集《しゅう》（巻第十）』にみられ、その詞書には「俊綱朝臣、さぬきのかみにまかれりける時、祝の心をよめる」と橘俊綱《たちばなのとしつな》（一〇二八～一〇九四）による祝歌であることが知れる。

落款には

阿部氏之應需　宗中

とあり、阿部氏の求めに応じて書かれたことがわかる。

また軸を収納する箱甲には

松之一字並和哥　宗中公筆

半求庵所持

と隷書体で書かれている。半求庵とは休巴の号であり、本墨書も休巴自身によるものである。すなわち、この本紙に書かれた阿部氏とは休巴のことであることが判明する。又箱裏には

八十翁　物外（花押）

とあり、これは観阿の別号であり、観阿八十歳であることを意味する。箱墨書の八十翁とは天保十五年を指すが、先述の通り観阿七十九歳のときとも考えられる。これらの場合、休巴は六十歳または五

十九歳となるが、いずれにせよ本作品は休巴が六十賀（還暦）に際し観阿を介して宗中に依頼して書かれた作品であることがわかる。

観阿と新発田藩をめぐっては、藩主翠涛のみならず茶頭の休巴とも親しくしていたことが知れる。

第五節　西村藐庵、井田吉六、三浦乾也

観阿の墓は弘福寺にあったが、その碑文を書いたのは江戸吉原の名主で宗偏流の茶人である西村藐庵《にしむらみゃくあん》（佐兵衛、宗先／一七八四〜一八五三）であった。『白醉庵数寄物語』には次のような記述がある。

蓮蒔絵経筥《箱》元は南部《都》法隆寺に有之を、先年抱一様南部に於て手に入せらる。此分河井準之助拝借いたし更山に寫方を申入候所、模して面白からぬ物にて十二両斗もかゝり申すべく。而して手間代に引合がたきことなりと云へり。西村佐兵衛と申仁好事にて行成卿の観音経一巻所持いたしありて十六羅漢を彫刻せる竹筒に右巻物を納め置けり。或時、抱一様之を御好望にて彼経箱と交易相成り。五月節句前金子に差支、観阿より六両用立置きて右経箱預入せり。金一枚に直《値》を付けしも不承知にてありき。

元々、蓮蒔絵経箱は法隆寺の所蔵であった。酒井抱一はこの経箱を江戸の南部で入手したとある。抱一が入手してのち、河井《かわい》準《じゅん》之助《のすけ》（寸翁《すんおう》／一七七六～一八四二）が借用し、原羊遊斎（更山／一七六九～一八四五）に写しを作らせようとした。しかし、抱一の経箱は十二両かけて写すほどの価値のある箱ではないと、羊遊斎が準之助に言ったという。

西村佐兵衛こと藐庵は好事の人物であって藤原行成（九七二～一〇二七）による観音経一巻を所持し、十六羅漢を彫刻した竹筒に観音経を納めていた。この経筒を見た抱一は所望した。このとき、五月の節句前で抱一は金策したようで、自身が所蔵する蓮蒔絵経箱を観阿に預けようとしたが、観阿の鑑定では金一枚ほどであり、六両しか用立てなかったとある。抱一が金策に走る当時の状況が読み取れるとともに、観阿が用立て金子に余裕がある人物であることがわかる。

ところで藐庵は陶工である井田吉六《いだきろく》（一七九二～一八六一）とその甥である三浦乾也《みうらけんや》（一八二一～一八八九）とも交流があった。というのも藐庵は尾形乾山による陶法伝授のため「乾」の文字を天保七年（一八三六）林鐘（六月）に二人に与えている。藐庵は乾山による陶法を伝えたことになる。

吉六について益井邦夫氏は『三浦乾也』（一九九二）で詳細に述べている。同書によれば文化十四年（一八一七）には浅草蔵前に店を開き青磁や井戸・古染付・祥瑞・瀬戸・楽といった古陶磁を色々と試作・研究したとされるが四、五年で店を閉じ、その後は地方へ修業に出かけた。十年後の天保二年（一八三一）吉六が四十歳の頃に浅草に戻り浅草寺境内に店を開いた。吉六の作品は参詣人の間で評判となり茶人や数寄者仲間に知れ渡った。そしてついには第十一代将軍・徳川家斉（一七七三～一八四一）に召されて将軍の面前で作陶の妙技を披露するに至ったと紹介されている[9]。また益井氏は乾也についても、幼い頃から吉六の周辺にあってその影響を多く受け、陶芸に興味を持ったと指摘している。

そこで観阿と吉六や乾也との関係を考えるとき、観阿の好み道具の制作から関係をみることができる。先行研究で満岡忠成は『茶道雑誌』で観阿の好みによる吉六作品として七十四歳の時に好んだ「瓢箪水指」と「南蛮〆切模し建水」があると紹介している。

まず乾也作の観阿の好み道具では現在、個人が所蔵する「〆切建水」と「〆切瓢箪水指」を確認した。

「〆切建水」（図60）は先行研究で満岡が紹介する作品である。側面には櫛目が施され、内側には釉薬が掛けられており、内渋と呼ばれる手を模した作とわかる。建水を収納する箱には

〆切建水

應半青庵主人求

愚好吉六造

白醉庵

苦楽翁

図60 観阿好井田吉六作「〆切建水」個人蔵

観阿（花押）

と書かれている。この半青庵について、『茶人系譜大全』によると新発田藩茶道阿部休巴の門下に江戸の市人で三村多吉がおり[10]、その求めに応じて書かれたものとわかる。

「〆切瓢箪水指」（図61）の胎土は長石の混じった土を用いており、瓢箪に形成されている。糸目が均一に巡らされている。ハンネラを意識した共蓋が添い、摘みの周辺には一気に削り落とした跡がみられる。

水指底には

白醉庵

好（花押）

吉六造

との彫銘がある。箱甲には

〆切瓢箪水指

図61　「〆切瓢箪水指」　個人蔵

との墨書があり、裏には

吉六造
白醉庵
好(花押)

との墨書がある。

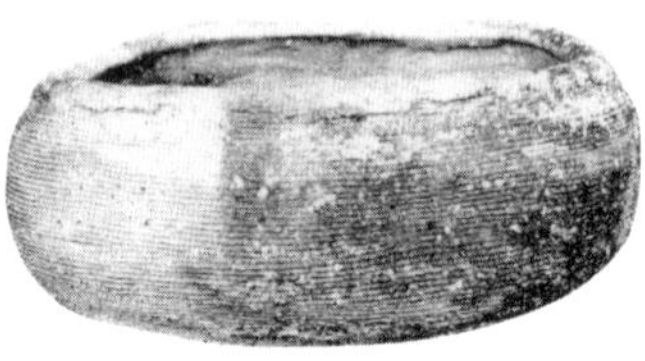

図62　白醉庵好炮烙

図63　観阿好「模珠光青磁茶碗」個人蔵

このような類例は高橋箒庵の所蔵品を売立した際に作成された売立目録『一木庵高橋家所蔵品入札目録』でもみることができる。同目録には「一一四　白醉庵好炮烙」(図62)が所載される。焼貫の手法によって火の加減で焦げた部分が確認できる。側面には糸目が施され、口の周辺は実際の炭点前での使用を意識して持ちやすいようにひねり返しがごく自然な状態で表現されており、その特徴からこの灰器も吉六による作品と考えられる。

次に乾也作の観阿の好み道具では「模珠光青磁茶碗」(図63)を確認した。本作品は珠光青磁を楽焼で模したものである。植物の蔓のような文様も忠実に写されている。側面にも櫛目で削られた跡が見られ、その間には

観(花押)

と自署を確認できる。

高台は小ぶりで内側が少し削られている。釉薬は総じて薄い緑色と黄色味を帯びている。箱甲には「珠光形　茶碗」とあり、裏には

白醉庵
観阿好（花押）
乾也造

珠光写
茶碗

とある。なお、満岡は『茶道雑誌』で同様の茶碗を紹介しており、観阿による箱墨書では

珠光　天保壬寅　愚好　白醉庵七十八翁観阿好（花押）　乾也造

とあり、数点作成されたことがわかる。

これらの作品が現存することは観阿と吉六、乾也らとの交流を考える上でも重要である。またこのような関係は観阿が浅草・田原町に住居したことに加え、当時の吉六が浅草で陶磁器を販売していた

ことと、さらには観阿と藐庵が親しく、その藐庵と吉六や乾也の陶法を通じた交流からもたらされたものと考えられる。

第六節　川上一指亭、長白翁

現在個人が所蔵する「和漢四句《わかんよんく》」（図39）には松花堂昭乗《しょうかどうしょうじょう》、澤庵宗彭《たくあんそうほう》、江月宗玩《こうげつそうがん》、小堀遠州ら四人により次のように書かれている。

ゆく道は夕闇知らぬ蛍哉　　昭乗
水涼星浸光　　玄又
雨晴船棹月　　欠伸
蘆のほかせに露みたるなり　　宗甫

四名が連句を認めた作品である。箱側面には溝口家の旧蔵品を示す「碧雲山房蓄蔵物品」の蔵印があり、箱裏の墨書には

白醉庵

図64　観阿好「竹水指」　個人蔵

苦楽翁（花押）

とあり、花押の形状から八十歳代の観阿による筆とわかる。
この掛物及び観阿に関係した作品では「竹水指」（図64）がある。竹筒側面には次のように彫られている。

ゆく道は　昭乗
夕闇知らぬ蛍哉
水涼　玄又
星浸光
雨晴　欠伸
船棹月
　宗甫
あしのほかせに
露みたるなり

観阿が所持した「和漢四句」の内容が彫られていることがわかる。水指の底には漆で

好
八十一翁
（花押）

と書かれており、水指を収納する箱裏には

是袋彫刻
漢和四句四筆
魚老好三ノ内
八十一翁
観阿（花押）

一指亭主人
進献

とある。彫刻の内容から、自身の所蔵した和漢四句を竹に写して水指として三つ作成され、その彫刻は是袋なる人物によってなされた。また魚老も観阿の号の一つであった。作成された時期は八十一才、すなわち弘化二年（一八四五）のこととわかる。箱墨書にある一指亭《いっしてい》とは江戸千家の茶人、川上宗寿《かわかみそうじゅ》（眉山／一七七九～一八四四）のことである。没前の約束でもあったのか、没後にその嗣子である仙渓宗順《せんけいそうじゅん》（一八一〇～一八七五）に贈られたものと推定される。なお一指亭の名は先述の『思功供展画目録』の出品者として確認できる。

宗寿は天保八年（一八三七）に原羊遊斎に華甲の祝（六十一歳の祝）として「松竹梅蒔絵香合」（個人蔵）を作成させている。また観阿は天保十五年の八十賀に際して羊遊斎に「一閑張桃之絵細棗」を百二十五個作成させ知友に配っていた。この点からも観阿の周辺との交流もみられる。

ところで宗寿の弟子であった長白翁《ちょうはくおう》（物外軒）がいる。今回、足利市の郷土史家である長太三氏より『足利之茶道』の提供を受けた。同書によれば白翁は幼少の頃江戸に学び天資聡明で殊に点茶を好み、父信能に伴われて不白流の巨匠川上眉山《びざん》の手ほどきを受けた。信能は古河藩士で宗寿の門人でもあった渡邊六左衛門（宗牛）と親しかった。そのため、白翁も当初は宗牛から茶の手ほどきを受けたとされる[11]。

また同書によれば、物外軒の茶会記に

田原町　白水《醉》庵観阿

とある。この人物は吉村観阿のことを指し、白水は白醉の誤記である。ここから白翁の口切茶会に招かれていることがわかり、観阿はやはり田原町に住していたと言える。同書には観阿のほか、阿部休巴、西村藐庵のほかに越後出身の山《やま》勢《せ》検校《けんぎょう》（一七九一～一八五九）、江戸の材木商で多くの道具を所蔵した鳥羽屋道樹（生没年不詳）、沼津藩家老の土方縫殿助《ひじかたほうどのすけ》（？〜一八二五）、幕府の西の丸侍医である岡了節《おかりょうせつ》（一七六四〜一八四八）といった溝口家の茶会記にも名のある人物が確認できる。このことから長白翁が観阿の周辺と親しかったことが知れる。

第七節　妻・観勢と中山胡民

観阿と羊遊斎との関係について『白醉庵数寄物語』には次のような記述がある。

更山は神田下駄新道に住居せり。此職人は観阿に於て世話いたしたる者なり。

観阿が羊遊斎を知遇していたことがわかる。その後、羊遊斎は不昧の好みの道具を制作するとともに抱一の下絵による蒔絵作品を発表していった。観阿の羊遊斎の良き支援者としての一面がみられる。

ここで観阿の妻である観勢について注目したい。先述の通り観勢は浜松藩士瀧原氏の娘で名前を田《た》鶴《つる》といい、観阿の茶事、鑑定、取り次ぎなどを内で支えた人物である。また仏法に深く帰依し、弘福禅寺の鶴峰廣大を仏法の師としていた。弘福寺の碑文中、

今年翁齢八十四、観勢六十八、

とある。碑文が書かれたのは観阿の没した嘉永元年(一八四八)であることから観勢の生年は安永十年(一七八一)である。没年については相見香雨が『白酔莽芳村観阿』で、築地の福泉寺の過去帳にある観勢の没年を

安政元寅年十二月二十八日[12]

と報告している。この点から観勢の没年が安政元年(一八五四)であり、七十四で没したことが判明する。観勢は夫同様に茶の湯道具の箱書などもしていた。というのも東京三越で開催された松平不昧の百年忌大展覧会がある。この展覧会の目録である『不昧公遺品展覧会列品目録』に東京の茶商、木全宗儀《きまたそうぎ》(一八五二〜一九二二)が所蔵した次の作品が紹介されている。

同(不昧)公宗苔宛之文箱書観阿妻観勢[13]

この作品は不昧による消息で、不昧と交流のあった牛尾宗苔への消息である。その箱書が観勢とあることから、観阿の旧蔵品で、同人の没後に箱書をしたものと推測される。このように観勢の箱書も、当時の茶の湯文化で目利きとして著名だった観阿の名とともに関心が高かったことがわかる。

ところで現在、東京大学史料編纂所が所蔵する溝口家史料のうち、同家の所蔵した盃の記録である『盃図録(全)』がある[14]。同書は安政三年(一八五六)に書かれたもので、図は新発田藩奥絵師であった

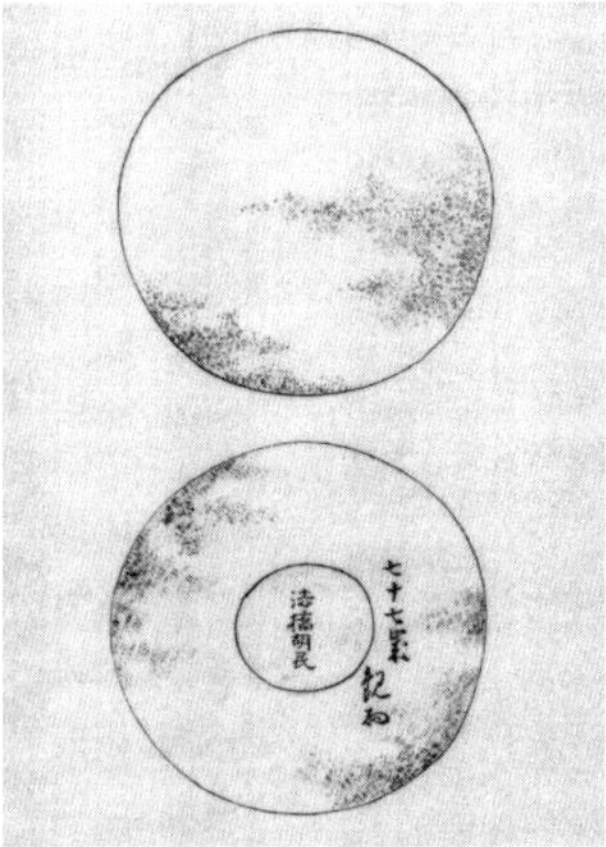

図65　中山胡民作盃の図（表　裏）東京大学史料編纂所蔵

林勝鱗（一八三一～一八八八）、小書は翠涛により書かれたものである。

同書には金または銀、もしくはその両方で砂子の蒔絵が施された盃（図65）が所載される。同書の翠涛による小書では次のような記述がある。

此盃一ッ白酔庵観阿家内観勢年賀ニ上る也

この盃は観勢が年賀の品として、溝口家に献上した盃であることがわかる。高台裏には

法橋胡民

とあり、羊遊斎の弟子である中山胡民《なかやまこみん》の作であることがわかる。

この盃について国立能楽堂の高尾曜氏の教示によれば『日本漆工会雑誌』付録の『漆器図録』には中山胡民作「村雲蒔絵盃」の図が所載されており、資料の提供を受けた。同書には

村雲蒔絵之杯　植松包美君所蔵

とあり、これが植松抱民《うえまつほうみん》（一八四六～一八九九）の子、包美《ほうび》（一八七二～一九三三）の所蔵品であり、杯裏の図も『盃図録』と同一であるとわかる。またその作品が村雲の蒔絵であったことが判明した。

観勢と胡民の関係を考えるにあたり胡民作「立鶴蒔絵香合《たちつるまきえこうごう》」（口絵33）に注目したい。この香合の全体は真塗となり一文字香合となる。蓋の内側部分に立鶴蒔絵が施される（口絵34）。鶴の頭部は朱で、羽の部分は銀、胴体を漆で蒔絵しており、やや侘びた簡素な作品である。鶴の横に胡民の署名と泉々の印も蒔絵される。

この香合を収納する箱甲には「立鶴香合」とあり箱裏には

観（花押）

とある。この花押は先述の溝口家に献上した盃にみられる花押と同一であり、観勢のものであることがわかる。また箱底裏には

百之内

の墨書があり先に述べた箱甲の筆跡と同一である。すなわちこの香合は観勢が胡民に百個作らせたう

ちの一つである。

夫観阿は天保十五年の八十賀に際し原羊遊斎に依頼して「一閑張桃之絵細棗」を百二十五個作成し、同年に開催した茶会の記念品として知友に配布していた。このことを念頭におけば、この香合は観勢の還暦（六十賀）か古希（七十賀）の祝として作成し知友に配ったものと考えられる。

その後の調査により江戸千家でも同様の胡民作「立鶴蒔絵香合」を所蔵していることがわかった。川上宗雪宗匠のご配慮で拝見することができた。収納する箱甲には「立鶴香合」とあり、裏には

為白酔庵観阿

観勢（花押）

と書かれている。底には「百之内」の墨書はないものの、立鶴蒔絵香合の本歌と目される。以上から、制作された時期としては観阿存命中という点から天保十一年の観勢六十賀（還暦）のときと判断される。

ところで観勢と羊遊斎に関係する作品では原羊遊斎蒔絵酒井抱一下絵「三組盃」（個人蔵）がある。これは抱一が梅、笹の下絵を描いたものであるが一枚失われ現在は二枚のみが現存する（図66）。収納する箱裏の墨書（図67）には次のような記述がある。

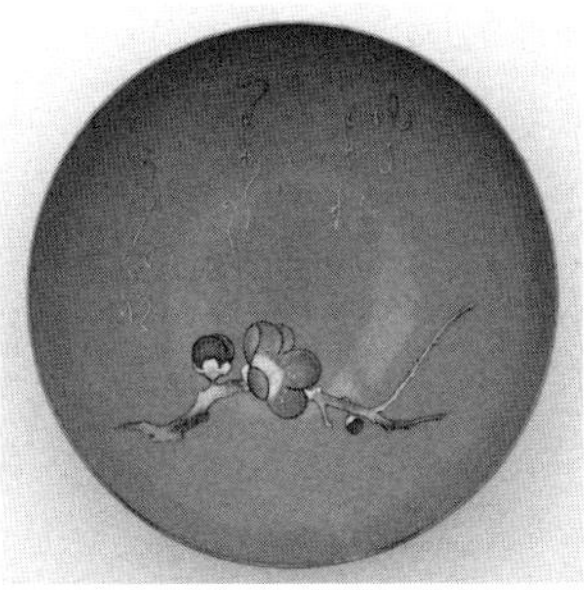

図66　原羊遊斎蒔絵　酒井抱一下絵「三組盃」　個人蔵

図67　原羊遊斎蒔絵　酒井抱一下絵「三組盃」を収納する箱墨書　個人蔵

白酔庵
観勢
所持

この墨書は観勢によるもので、同人が所持していたことから、先に紹介した不昧消息宗苔宛と同様、夫観阿が所持した盃を観勢が所持していたものと考えられる。また箱墨書とともに、当時江戸で著名であった目利きの所有物として重宝とされたものと考えられる。

以上のことから観阿は羊遊斎に、観勢は羊遊斎の弟子である胡民に作品制作を依頼しており、その交遊があったことが確認できる。観阿が若い頃の羊遊斎を支援していた点を踏まえると、後年の観阿夫婦は羊遊斎の弟子である胡民を支援していたことがわかる。

1 大口理夫「思功供展画目録（校刊）」『画説』昭和十五年五月号、東京美術研究所、一九四〇年
2 『思功供展画目録』。東京都立中央図書館蔵
3 朝岡興禎、太田謹補『古畫備考』中巻（復刻版）、思文閣出版、一九七〇年
4 高橋義雄編『大正名器鑑』第三編、宝雲舎、一九二六年
5 千宗室監修、小田榮一執筆『草人木書苑』茶入、淡交社、一九八三年
6 伊勢屋宗三郎『貴賤上下考』『未刊随筆百種』第十巻所収、中央公論社、一九七七年
7 山東京伝『蜘蛛乃糸巻』『日本随筆大成』第二期第七巻所収、吉川弘文館、一九七四年
8 『和漢画図筆記』東京大学史料編纂所蔵
9 益井邦夫『三浦乾也　幕末の鬼才』里文出版、一九九二年
10 柴山不言『茶人系譜大全』川瀬書店、一九二三年
11 山越忍空述『足利之茶道』鑁阿寺
12 相見香雨「白醉莽芳村観阿」中野三敏、菊竹淳一共編『相見香雨集』第四巻所収、青裳堂書店、一九九六年
13 高橋梅園『茶禅不昧公』宝雲舎、一九四四年
14 『盃図録（全）』東京大学史料編纂所蔵

第七章　観阿の目利き

第一節　観阿一家の花押

観阿の花押

かつて古美術商の間では、観阿の箱書のある作品は見所が多いとされ、一定の評価があった。そのような人気の影では贋作が多いとされる。本項では観阿の筆跡や花押に注目して、関係する作品と年代による変化の提示を試みたい。

その方針を示しておくと、まず基準となる作例では勧進状の花押、観阿七十賀、八十賀の好みの道具の花押がある。また観阿による作陶作品には年齢と花押が書かれる場合が多い。特に作陶の時期は七十歳代が多くあることから、この頃の花押は比較的豊富である。また溝口家旧蔵品で観阿の箱墨書があるものは信頼に値する。このような方針から各年代の花押を提示したものが図68である。次にその詳細について論じる。また付録4の売立目録にみられる観阿関係作品から該当する年代の花押も提示する。

80歳　70歳代　70歳　60歳代　50歳代

図68　各年代にみる観阿の花押

四十代および五十代

観阿の四十代の頃の花押として確実なものを挙げておこう。それは「織部手鉢」（畠山記念館蔵）である。箱書は観阿によるもので

文化辰年夏求之　白酔庵（花押）

とあって、四十四歳の時とわかる。この書付が現在確認できる観阿花押の嚆矢である。

次に五十代で第一に挙げることができるのが、第四章で紹介した勧進状の奥書にある観阿の筆跡である。怜悧な一面をうかがわせる筆跡で、楷書体で書かれている点にも注目でき、観阿五十三歳時点のものである。花押の形状は横の一が長く、下の部分の膨らみは握飯のように三角の形状である。これは松平不昧に近侍していた頃のものである。この花押に近い作品では「交趾黄鹿香合」（サンリツ服部美術館蔵）の箱書が該当する。このほか売立目録では「丹頂野雁一双三ツ羽　桑柄火箸　同灰匙添　松花堂所持」（『赤星家所蔵品入札』）がある。

六十代

前記の五十代の花押とはやや異なり、形状に硬さが出てくる。この硬さとは嫌味はなく、純粋に花押として成立してくる、いわば花押が形成された時期のものである。その特徴はまず横の「一」が迷いなくきちっと書かれていること。下部分の握飯の部分が謹直にしかも迷いのない筆跡で書かれていることが挙げられる。また観阿という筆跡も謹直である。後年になるに従い、この部分が崩れてくるのも特徴の一つである。

基準となる作例では木下長嘯子筆「十六夜の文」(個人蔵)の箱墨書がある。これに形状の近い花押としては「長次郎灰器」(『三樂庵所蔵品入札』)、「古銅累座地紋花入」(『原尚庵氏所蔵品入札目録』)、「宗和一重切花入　さひ竹」(『東京某伯爵家当市寺島家旧蔵品入札』)、「備前緋襷水指　銘布袋」(『某家所蔵品入札目録』)が含まれる。

なお六十歳代後半から七十歳代にかけての過渡期の花押として「堆朱楼閣人物彫香合　印岱作」(『旧大名並某家蔵品入札』)がある。

七十代

天保五年、古希(七十歳)を記念して瓢茶器が百二十五個造られた。茶器を収納する箱墨書には観阿の花押がある。花押は「一」の部分がやや右上がりに書かれる傾向があり、下部分も五十代には△に近い形態であったが、やや膨らみを持たせて書かれている。この花押と同系なのが千家中興名物本阿弥光悦作黒楽瓢簞香合の箱墨書である。

五十代の時もそうであるが、七十代の筆跡から穂先の短い筆を用いて書かれたものと推定される。そのためか花押の下部分にも五十代の筆跡をより熟成させた趣が感じられる。また観阿以外に苦楽の署名が多くなるのもこの頃の特徴である。これらは自作の陶芸品に多くみられるとともに、陶芸作品に限っていえば制作した年齢が記載される場合が多い。また観阿の箱墨書中、年齢が書かれるのは鑑定した作品の箱墨書では八十歳のとき以外はあまりみかけない。なお喜寿に際しては「㐂翁」と書かれる。

先述の六十代の筆跡と比較して明らかに異なる点は横の「一」がやや右肩上がりになっている点である。また下の握飯の部分もややふくよかである。また一旦筆を上に走らせながら、もう一度膨らみを持たせている。

八十代

天保十五年、傘寿（八十歳）を記念して原羊遊斎に依頼し「一閑張桃之絵細棗」を百二十五個造り、知友に配っていた。細棗を収納する箱墨書には観阿の花押がある。この花押は七十歳の時の花押と変化はないものの、「一」の部分の中央あたりがやや細い線で書かれている特徴がある。観阿が八十四歳で没するまでの四年間は、筆跡に枯れた部分がみられる。その顕著な例では和漢四句の花押で、下の握飯部分の線が細い。観阿は浅草・田原町に住居したが、晩年は篭に乗っても木挽町の溝口家の屋敷にも来ることができなかった。この点を考えると、筆跡にも衰えがあったと解することができる。

図69　観勢の花押

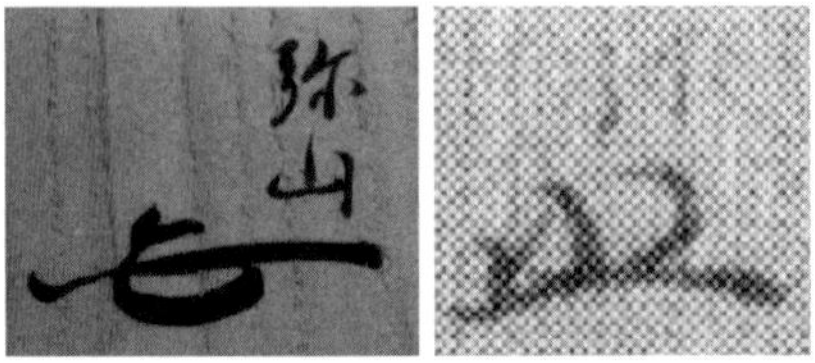

図70　弥山の花押

以上、各年代の花押について紹介したが、総じて観阿の筆跡についても触れておく。観阿の筆跡の特徴は気骨のある文字で、迷いのない筆勢である。これは作品を極めているときの文字によく見えるが、やはり心底その作品を極めた感があるためであろう。このような箱墨書の筆跡に通じている人では千宗旦を挙げることができ、かの本阿弥光悦との交流を思えば、観阿という人は清貧に生きた人といえる。

妻子による花押

ここでは観阿の妻子の花押を図69、70にまとめた。

観阿の妻である観勢（田鶴）の花押では「而」という文字を平たくしたような花押である。夫である観阿同様にその箱書も求めに応じて書かれたのかして数件確認できている。なお観勢自身も白醉庵と名乗っている。夫観阿は白醉庵と署名しているところから、妻は「醉」という字ではなく「酔」を用いているところが奥ゆかしい。

観阿の息子、弥山（信軸、陸庵）の花押で確認できるものは、観阿作共筒茶杓銘「無量寿」、法隆寺の所蔵する額箱、陸庵弥山夕顔図宗夕賛（個人蔵）があり、いずれも同一の花押である。このほか狩野養川院画、不昧賛「釈迦如来像」（口絵11）の箱墨書が確認できる。この花押は先に紹介したものとは異なり替判と目される。特に観阿と不昧の関係作品中、弥山による箱墨書のある作品として現時点で現存を確認できたのは本作品のみである。

第二節　観阿の琴線

これまで観阿の箱墨書のある作品や所持品について触れてきた。観阿に関係する作品調査の過程で重要な意味を持つ作品や著名な作品に観阿が関係していることがわかった。これらの作品と観阿の関係を通じ、優れた作品がいかに観阿の琴線に触れるものであったのか紹介しておきたい。

鳥伊羅保茶碗

立鶴茶碗といえば細川三斎《ほそかわさんさい》（一五六三〜一六四五）の賀寿に際し、徳川家光《とくがわいえみつ》（一六〇四〜一六五一）が下絵を描き、小堀遠州が朝鮮の陶工に依頼し作らせた御本立鶴茶碗が著名である。この場合、御本の筒茶碗の側面に立鶴を象嵌している。しかし、同様の技法で象眼された黄伊羅保の茶碗が国内に存在する。従来、図録などで取り上げられたのは『草人木書苑』に所載される黄伊羅保茶碗《きいらほちゃわん》銘「立鶴」である。黄伊羅保で正面となる部分に羽ばたく鶴が彫られている。同書で解説を担当した満岡忠成はこの茶碗について次のように解説する。

正面に立鶴の押し型があるのでこの銘がある。この立鶴はいうまでもなく前述の御本立鶴茶碗に所見のもので、黄伊羅保としてはおそらくこの一碗のみではないかと思われる。ただ両者が同じ窯で造られたことを物語る貴重な資料といえよう。見込みには約束の砂目あり、竹の節高台も見事である[1]。

この茶碗の制作時期として満岡は御本立鶴茶碗と同じく釜山の豆毛浦倭館《ともぽわかん》の開窯が寛永十六年（一六三九）頃の初期の作例ではないかと指摘している。

このほか小田榮一（一九二九〜二〇〇四）は『唐物茶碗と高麗茶碗』（一九九三）の黄伊羅保に関して次のような記述がある。

それは立鶴の押型のある黄伊羅保です。そしてその押型は、なんと御本立鶴の押型と寸分たがわず一致するのです。このことは黄伊羅保がまったくの同時代であることと、しかもかなり近接したところで焼成されたことを証明します[2]。

この点から御本立鶴にみられる押型と、先述の羽ばたく鶴の二種類があったことが知れる。

今回、調査によってもう一碗存在することを確認した。これは現在個人が所蔵する鳥伊羅保茶碗（口絵35）である。黄伊羅保の手で緑色の釉薬も確認できる。端反りとなっており側面には篦目がわずかに残る。胎土には長石が混入しているため石はぜがみられる。高台は竹節で、底は丸く削られている。

図71　鳥伊羅保茶碗箱墨書　個人蔵

一箇所に鳥が彫られており、顔が右を向き、飛ぶ姿である。口には伊羅保特有のベベラではなく、なめされているようである。見込みには火間がみられる。

収納する箱（図71）は当初は木地で、そこに

鳥
いらほ
白酔庵
什（花押）

と墨書がある。ただ後世、その上から漆が塗られたようで現在は塗箱として存在している。「鳥いらほ」の文字は観阿筆とは考えにくく古筆系の筆跡である。ここで観阿の花押に注目すると、おおよそ五十歳代のものである。この点から当時、観阿が所持する茶碗であったことが知れる点でも重要である。

朝日焼茶碗

朝日焼は遠州の指導により茶の産地である宇治で焼かれた。御本などを模した陶器を制作し、その土味も相まって茶の湯では喜ばれるものとなった。

昭和十年（一九三五）十二月三日に名古屋美術倶楽部で開催された関戸家の売立がある。その売立目録『関戸松下軒蔵器入札並売立』には「五一　朝日茶碗　白醉庵箱」が所載される。茶碗の正面には箆で面が二箇所削られ表情を出している。全体に轆轤でやや深く引かれたのであろうか跡目が残り茶碗に躍動感を与えている。釉薬も上部にたっぷりと掛かり、下部は轆轤目もあって、表情に変化をみせる。高台の内側には削り跡が残る。古作の朝日焼の特徴を備えており、数少ない点でも本品は貴重である。この茶碗も全体の姿や高台に御本茶碗を模して作られた雰囲気を伝えている。

茶碗を収納する箱甲には観阿による墨書で

朝日　茶盌

と書かれ、裏には

白醉庵（花押）

とあり、筆跡から五、六十代の頃のものとわかる。名碗に相応しく迷いのない字である。

薩摩筒茶碗銘「雪友《ゆきのとも》」

薩摩筒茶碗銘「雪友」（個人蔵）は帖佐の筒茶碗である。筒形をなしており、口がほんの僅かではあるが内側に向いている。この辺りは古い高取焼にもみられる手法である。全体に黄茶、黄、茶へと釉薬が変化し、側面には釉薬が混ざり表情の変化をみせる。高台の周辺にも釉薬が掛かり、底は平たくなっている。

箱甲には筆者を明らかにしないが定家様で

さつま　茶碗

筒

と書かれ、裏には

雪友ト号

白醉庵（花押）

と書かれている。この筆跡も朝日焼茶碗同様に五、六十代のものと推定される。近年では平成十七年（二〇〇五）に徳川美術館と五島美術館で開催された特別展「茶の湯名碗」展に出品されたことが記憶に新しい[3]。なお筆者は二十三歳のとき、初めて大師会に参会し、弘仁亭の薄茶席でこの茶碗を実見した。道入作「桔梗」と御本茶碗「春夜月」の間に本碗が飾られ、色調のあいまった光景を覚えている。

以上の三碗を取り上げたが、いずれも作品として重要なだけではなく、近代においても評価される茶碗である。希少性があり価値の高い作品に観阿が箱墨書をしている点も、評価できた観阿こそであろう。

ここで観阿の自作品に影響を与えた作品として備前焼にも注目したい。自作品は糸目や櫛目を用いた南蛮を狙ったようにも見える。だが実際には備前焼というものが大きな役割を果したようだ。というのも『白醉庵数寄物語』中、次のような記述がある。

古備前は六七百年にも可相成候。観阿所持の水壺は永正時代の物にて銘も有之候。慶長頃の信楽は焼をろしの様に見え候物に御坐候

観阿が所持した作品にも古備前の水指があったことがわかるが、その年代を推定しているところが興味深い。そこで観阿に関係する備前焼の作品を挙げれば、種壺水指銘「曙《あけぼの》」（図72）がある。水指本体は小ぶりながら表情が豊かで、底は板起こしのようになっている。蓋は塗とハンネラが添う。

先述の五島美術館の徳利も含め観阿が心よせる陶器であったことがわかる。これらは、観阿の自作もしくは好みの道具である糸目などにも反映されたと考えられ、素焼きの陶器の良さは茶人の好むと

図72　古備前種壺水指　銘「曙」　神谷柏露軒蔵

図73　観阿作「黒楽光悦模香合」

ころであったのはもちろんであるが、観阿の自作品へ影響を与えた点も注目される。

第三節　所持品から学ぶ姿

観阿作「黒楽《くろらく》光悦《こうえつ》模《も》香合《こうごう》」（図73）は満岡により『茶道雑誌』で紹介されるほか、古美術研究家の小田榮一（一九二九～二〇〇四）によって作品本体と箱墨書の図版が『日本美術工芸（通号五六九号）』でも紹介されている[4]。図版からも明らかな通り、上部に目玉を加えればドラゴンクエストのスライムそのものである。

近代でのこの香合の所有者は河瀬無窮亭である。瓢の茎部分を尖らせ、胴体はふくよかに作られており、愛らしい姿である。同書の図版から箱墨書は次のように書かれている。

冬木所持
光悦作之模
愚作

白酔庵（花押）
七十三翁
観阿

観阿は所蔵した冬木所持の本阿弥光悦《ほんあみこうえつ》（一五五八～一六三七）作の瓢箪香合《ひょうたんこうごう》を七十三歳、天保八年（一八三七）に写していることがわかる。なお冬木所持とは江戸の材木商であった冬木屋・上田氏の旧蔵品のことである。

本歌とした香合について江戸時代中期の茶人である坂本周斎《さかもとしゅうさい》（一六六六～一七四九）による『千家中興名物記』をみると

一　黒光悦　瓢箪　上田宗五

とあり、本品と同定される。

ところで平成三十年は金沢美術倶楽部が百周年を迎え、記念展覧会「美の力」が開催された。そのうちの一つである金沢21世紀美術館で開催された「ＰＯＷＥＲ　ＯＦ　ＡＲＴ」で、北陸大学の所蔵品として、この香合が出品されたことが記憶に新しい。小振りで艶やかな香合であり、なんとも愛らしい。釉薬の調子も道入のものと似ている。この香合は昭和五十五年（一九八〇）に東京国立博物館で開催された特別展「茶の美術」にも出品されている[5]。同展の図録解説を担当した林屋晴三《はやしやせいぞう》（一九二八〜二〇一七）は『日本の陶磁1　長次郎・光悦』（中央公論社、一九八八）でも本作品を紹介している。特に後者の解説で箱墨書について千宗左（覚々斎《かくかくさい》、原叟／一六七八〜一七三〇）の箱墨書があり『千家中興名物記』に所載されていることを紹介している[6]。しかしながら観阿との関係についてはこれまで明らかにされていなかった。だが今回、北陸大学にて作品を調査することができた。

　本阿弥光悦による手造りの香合である（口絵36）。黒楽の釉薬は図版で見るより実際には僅かにかせた部分があるゆえ光沢は少ない（口絵37）。瓢箪のくびれ部分が身と蓋に分かれる境で、それらを手にしたとき逆にした方が、この香合の本来の釉薬の照りが認められる。蓋の部分であるが内側が先の小さな篦で削られた跡が認められ、身の部分の内側は香（練香または香木）を入れるために、底を平たくして作られ、口の部分には釉薬が掛けていない部分もある。

　香合全体の底は平たく、焼成に際し、畳付きに小さな石を置いたのか目跡が三箇所確認できる。総じて、小ぶりながら衒いのない気さくな作品であるが、茶碗の造形にみるおおらかな作風をこの小さな香合に凝縮している点が最大の魅力といえよう。

　香合を収納する桐箱は高さが七センチメートルもあるもので、裏には覚々斎筆により

光悦
香合（花押）

と書かれており、書体から直筆《ちょくひつ》で書かれたと思われ、この筆跡もその良さを充分に発揮している。

これらの外箱にはやはり観阿による墨書がある。かつて『赤星家所蔵品入札（第三回）』にこの香合は所載され、

一一六　光悦黒瓢簞香合　中興名物ノ内　原叟箱書　白醉庵外箱

として観阿の外箱があるとされたが、今回の調査により箱甲にも墨書があることを確認した。

まず箱裏（口絵38）には次のような墨書がある。

上田宗五所持
中興名品に在
白醉菴
什物（花押）

当初、売立目録から判読したとき、中興名品捏土としていたが、今回の調査で「中興名品に在」すなわち、中興名物記に所載の意であることが確認できた。さらに観阿の花押から、書かれた年代はおよそ七十歳頃で、古希の頃の花押と同一である。さらに箱甲には、こちらも観阿による墨書で

光悦瓢箪香合
覚々斎箱書付

とあり、薄墨で書かれているが、その筆跡は終筆に至るまでやや謹直に書かれており、観阿の箱墨書中でも秀逸である。

この香合は冬木屋の上田宗五（郡蒿／一六八一〜一七三九）が所持し、中興名物の香合であると記される。なお表千家不審菴文庫の原田茂弘氏は「千家と江戸の豪商冬木家」の論文中、覚々斎による茶会記を紹介され、冬木五郎右衛門を郡蒿であると明らかにした[7]。そのうち宗五の茶会では享保八年（一七二三）十一月二日、同年十一月二十六日の茶会で「光悦ひやうたん」や「楽焼　ひやくたん」が使用されている。これらは北陸大学所蔵品が用いられたと同定される。

本香合の外箱から観阿の所持品であることがわかった。この点から先に見た観阿作の瓢箪香合は自身が所蔵した香合を模したものである。さらに光悦作黒楽瓢箪香合が重要な点は観阿が所持した作品中、おそらく唯一の名物道具であるという点である。

自身の所持品を写すことは、所蔵者であればありがちなことだが、実はこのような姿は、観阿が若い頃に親しくした不昧にもみられる。園城寺花入に付属する千利休筆「武蔵鐙の文」（東京国立博物館蔵）とその写し（個人蔵）、虚堂智愚《きどうちぐ》墨蹟「破虚堂」（東京国立博物館蔵）とその写し（個人蔵）、藤原定家筆「雪庭《ゆきのにわ》」（個人蔵）とその写し（個人蔵）は、いずれも筆意を模したのではなく、内容から導かれる心を写したものである。このほかは本阿弥空中作「面匣《めんばこ》香合」（根津美術館蔵）を湯治のために訪れた玉造で写した「手造面取香合」（逸翁美術館蔵）がある。

このような写すことの意味について二代目・池田瓢阿《いけだひょうあ》（一九一四〜二〇〇三）が『風流紳士録』（淡交社、一九八七）で興味深い一文を紹介している。それは瓢阿が二十一歳、初めて益田鈍翁と面会したときのことである。予定の時刻より少し早く到着した瓢阿は、小田原の益田邸内にある雅味のある土塀の模写をしていた。通りかかった鈍翁はこの姿を見ていた。この壁は鈍翁が苦心して、工人を呼び寄せるなどして造ったものであった。面会の時、瓢阿に作品の写しの依頼があり、品物に物差しをあてる姿を見ていた鈍翁の放った言葉は次にようになる。

寸法も必要だが、よく品物をみてその精神をつかんでおくことが肝要だ。職人さんに写し物をたのむと、出来あがってきた物がどこか感じがちがう。それをいうと〝寸法どおりです〟という。寸法どおりかもしれんが、感じがちがえば別物だ。先刻君が写していた土塀がこの辺の機微をよく物語っている。朝鮮の工人は寸法をはからない。全部目分量で仕事をすすめていたのをみて、なるほどと感心したものだが、それがあのような雅味のある塀となったんだね。しかしそれは誰にでも出来るというものではない。修練を積んだ練達の業をもって寸法にこだわらぬ、そこがむずかしいのだ[8]。

鈍翁の言葉を借りれば、まさに形でなく、その精神を写すところ、作品の持つ本当の良さを模す意味があるとしており、不昧や観阿の写しにも共通性が見られるのではないだろうか。観阿は不昧と同じことをすることで、その形骸―道具の良さを学び返す―に作品を通して触れようとしていたものと思われる。

自身の所蔵した作品を好みの道具に応用する例では、後年になって溝口家に売却する「和漢四句」の字形を八十一歳の時に竹筒に彫刻した好みの水指にしていることや、山楽の寿老人を賀寿の茶会で使用し、その構図を翠涛、宗中、晴川院に書かせている点から、作品を写し活用するということも観阿にとっては道具の良さを学び広げて行くことにつながっていたものと考えられる。

このような所持品を活用する姿を考えるにあたり、大徳寺寸松庵に伝来した三幅対を収納する塗箱と、観阿の関係した作品との共通点を述べておきたい。

先述の通り、法隆寺が所蔵する弘法大師額箱（図23）は、観阿が七十八歳の時に寄進した箱である。箱は木地にそのまま漆を塗った掻合塗の技法で塗られ、面取りした部分を朱漆で塗っており、三幅対を収納する塗箱と共通点がみられる。

ところで現在、福岡市美術館が所蔵する「高麗雨漏茶碗」がある。この茶碗については再三触れてきたが、その伝来について紹介しておくと近代では長尾欽弥（わかもと製薬創業者。一八九二〜一九八〇）が所蔵しており、その後は東京コカ・コーラボトリングの創業者で古美術収集家であった髙梨《たかなし》仁三郎《にさぶろう》（一九〇四〜一九九三）が所蔵していた。この茶碗は仁三郎が昭和三十一年（一九五六）三月二十一日に北鎌倉で催された延命会の入会記念の茶会で、当時所蔵していた「吹上文琳《ふきあげぶんりん》」と共に取り合わせて使用された（図74）。参会した松永安左衛門（耳庵／一八七五〜一九七一）は

図74　点前をするかつての所蔵者　高梨仁三郎　個人蔵

お前みたいな若造が、こんな茶碗を持つのは早過ぎる。俺によこせ[9]

といって、その後、高梨から譲り受けた茶碗としても著名である。高梨が所有する以前の昭和十八年（一九四三）十二月十四日、世田谷にある長尾の新席の茶室宜春庵で茶会が催され、この茶碗が用いられた。客の一人であった小林一三（逸翁／一八七三〜一九五七）はこの茶碗を実見し次のように述べている。

主人のお点前にてお濃茶を頂く。雨漏茶碗は優品にて内外箱等いかめしき装置を離れて、裸体で見る方が却って気乗する名茶碗なるべきか[10]。

そこで逸翁の言う「内外箱等いかめしき装置」に注目したい。茶碗を収納する塗箱には不昧による歌銘が金蒔絵され、桐材による二重箱、さらにそれらを覆う外箱として金具の付いた塗箱が付属する（図75）。観阿の所持品や箱墨書のある作品には杉箱が多いが、珍しく次第が整っており、観阿にとって重宝とする作品であったことがうかがわれる。

外箱の金具に注目すると、先にみた三幅対を収納する箱の金具に類似している。厳密にいえば、金具は三種類あり、そのうちの一つの外郭はほぼ

図75　高麗雨漏茶碗の次第
福岡市美術館蔵
画像提供：福岡市美術館／DNPartcom

同一であるが、茶碗の箱にはその外郭の中に唐草をあしらった文様がみられる。外墨書から筆跡は七十歳代後半のものと考えられる。

七十歳代後半の時点で、寺院へ寄進するための箱および重宝とする茶碗の外箱という主要な作品の箱には、三幅対の箱の意匠をモチーフに用いていたと考えられ、観阿にとって三幅対もさることながら、塗箱も重要な意味をもっていたことがわかる。

以上のように観阿は優れた作品を写し、好みの道具に生かすことで、さらにその良さを学んだものといえる。

第四節　目利きの道統

観阿は目利きとして著名になるが、これにはどのような背景があったのだろうか。そこで若い頃にその交流から影響を受けた不昧の目利きに注目したい。

不昧が京都の道具商であった竹屋宗都《たけやそうと》（生没年不詳）に宛てた消息が『松平不昧伝』（一九一七）に所載されている。消息には次のような記述がある。

扨半使之茶碗、定七ょり利付にて取申候由、此茶碗いかやうなる品か、もし外へ不遣候はゞ、下し可給候、本半使か、且又約束の半使茶碗二つ、殊の外能分り、目利の手本に致候。二つともに、貰ひ可申候[11]。


宗都が不昧に持ち込んだ茶碗を購入する内容である。ここで目利きという言葉が使用されているが、不昧は本歌に該当するものとして捉えていることがわかる。

このほか不昧の目利きに関する記述として『茶禅不昧公』(一九四四)には次のような記述がある。


従者嘗て公に向ひて「殿は素通りしながら如何にしてかく目ざとくも良品を見付けたまふか」と問へば、微笑して「良き道具は多くの雑具の中にて光りを放つものなるを汝等は知らずや」と言へりとぞ[12]

ここでは作品に関することだけでなく、良いと感じる重要さを述べている。このことから目利きにおいては知識とともに審美的な感覚を養うことが重要視されていることがわかる。

不昧自身は天明七年(一七八七)に刊行した『古今名物類聚』や文化八年に記した『瀬戸陶器濫觴《せとうきらんしょう》』を編纂するにあたって、実見することに重きを置いていた。この点から不昧は道具の良さを学び、茶会で実際に道具を使用することで、さらにその道具の良さを感得していたと考えられる。

不昧は天明七年、三十七歳の時に『茶事覚書』を著す。同書には次のような記述がある。

露地数寄は、宗旦、好みものは、宗甫どの茶の湯の法は、宗閑どの、一人にしたら天下一、その心にて修業すべし

「好みもの」とは道具の好みを指しており、その名人は宗甫すなわち遠州であると述べている。また『松平不昧伝』には「さる役所にて被仰渡候覚左之通」として次のような一文が掲載されている。

応仁文明の頃より茶事行はれ、茶器類賞翫有之候へども、未だ微細に吟味も無之、其後天正文禄の頃、専ら直段等も定り候へども、在々所々に至りては、辨へざる者も有之候處、寛永年中小堀遠江守政一、茶事に被達、殊に器の新古、和漢等の直段、それ〴〵に被分、夫より以来、数寄道具屋共、家業繁昌仕り、今日安穏に家内を育て候も、政一公の御茶徳故に候處、端々には右御茶恩忘却仕候者も有之哉に被存候。右體之儀有之間敷事に候、當年より二月六日（宗甫公の瞑日）は、数寄屋清浄に致し早朝より釜かけ、掃除等念入慎み可被申、石燈篭とぼし候事は、心次第の事に候。鳴物は無用に可被致候但し鉦は不苦候、尤もガンと云はぬやうに可被致候、此段申合候條、御達申候。以上[13]

遠州の茶恩を説きつつ、その命日には釜を掛けることを伝達したものである。これらの点からも不昧は遠州に私淑していたことがわかる。

観阿が不昧と親しくしたのは早くとも四十歳以前から不昧が没するまでの時期であるが、その間に

不昧の茶会に度々参会し、大名物、名物などの由緒ある道具が用いられている。このような茶会に参会したことで観阿は名品に触れる機会に恵まれたことに加え、実際の茶の湯で使用される道具の働きを学ぶことができたといえる。また不昧の道具に対する考え方の影響も大きかったと推測される。

ここで観阿の言動を後世まとめた『白醉庵数寄物語』をみると次のような記述がある。

小堀遠江様より永井信濃守様ゑの御文通中に、「其後は何そ御掘出物御座なくや手前は一向掘出不申」云々有之も、是は利潤を得んとの心掛にあらす埋れたる、道具を発き世に其光りを輝せんことの念深きとも申すべし

これは遠州が親しくしていた永井《なが い》尚政《なおまさ》（一五八七〜一六六八）に宛てた消息である。消息から遠州の言う掘り出し物とは、良き道具を見出し、そこに光を輝かせることであったことがわかる。遠州のいう「道具を輝かせる働き」を、観阿は「目利き」として捉えていたと考えられる。なお、この消息文の所在は不明であるが、観阿が所持もしくは見聞したと考えられる。

観阿には遠州に関係した道具がいくつか存在している。先述の松花堂昭乗、澤庵宗彭、江月宗玩、遠州による合筆「和漢四句」（個人蔵）や観阿八十賀の茶会記である『観阿和尚賀の茶事書写』（個人蔵）には茶会で使用された道具のうち「三羽黒つる　遠州所持々書付」や広座敷の違い棚に飾られた「棚ニ存星ゆつ香合　遠州侯書付」がある。また観阿が所持していた遠州に関係する作品では「三不点茶箱」がある。

このほか溝口家所蔵の茶杓を原寸大で模写した『茶杓図譜』（東京大学史料編纂所蔵）には観阿が献上したと考えられる茶杓銘「達磨元来観自在　浄名元是老維摩」（図48）が所載されている。一本の茶杓は白竹で節はやや腰が高く、樋は兜巾のようになっており薄作で櫂先は穏やかに矯められている。もう一本は沁みた竹を用いている。腰はなく、直線的な茶杓で、櫂先も弱い火を集めて一気に曲げたのか、角度は急である。茶杓を収納する筒正面には次のような記述がある。

㊀　達磨元来観自在
　　浄名元是老維摩

筒背面には次のような記述がある。

天保十三寅中秋　白酔庵
小出侯旧地之竹　七十八翁
観阿（花押）

この茶杓は天保十三年（一八四二）中秋、観阿七十八歳のときの作であることがわかる。竹の産地は小出侯旧地之竹とある。そこで同書の翠涛による小書には次のような記述がある。

右吉村観阿物外老人作共筒
小出氏下屋敷浅草山宿に在り、其庭内
の竹を以て造る茶杓也、其庭之小堀宗甫
造れると申伝ふ、其藪竹故ありて伐はりかる
時に其竹をえらひ取りて此作ある也

この点から、丹波国園部藩主小出家の浅草にあった下屋敷[14]の竹を用いて作られたもので、その竹藪は伝遠州の作庭によるものであったことがわかる。

特に藩祖・小出吉親《こいでよしちか》（一五九〇〜一六六八）は、遠州が寛永二十年（一六四三）八月二十六日朝に開催した茶会に酒井讃岐守、北条出羽守らと共に参会している。

吉親と遠州の交流を伺うことができる作品として無準師範《むじゅんしばん》墨蹟「茶入《ちゃにゅう》」（五島美術館蔵）がある。この墨蹟を吉親が入手し、遠州に表具を依頼したことがわかり、両者の交流が伺える[15]。このように遠州とゆかりの深い小出家の庭の竹で観阿が茶杓を作っている点も注目できる。

観阿が目利きとして重要視したのは遠州が述べたように、埋もれたる作品に光をあてることであった。観阿が遠州による自筆の書や箱墨書のある作品、所持した作品、作庭したとされる庭の竹を用いて茶杓を削るなど遠州と関わりの深い作品があることからも、観阿が遠州に私淑していたことがわかる。

1 千宗室監修、満岡忠成、村山武執筆『草人木書苑』茶碗朝鮮、淡交社、一九八三年
2 小田榮一『唐物茶碗と高麗茶碗』河原書店、一九九三年
3 徳川美術館、五島美術館編『茶の湯名碗　新たなる江戸の美意識』徳川美術館、二〇〇五年
4 小田榮一「美術と人と茶会　十四　私のアルバムから」『日本美術工芸』通号五六九号、日本美術工芸社、一九八六年
5 展覧会図録『特別展　茶の美術』、一九八〇年、東京国立博物館
同書では次のように紹介されている。
　作品番号　一九三　黒楽香合　伝本阿弥光悦作　一合
　江戸時代　十七世紀　高五・六　口径二・八　底径四・八
また解説で林屋は本作品が千家中興名物であり、釉薬の調子について黒釉は光悦の黒茶碗と共通して楽道入の釉調と述べている。
6 林屋晴三責任編集『日本の陶磁』一　長次郎・光悦、中央公論社、一九八八年
7 原田茂弘「千家と江戸の豪商冬木家」『和比』第十一号、不審菴文庫、二〇一九年
8 池田瓢阿『風流紳士録』淡交社、一九八七年
9 高梨学術奨励基金『高梨仁三郎古美術の世界』高梨学術奨励基金、二〇〇七年
10 小林一三『小林一三全集』第三巻、ダイヤモンド社、一九六二年
11 松平家編輯部編『松平不昧伝』中巻、一九一七年
12 高橋梅園『茶禅不昧公』宝雲舍、一九四四年
13 前掲注(11)
14 園部町教育委員会『園部町史』史料編第二巻、園部町、一九八一年
小出家の下屋敷は浅草にあったようで、文化二年に書写された小出家の系図や口伝などがまとめられた『略史前録草案』には次のような記述がある。
　浅草御下屋敷是又吉親公御拝領地也一万五千坪余在之右之内御買地も少々加り有之御庭之内御物数寄多有之候処先年浅草大火之節焼失ニ而孔子堂二王堂并晨曦門唐門斗其余ノ御茶等悉焼失云々
浅草の下屋敷は小出吉親(一五九〇〜一六六八)が幕府から拝領した土地であり、その後買収した土地も含め一万五千坪あったことが知れる。その後の大火により屋敷内の数寄屋などは消失したが孔子堂、二王堂、晨曦門、唐門などは残っていたようである。
15 前掲注(14)

終章　名人は名人を知る

本書では観阿に関する行状を新出の作品や資料から論じてきた。そこで最後に観阿が何故、不昧や翠涛らに重宝され、親しくできたのかについて触れておきたい。

脇の道具こそ

茶の湯においては多くの道具が用いられるが、寄付、初座、後座、濃茶・薄茶で目指そうとする空気は変わってくる。各場面で用いられる道具ももちろん、道具の時代性や格、緩急というものが密接に関係してくる。池坊の柴田英雄先生は「作曲家は音を配置して音楽を奏で、華人は花を配して表現する」と申されていたが、茶人は道具を配して表現するともいえる。このあたりに取り合わせの難しさ、逆に言えば楽しさがある。しかし、主眼となるものが例えば唐物茶入であれば、それに相応して他の器物を取り合わせたくなるのが人情。主眼となる道具の他に脇の道具もそれ相応の品を用いるとなると一苦労する。

この一苦労を肌身で感じたのは過去全ての茶人に共通して言えるが、観阿の関係した人物では不昧であり、不昧没後に観阿が親しくする翠涛であったのではないだろうか。

時代が幸いしたとでも言おうか、観阿の生きた時代は道具の移動も見られ、有力な美術商が力をつけてきた時代でもあった。特に不昧の所蔵品リストである『雲州蔵帳』に残されたコレクションはそれが顕著である。改まった席で木地曲の建水と青竹の蓋置を用いることがある。だが木地曲の水指を用いるとき、木地曲の建水では具合が悪いため、焼き物もしくは砂張などの建水を用いることで材質の変化を明らかにすることがある。そのためか不昧の所蔵品には建水や蓋置に至るまで蔵帳に所載され、それらはいずれも見所の十分な作品である。この脇の道具を取り上げる力こそ、その人物の目利きとコレクションの底力を見ることができる。

このことは翠涛にも言える。というのも溝口家のコレクションの主要なものは藩祖・秀勝から四代・重雄の頃に収集され、特に重雄は小堀正恒（一六四九～一六九四）から遠州所持の道具五点を入手しており、中興名物を含む作品がコレクションに加わっている。翠涛の時代では大燈国師墨蹟「日山之賦」などの主要な作品も入手しているが、どちらかといえば、「白呉須獅子蓋香炉」に翠涛自身が「珍奇蔵」と書いているように、優れた珍しい作品を観阿の取り次ぎで多く入手している点にその特徴がある。

愛の形

ここで不昧と翠涛の目利きという点にも注目してみたい。不昧の目利きの一端として、良い道具から後光がさしているという表現があった。以前、ある古老の美術商から聞いたことがあるが、本当の目利きはジロジロ見ず、後光の差しているものを瞬時に感じ取り、その作品のみを買うといい、確か鈍翁にも同じような話がある。また不昧は多くの道具に触れ、さらに多くの美術商と親しくし購入したことでその眼力―人間と作品を見抜く力―も相当のものであったことが想像される。

翠涛に美術品を納めた筆頭は観阿と言っても過言ではない。その取り次いだ作品は名物などではなかったが、見どころのある作品を配することで茶席全体の雰囲気を盛り上げることに成功していた。つまり翠涛は観阿という人間を目利きすることにより優れたコレクションを形成したと言えるだろう。ここに不昧と翠涛が、道具の目利きと人の目利きとして通じていたことに気付くのである。

私は単純に「優れた作品に関係したから観阿は目利き」であるとは思わない。作品が溢れる市中にあって、それらを取り上げ、箱を作り、自身で箱書をし、そして世に出した点にこそ観阿の目利きとしての態度がある。これは単に珍しい作品というだけでなく、茶の湯で生きる道具、そうでないなら素性を明らかにしたものとして、その知識も観阿の目利きを物語るものであろう。

ここで近代の茶人も観阿に興味を示した理由について触れておきたい。第四章第一節で紹介した観阿八十賀の茶会のとき、懐石の向付として使用された「乾山銹絵槍梅文碗」（図20）の箱側面には、近代数寄者である原三溪《はらさんけい》（一八六八～一九三九）により次のような墨書がある。

直線梅を画て世俗乾山槍梅と呼ぶもの則是也　意匠剛健筆端錬鋏の如し
後人の追随を許さす　已人見て和するものなし　此と和するもの只余と
白酔庵《ママ》とのみ

昭和壬申春　原三溪誌

乾山の槍梅の作風に心底から共鳴できるのは自分（三溪）と観阿だけであろうと言っている。この点が優れた作品を多く見てきた近代数寄者に愛される所以であり、原三溪に限らず、鈍翁や観阿箱墨書のある作品を多く所蔵した箒庵についても言えることであろう。

乾山と観阿

乾山作品と観阿の関係について、乾山の陶法の伝書を所持した点や「乾山銹絵槍梅文碗」を自身の茶会で使用している点、溝口家旧蔵品にも観阿所持の「乾山笹絵向付」（図44）があることからもわかるように、多くの作品を所蔵したようである。

また観阿と親しくした酒井抱一や古筆了伴との交流を考える上で注目できる資料として、文政六年（一八二三）、抱一による『乾山遺墨』がある。その跋文には次のような記述がある。

其頃、乾山の墓碑をも尋るに其処を知ものなし、年を重、京師の人に問と雖さらにしらす、此年十月不計して了伴が茶席に招れて其話を聞く深省が、墳墓予栖草菴のかたわら叡麓の善養寺に有とゆふ、日を待ずして行見にそのことの如し塵を払水そゝき香花をなし礼拝して草菴に帰この遺墨を写し置るを文庫のうちより撰出して一小冊となし緒方流の余光をあらはし追福の心をなさんとす于時文政六年癸未十月乾山歳八十一歿てより此年又八十有一年なるも又奇なり[1]

文政六年（一八二三）十月の了伴の茶会に抱一が参会しており、親しく交流したことがわかる。なお了伴の住居について『茶《ちゃ》家《け》酔《すい》古《こ》集《しゅう》（第三編）』（一八四五）に所収される『古《こ》筆《ひつ》鑑《かん》定《てい》家《か》印《いん》譜《ぷ》』[2]によれば京都では小川二条に住まい、江戸では上野三枚橋詰に住居していたとされ、抱一が参会した茶会の場所は江戸の屋敷であると知れる。すなわち了伴の江戸屋敷で茶の湯を通じた交流がなされていたものと考えられる。このような抱一、了伴、観阿の三者は烏丸光廣の法要に一緒に参加している点からも親しく交流したものと考えられる。

このほか抱一は尾形光琳の百回忌にあたり北野屋鞠塢を京へ遣わして乾山周辺のことを調べさせた。抱一や鞠塢と観阿との交流から、光琳や乾山を顕彰する空気が感じられる。そのため観阿にとっても関心が高かったことがわかる。

目利きは仏道

観阿は若い頃から仏心に篤く、後年は観勢とともに鶴峰廣大を仏法の師としていた。鶴峰自身も奈良に所縁がある山田氏の出であり、その名は観阿の父が名乗った山田屋とも何かしら通じたものがあったのであろう。

観阿という号の典拠となった、観阿弥陀仏という人の行状をみると、東大寺の勧進を行う重源を助け、よく勧進したことや日々称名を唱える行状がみられた。このことを観阿に重ねると、多くの寺院へ寄進を行ない、また多くの作品を目利きし箱墨書をすることで作品を世に送り出していた。また観阿の目利きの背景には遠州、不昧と続く道具への見方が関係しており、その根底には遠州が永井尚政に宛てた消息の一文にある「埋もれたる道具に光をあてる」ことを目利きと捉え活動していた。このことは観阿に限らず、やはり翠涛や不昧、そして本屋惣吉という茶人らの目指したところが遠州の目利きにあったことは言うまでもない。

以上のような観阿の仏心の篤さと箱墨書を行ない、道具の真価を極め世に送り出していた点を考えると、道具の目利きが観阿における仏道であったに他ならない。この点こそ観阿が今日でも評価される真の理由であろう。

観阿が三十四歳の時、両替商としては立ち行かなくなり出家という道を決意したが、その後は目利きとして活躍した。おそらく出家当初は浅草・田原町の庵で一日の大半を過ごし、時折、徒歩で十分ほどの隅田川のほとりで過ごしたに違いない。このとき彼は失意の中にあったのかもしれないが、どこかしら家業から解放された感もあったのではないだろうか。四十歳までに作られた漢詩「堤草」(『盛音集』)はまさにこのような隅田川のほとりで一人佇み、その情景を詠んだものと解してよい。その後の観阿は本書でこれまで述べた通り、江戸で目利きとして活躍し、後世に名を残した。

観阿の生き様は道具のみならず、人生を見切るという点でも目利きであったと結論することができる。

1 中野三敏、菊竹淳一編『相見香雨集』第一巻、青裳堂書店、一九八五年
2 湖月輯『茶家酔古集』第三編。大阪府立中之島図書館蔵

謝辞

本稿執筆にあたり貴重な作品の調査の機会を与えていただきました個人の御所蔵家の皆様、美術館、博物館に深謝申し上げます。

序文を執筆いただきました福岡東洋陶磁美術館館長溝口虎彦氏、井村屋グループ会長浅田剛夫氏に深謝申し上げます。

執筆にあたりご協力を賜りました法隆寺、東大寺、東大寺勧学院、大徳寺孤篷庵、弘福寺、高尾山薬王院、九州国立博物館、福岡市美術館、江戸東京博物館、四日市市立博物館、ＭＩＨＯ ＭＵＳＥＵＭ、北方文化博物館、板橋区立美術館、五島美術館、畠山記念館、サンリツ服部美術館、国立国会図書館、東大寺図書館、東京都立中央図書館、宮城県図書館、新発田市立歴史図書館、新潟県立図書館、石川県立図書館、北陸大学、東京大学史料編纂所、東京藝術大学附属図書館、東京文化財研究所、慶應義塾図書館、慶應義塾大学文学部古文書室、九州大学附属図書館、高梨学術奨励基金、出光文化福祉財団、東京美術倶楽部、日本陶磁協会、株式会社クリスティーズ・ジャパン、上野道善師、遠州茶道宗家家元小堀宗実氏、江戸千家家元川上宗雪氏、遠州流茶道家元主鑑浅井宗兆氏、茶道資料館顧問筒井紘一氏、ＭＩＨＯ ＭＵＳＥＵＭ館長熊倉功夫氏、東京学芸大学教授高橋忠彦氏、茶の湯文化学会理事神谷昇司氏、同志社大学教授矢野環氏、高梨学術奨励基金理事長高梨誠三郎氏、日本トランスシティ株式会社相談役小菅弘正氏、京菓子司末富山口富藏氏、虎屋文庫文庫長丸山良氏、松江歴史館学芸専門監藤間寛氏、漆芸家池田巖氏、石州流翠涛会内田恭子氏、茶道宗徧流長岡支部長川口宗伊氏、郷土史家長太三氏、国立能楽堂高尾曜氏、美術史家門脇むつみ氏、甲賀市教育委員会伊藤誠之氏、関元行氏、同志社大学今出川図書館、同志社大学ラーネッド記念図書館に深謝申し上げます。

　なお本書の基となった研究について次の助成を受けた。「売立目録所載の墨蹟データベース構築による筆跡の検討」宮武慶之（研究代表者）、財津永次、平成二十六年度出光文化福祉財団研究助成。「近世江戸時代後期の美術品と移動に関する研究―溝口家を起点に―」、平成二十九年および平成三〇年度高梨学術奨励基金・若手研究助成（美術史）。「福岡東洋陶磁美術館による溝口家に関する研究出版助成」（美術史）。

　末筆ながら妻明子には入院中と退院後も含め論考に集中することができたことに改めて感謝する。

おわりに

ズドーン。

平成二十八年六月六日、交通事故に遭い、壁と車に挟まれ腰と膝を骨折し、三重中央医療センターに搬送された。そのため二ヶ月半の入院生活としばらくの寝たきり生活を余儀なくされた。入院した翌日から本格的に取り組んだのが観阿の研究である。取り組んだ最大の理由は、当時の私が三十三歳で、二十四歳で出家した観阿を身近に感じていたからだ。時代が異なるとはいえ、観阿の気持ちになって研究を行なうには三十三歳の入院中が絶好の時節と考えた。入院中の病室から携帯電話やメイル以外の手段とてなく、難儀したが、最近はネットのおかげで機材や資料を病室に持ち込むことができた。西五病棟の看護師さんには古本の取り寄せやプリンターの機材搬入でお世話になった。また病室に茶箱を持ち込み、主治医の横山弘和医師や看護師さんとのお茶のひと時は楽しい思い出である。

入院中、不思議な出来事がひとつあったので紹介しておこう。以前から探していた中山胡民作の「立鶴蒔絵香合」が中々見つからなかったが、夢の中で美空ひばりの孫を名乗る水玉模様のワンピースを着た女性が現れ「高尾曜さんに連絡しなさい」と告げられ目覚めたことがあった。面識とてなかったが、早速に高尾氏にメイルし、「立鶴蒔絵香合」についてお伺いすると、すぐに返信があり「知人が所持しています」とのことであった。退院後、杖が必要な身の上であったが、東京メトロ丸ノ内線のとある駅で待ち合わせをして初めてお目にかかった。駅で待ち合わせをした直後に紹介していただいた胡民作香合の所蔵者が、極めて幸運なことに木下長嘯子筆消息松永貞徳宛「十六夜の文」を所蔵しており、入院中の利息ともいうべき二本の論文となったのだ。

このような縁はさらに広がった。

翌年五月には大徳寺龍光院小堀月浦師、芳澤勝弘先生、熊倉功夫先生、江月和尚の欠伸稿を読まれる欠伸会の皆様とアメリカ・サンフランシスコでの国際会議に同行する機会を得た。その後の調査で、観阿が溝口家に取り次いだ道具中、大徳寺寸松庵に伝来し、しかもその本尊に相当する掛物があった。六月には髙梨学術奨励基金からの研究助成も決定した。授与式の席上で髙梨誠三郎理事長から高麗雨漏茶碗について尊父仁三郎氏との関係についてご教示を賜った。時代を超えて観阿からの誘いを感じた瞬間でもあった。

さらに九月には、遠州茶道宗家家元小堀宗実氏、遠州流茶道家元主鑑浅井宗兆氏のお導きで前年に引き続き小堀遠州顕彰会第十二回秋季講演会で観阿の講演会を担当させていただいた。遠州に私淑した観阿の講演を、しかも東京で行なうことは観阿本人にとって、何よりの供養になったと思う。

前世からの因縁とでもいうべきか。このとき筆者は三十四歳で奇しくも観阿が出家した時と同い年であったのだ。

観阿の自作品、箱墨書など多くの資料が残されている。幸いなことに多くのご所蔵家の深いご理解とご協力を賜り調査し、多くの作品に触れることができたことは、研究する立場としてだけでなく、見どころの多い作品から本質を感得し、さらには観阿その人に触れる瞬間でもあった。

なお原稿の締め切り間近、北陸大学ご所蔵の光悦香合と、個人ご所蔵の遠州蔵帳の茶箱を拝見する機会に恵まれた。一方は観阿所持の千家中興名物、もう一方は遠州蔵帳と、観阿の著作の完成を飾るにふさわしい作品に巡り会えたことも幸運であった。

最後になるが「かんあ」という響きに仏法の、強いては徳の香りを感じるのは私だけではないだろう。近代の宗教家である住岡夜晃《すみおかやこう》（一八九五～一九四九）は

真に笑わんとすれば 真に泣け

と言っている。人生の逆境を行き抜いてこその言葉だ。その言葉は本書の主人公である観阿にこそ最も似合う。

幸い様々なご縁に導かれ、さらに淡交社の滝井真智子氏、渡邊真由氏のおかげで一冊にまとめることができた。誠に望外の喜びである。

拙い内容ではあるが、本書が観阿の顕彰と他分野への研究の発展に資することを只々願うばかりである。

付録

参考1　相見香雨が紹介する東大寺勧学院にある寿蔵碑文銘

①寿蔵碑文

白醉莽観阿道人墓表

道人名観阿、号物外、別号指月斎、俗姓芳村氏、江戸人也、初名明昭、俗称太郎兵衛、天資怜悧、頗有文藝、又精陸鴻漸茶道、因称聴笙、蓋取諸袁宗道緩添炉火聴瓶笙之句也、其家多畜名書古画珍器奇物、以好事而鳴于都下、然而自少時既有出離世間捨妄帰真之念、遂棄懐妊之婦、遺環膝之孩、削髪着緇、出家而不反、乃結団蕉子郭北浅草而居于此、命其庵曰白醉、其意蓋在乎以喧之暖代酒之醉也、因又称楽此軒云、時年三十四歳矣、其為僧曰、出家蔵珍宝悉皆贈与友人而輸之、唯余俊乗坊所親書之化縁薄一冊、而不離身護惜尤甚、俊乗坊名重源、南都東大寺中興弘徳之師也

高倉帝、治承四年、本寺罹兵燹火焦土矣、

聖武帝所鋳、五丈五尺毘盧遮那仏銅像亦燬銷矣、

帝深憂之、新（ママ）召俊乗坊　勅再興之事、乃（ママ）賜大勧進之号、而募化四方焉、此薄即其化縁之薄引、所謂勧進牒也、実希世之珍、而価当連城焉、

今大勧進公般

上人聞之、請以千金購求之、道人於是竊以為、吾死之後此牒流落展転入于没字碑人之手、則受覆瓿之辱不可知也、或遭百六飆廻之厄、而為六丁所奪去亦不可測也、不如還于嫏嬛而

永与霊

光倶存于本寺也、乃謁上人曰、余今年五十三已過半生矣、且吾上祖出和州、六世之祖徒于江戸而家焉、於是

吾願　竈之傍割寿蔵地以賜之、又作換帖一通以付与之、道人大喜、欲立石以表其地、徴文於余白、如銘則我俟吾之死而自誌之、請先生惟述其事而已乃為之記、呼道人亦可謂、奇人矣、

文化十四年歳丁丑夏五月

江戸　亀田興撰

②東大寺勧学院にある寿蔵に、観阿の没後に加えられた碑文

維明和乙酉九月之望吾以降、今歳戊申六月十九日大夢将覚、人之懐祖吾亦不免也、寧楽之都祖先之所興、況東大之丘乎我葬焉、爰得我所者也、乃自為銘、銘曰、一有江都道人観阿、傚荘之適、為恵之和、若敖若莽、心醉陸茶肚無陽秋、目無是非、視生如浮、視死如帰、今帰真宅楽土、東大之厓、高一丈者、道人之室耶、観翁俗称芳村、本吉村也、先考嘗以財徴聘于仙台侯、侯之先君有諱吉村公、

以吉芳国読同換之云、翁吾父執也、吾識翁于今六十二年、今茲将病死、徴書自撰銘、父執之需奚善辞、即書以贈、

嘉永元年戊申秋　江都和気行蔵

付録1　東大寺勧学院にある寿蔵碑文（旧漢字は常用漢字に改めた）

（第一面）

白酔葊観阿道人墓表

道人名観阿号物外別号指月斎俗姓芳村氏江戸人也初名明昭俗称太郎兵衛天資怜悧頗有文芸又精陸鴻漸茶道因称聴笙蓋取諸袁宗道緩添炉火聴瓶笙之句也其家多畜名書古画珍器奇物以好事而鳴于都下然而自少時既有出離世間捨妄帰真之念遂棄懐妊之婦遺環膝之孩削髪着緇出家而不反乃結団蕉于郭北浅草而居于此命其庵曰白酔其意蓋在乎以喧之暖代酒之酔也因又称楽此軒云時年三十四歳矣其為僧曰出家蔵珍宝悉皆贈与友人而輸之唯余俊乗坊所親書之化縁薄一冊而不離身護惜尤甚俊乗坊名重源南都東大寺中興弘徳之師也

高倉帝治承四年本寺罹兵燹而為焦土矣

聖武帝所鋳五丈五尺毘盧遮那仏銅像亦燬銷矣

帝深憂之新　召俊乗坊　勅再興之事

（第二面）

乃　賜大勧進之号而募化四方焉此薄即其化縁之薄引所謂勧進牒也実希世之珍而価当連城焉今大勧進公般上人聞之請以千金購求之道人於是竊以為吾死之後此牒流落展転入于没字碑人之手則受覆瓿之辱不可知也或遭百六飈廻之厄而為六丁所奪去亦不可測也不如還于鄉嬛而永与霊光倶存于本寺也乃謁上人曰余今年五十三已過半生矣且吾上祖出和州六世之祖徒于江戸而家焉於是吾願竊之和州之地而帰骨于祖先者久矣若今以本山方尺地換之其何睨如之上人感其志与聞山僧謀乃於俊乗坊遺蹤之傍割寿蔵地以賜之又作換帖一通以付与之道人大喜欲立石以表其地徴文於余曰如銘則我俟吾之死而自誌之請先生惟述其事而已乃為之記嗚呼道人亦可謂奇士矣

文化十四年歳在丁丑夏五月

江戸　亀田與撰

抱一釈暉真書及題額

付録2　東大寺勧学院にある寿蔵に、観阿の没後に加えられた碑文

（第三面）

維明和乙酉九月之望吾以降今歳戊申六月十九日大夢将覚人之懐祖吾亦不免也寧楽之都祖先之所興況東大之丘乎我葬焉爰得我所者也乃自為銘［欠］銘曰一有江都道人観阿傚荘之適為恵之和若敖若莽心醉陸茶肚無陽秋目無是非視生如浮視死如帰今帰真宅楽土東大之厓高一丈者道人之室耶　観翁俗姓芳村本吉村也先考嘗以財徴聘于仙台候候之先君有諱吉村公以吉芳国読同換之云翁吾父執也吾識翁于今六十二年今茲将病死徴書自撰銘父執之需奚善辞即書以贈、

嘉永元年戊申秋　江都和気行蔵

付録3　弘福寺の墓表

白醉庵苦楽翁観阿居士、姓は藤原、俗称吉村氏なり、武州江都芝に生る。年若して喫茶の道に精しく、家に古書画珍器等多く蓄へ、其好事普く世にたゝへらる。既に壮年に及ぶ頃ほひ、離世帰真の意ありて、自ら剃髪し居を浅草に占て、世塵を払ひ、常に田甫を愛翫することに於て清高の名弥著れ、貴賤の雅客柴門に湊ふ。庵中扁額は不昧源君筆を染て、楽中苦苦中楽と書せらる、又継ぐに翠涛源君其他名家列侯も常に庵中をとひて消日の楽とす。しかのみならず。積年翁仏門に入て、遍く施し広く恵むの志あり。其妻観勢は浜松の藩士瀧原氏の女にして、名を田鶴といふ、貞操怜悧能翁が雅業を佐く。亦翁と共に仏法に帰依して、葛飾牛島弘福禅寺の鶴峰禅師を師とす。ひとゝせ寺中に□《（ママ）》所の千体仏破壊し、纔に什が一の残れるを禅師の憂給ふをきゝて、翁にはかりて其荘厳を新にす。後三十年の星霜を経て、又損失したりしを、弘化二乙巳のとし再び修理を加へ潤色古に復す。その善根を好めること此一事をもてしるべきなり。今年翁齢八十四、観勢六十八、共に壮健なりといへども、終に世をさらむ時、其骸を収るの地をおもひはかられ、旧師の因によりて兕隣禅師に乞、この地を以て墳墓とす。よてこたびその銘を記むことをのぞむ、予有年の因厚により黙止によしなく、拙をわすれて其あらましをしるすことしかり

于時嘉永元年戊申仲夏　源定絢しるす

応需藐庵法橋書之

付録4　売立目録にみる観阿関係作品

［凡例］

・売立目録から観阿に関係する作品を紹介する。
・目録に白醉庵または観阿と明示される作品を中心に収録した。
・作品の並びは所載される売立の開催年順である。
・売立目録名、所載番号（ない場合は記載しない）、作品名、付属品などの情報を記載した。
・作品および箱墨書の確認できるものは掲載した。
・記載にあたっては常用漢字を用いた。
・明らかな誤植は当該部分に傍書した。
・観阿による墨書などはないが、現存を確認できた作品で観阿と関係のある作品も収録した。これらは主に観阿が溝口家に献上した作品または鑑定したことが確認できる作品である。
・棒目録に作品名のみ所載される作品については必要に応じ収録した。
・本篇で紹介される作品はここでの図版掲載はせず、最終行に▲（図版番号）と示した。
・特に申し添える事項は※印で表記した。
・画像は東京美術倶楽部および東京文化財研究所より提供を受けた。
・それ以外については雲中庵文庫所蔵本を用いた。
・本研究成果の一部は出光文化福祉財団の研究助成による。

明治四十五年（一九一二）

明治四十五年五月二十七日
東都寸松庵主所蔵品
京都美術倶楽部
二　趙昌釈迦　左探幽江月和尚像　右同佐久間将監像　三幅対　江月自作彫字箱　外箱白酔庵　江月外題　寸松庵伝来品
▲口絵30

二五五　呉須獅子蓋香炉　白酔庵箱書付　溝口家旧蔵

大正二年（一九一三）

堺市宅醸春軒所蔵品入札（第一回）
大正二年六月一日
大阪美術倶楽部
二五二　織部手鉢　白酔庵箱
縦六寸三分　横七寸五分
▲図10

堺市宅醸春軒所蔵品入札（第二回）
大正二年六月十四日
大阪美術倶楽部
一　趙昌釈迦　左右探幽　江月和尚佐久間将監像　江月賛　三幅対　江月自刻箱書付　江月外題　白酔庵外箱　寸松庵伝来
竪二尺三寸二分　巾一尺一分
▲図51（作品は口絵30に同じ）。箱のみ本文で紹介。

大正四年（一九一五）

東京某伯爵家当市寺島家旧蔵品入札
大正四年二月九日
大阪美術倶楽部
宗和一重切花入　さひ竹　白酔庵箱

唐物青貝四方盆　双清文字　弘治年
號銘　見竜院箱書付

※見竜院は翠涛のこと。本盆は文政四
年に観阿が鑑定している。

堆黒草花彫軸盆
▲図45

鷹司輔信懐紙　鶴訓砌　白醉庵箱
（図版なし）

宗鑑一行　二千里外云々　双幅　白
醉庵箱（図版なし）

瀬戸唐津塩筒《笥》茶盌　白醉庵箱（図版
なし）

絵唐津蛤茶盌　白醉庵箱（図版なし）

薩摩色絵瓢形水指口　白醉庵箱
（図版なし）

白高麗輪花平鉢　白醉庵箱（図版
なし）

唐津小片口銘うつら　白醉庵箱（図
版なし）

東山時代葡萄蒔絵短冊箱　白醉庵
箱（図版なし）

東京積翠庵所蔵品入札
大正四年十一月四日
大阪美術倶楽部

三四六　信楽瓢形水指　白醉庵観河《阿》
箱書付（図版なし）

三五六　一入黒水指（図版なし）

五五一　乾山笹絵向付　五人前　白
醉庵所持　溝口家蔵品ノ内
▲図44

大正五年（一九一六）

当市京町横田氏及某家所蔵品売立
十一月三十日
名古屋美術倶楽部

黄瀬戸三足香炉　白醉庵所持

大正六年（一九一七）

赤星家所蔵品入札
大正六年六月十一日
東京美術倶楽部

二六一　丹頂野雁一双三ツ羽　桑柄火箸　同灰匙添　松花堂所持

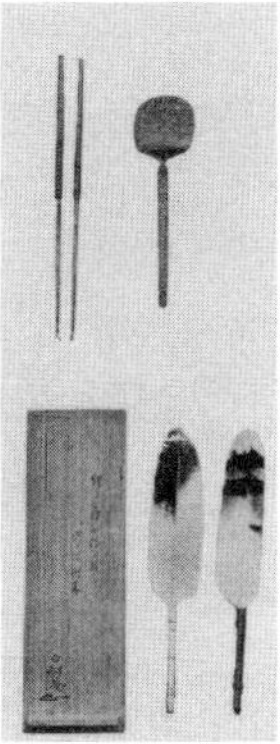

第三回　赤星家所蔵品入札
大正六年十月十五日
東京両国美術倶楽部
一一六　光悦黒瓢箪香合　中興名物ノ内　原叟箱書　白醉庵外箱
▲口絵36

大正七年（一九一八）

高橋家御蔵品入札
大正七年四月五日
東京美術倶楽部
一五五　染付茶碗　銘腰あられ　白醉庵箱　溝口家旧蔵

三一四　唐津茶碗　観阿箱書（図版なし）
三六〇　一入黒楽水指　白醉庵箱（図版なし）
四〇〇　観阿好灰器（図版なし）

石黒家蔵品入札
大正七年四月十六日
稲荷組商社
二四七　祥瑞一閑人火入　箱白醉庵観阿

大正八年（一九一九）

勝伯爵家某大家御蔵品入札
大正八年四月二十一日
東京美術倶楽部
一四四　利久《休》所持桑柄写火鉢《箸》　観阿箱

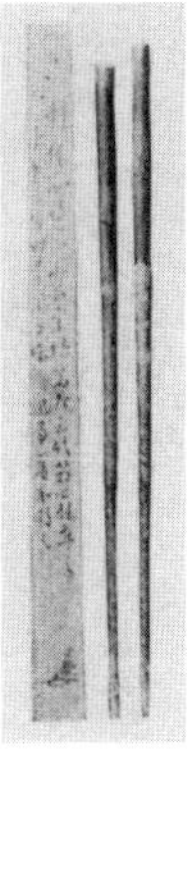

旧華族家御蔵品展観入札会
大正八年五月二十六日
東京美術倶楽部

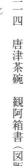

一四五　胡民立鶴丸香合　観阿箱

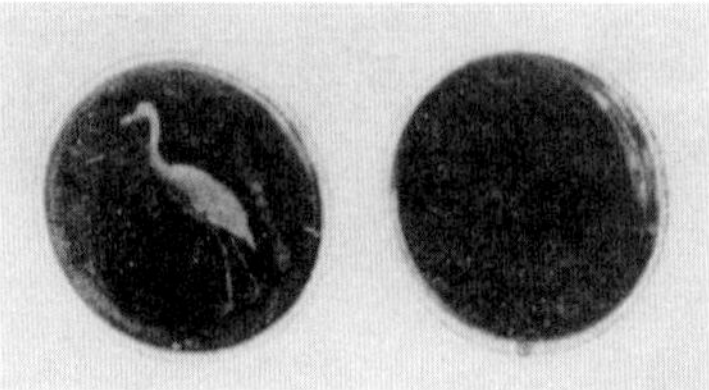

※高尾曜氏も指摘するように、観阿の箱墨書ではなく、観勢によるものである。

江戸旧家栃木県某家所蔵品入札
大正八年十二月四日
東京美術倶楽部
一七九　不昧公共筒茶杓　共文添
歌銘陶靖節　白醉庵箱書

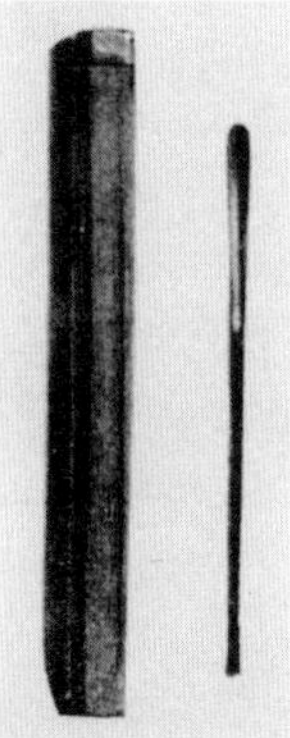

大正九年（一九二〇）

朝吹氏野崎氏蔵品入札
大正九年四月二十二日
東京美術倶楽部
六〇　晴川、溝口公合作　福禄寿鶴亀　宗中賛　宗中箱書　竪二尺八寸四分　幅一尺
▲図17

大正十年（一九二一）

当市八木騎牛庵氏所蔵品入札
大正十年十月十日
大阪美術倶楽部
一四八　唐物藤組耳付花入　白醉庵箱

水戸徳川家音羽護国寺並ニ某家御蔵品入札目録
大正十年十一月二十八日
東京美術倶楽部
三八　和漢四句　松花堂、澤庵、江月、遠州　了意了音外題　観阿箱
溝口家伝来
竪九寸四分×巾一尺四寸二分
▲図39

一八九　仁清共筒茶杓　銘初しも
観阿所持

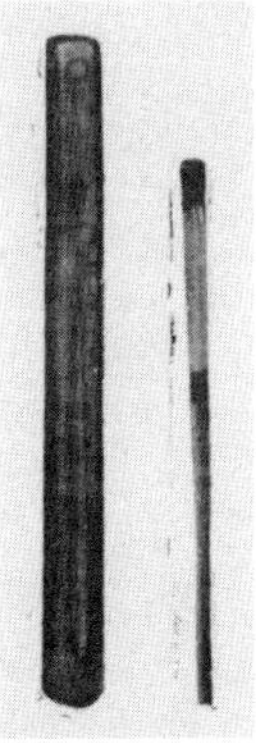

二一三　不昧公共筒茶杓　虫喰　観
阿箱

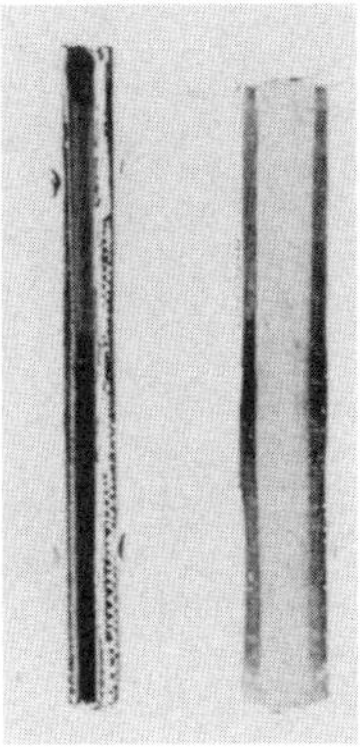

二四四　織部筋花入　観阿箱　溝口
家伝来

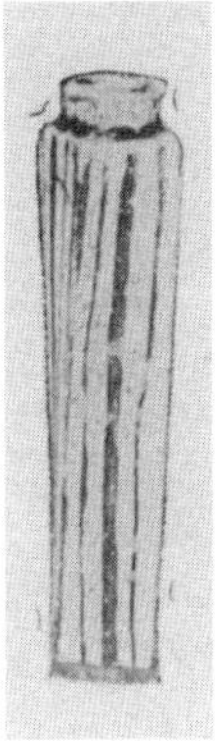

三二五　時代桐火鉢　観阿所持

四二五　観阿桃蒔絵棗（図版なし）
四五三　観阿手造黒茶碗　共箱（図
版なし）

大正十一年（一九二二）

銘酒不老醸造元久野松酒舎外某家所
蔵品売立
大正十一年三月十七日
名古屋美術倶楽部
信楽瓢簞水指　白醉庵箱

子爵東園家滋賀県某家御蔵器入札
大正十一年五月一日
東京美術倶楽部
一五一　木賊蒔絵中次　白醉庵箱

籾山家某旧家御蔵品入札
大正十一年六月五日

東京美術倶楽部
一八五　時代鐵象嵌鹿香爐　白醉庵
箱　碧雲山房伝来

※溝口家の蔵印には「碧雲山房蓄蔵物品」とあるように、溝口家伝来品を示す。なお碧雲山房とは大きな桐の木の下の居室の意。

大正十三年（一九二四）

名古屋市一行庵主所蔵品入札
大正十三年十月十三日
京都美術倶楽部
一九一　出雲焼半寧羅建水　箱観阿

二三五　古備前梅地紋手鉢　白醉庵
箱

東区某家所蔵品入札並売立
大正十三年十二月十二日
名古屋美術倶楽部

一四二　観阿手造黒茶碗　共箱

大正十四年（一九二五）

南勢某旧家所蔵品売立
大正十四年一月十七日
名古屋美術倶楽部
時代大判形灰匙　観阿箱

北勢米沢喜楽庵当市某大家所蔵品売立
大正十四年六月三日
名古屋美術倶楽部
羊遊齊一閑張棗　袋一ツ　甲桃の書有り　白醉庵狂歌書付

故田村成義氏遺愛品某家所蔵品入札
大正十四年十一月三十日
東京美術倶楽部
一〇二　桑柄皮巻火箸　白醉庵箱

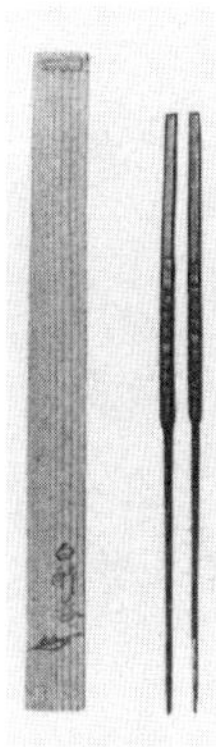

大正十五年（一九二六）

和泉町小見山吟松庵遺愛品外某家所蔵品売立
大正十五年一月十四日
名古屋美術倶楽部
吉見喜斎共筒茶杓　銘　鹿子　白醉庵箱

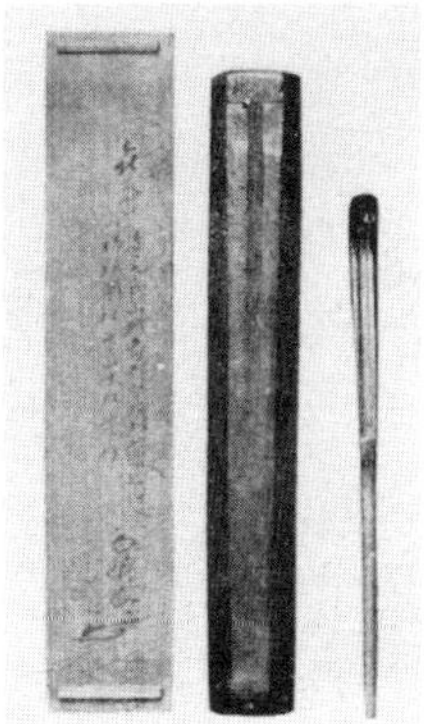

白醉庵書付鉄釜鐶

岐阜県木訥庵故大野鋑二氏愛蔵品入札並売
大正十五年二月八日
岐阜市万松館

二二五　柳川焼灰器　白醉庵箱

当市（千治）西村治兵衛及某家所蔵品入札
大正十五年四月二十六日
京都美術倶楽部
三〇三　不昧侯野雁羽箒　包紙書附
共　白醉庵所持
▲図7

某家所蔵品入札
大正十五年十一月十一日
東京美術倶楽部

一六〇　魚々屋茶碗　銘五月雨　白醉庵箱

一六二　桑柄、火箸、白醉庵箱

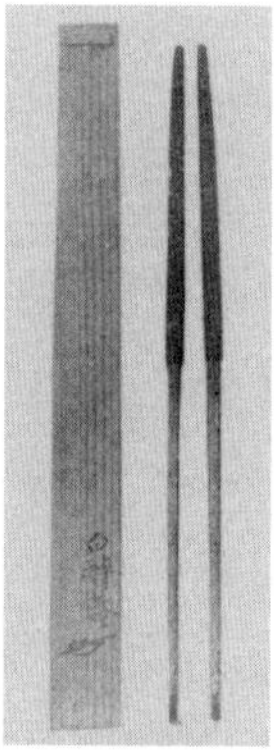

当市某家所蔵品売立
大正十五年十二月十四日
名古屋美術倶楽部
白醉庵手造半寧羅写水指　共箱

昭和二年（一九二七）

子爵毛利家子爵某家御蔵品入札
昭和二年十一月七日
東京美術倶楽部
二〇　光琳　月下小督　観阿箱書
竪二尺四寸八分　巾六寸八分

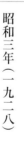

昭和三年（一九二八）

県下領下遠藤随時庵氏所蔵品売立
昭和三年三月三十日

誓願寺
原叟作牙茶杓　白醉庵箱　碌々斎筒
箱　外箱牛古斎

岐阜県関町瓢々庵氏所蔵品売立
昭和三年五月十九日
名古屋美術倶楽部
仁清竹之書茶碗　白醉庵箱

岐阜県竹鼻町某大家当市中区某家所
蔵品売立
昭和三年十月十六日

名古屋美術倶楽部
白醉庵手造茶碗　銘色変　共箱

昭和四年（一九二九）

神戸勝田家所蔵品目録
昭和四年二月五日
大阪美術倶楽部
一五　遠州公　一首懐紙　難波江の
白醉庵箱　竪九寸　巾一尺三寸八分

当市各務常楽庵並某大家所蔵品売立
昭和四年三月七日
誓願寺
古備前種壷水指　白醉庵箱　銘曙
▲図72
故松風軒田中久弥氏遺愛品目録
昭和四年十月四日
名古屋美術倶楽部
白醉庵手造信楽写炮烙

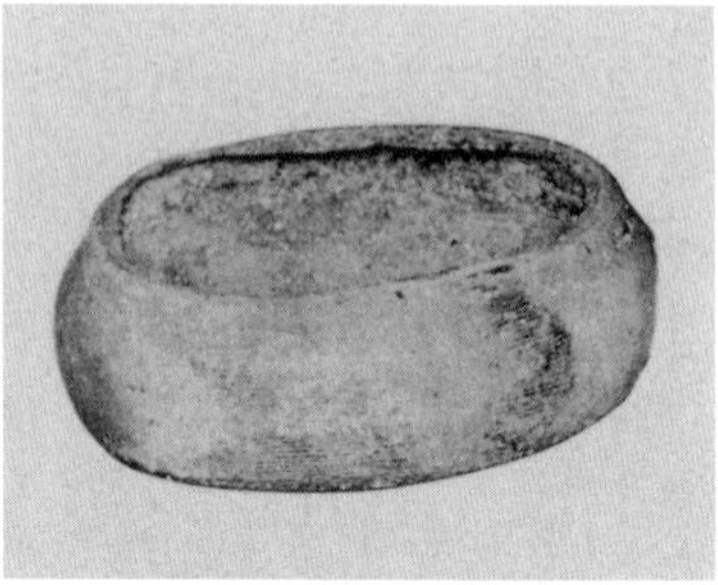

溝口家伝来　徳元作奈良鐶（溝口家伝来品では鉄石軒の作が知られるが観阿が関係する可能性が高いため紹介）

黄瀬戸竹節香炉　白酔庵箱

昭和五年（一九三〇）

当市某家愛蔵品売立
昭和五年三月二十九日
名古屋美術倶楽部
備前種壷水指　白酔庵箱

一木庵高橋家所蔵品入札目録
昭和五年十月二十七日
東京美術倶楽部
七七　御本兎耳香炉　白酔庵所持
溝口家伝来
▲図13
一一四　白酔庵好炮烙
▲図62
一二三　時代　桑柄灰匙　箱書付白酔庵　溝口家伝来

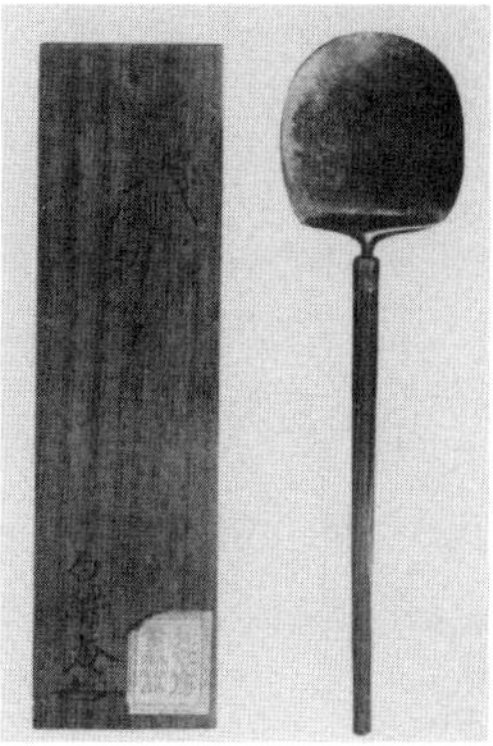

一二三　長次郎　炮烙　箱書付白酔庵

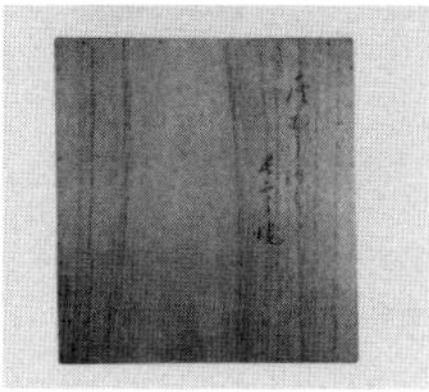

昭和六年（一九三一）

説田家蔵品展観目録
東京美術倶楽部
昭和六年五月十九日
九九　祥瑞鳥摘福寿字茶入　溝口家

伝来
▲口絵23

小出庄兵衛氏所蔵品売立目録
昭和六年十月二十日
名古屋美術倶楽部
良盆旧蔵　時代錫椽橘鶴亀蒔絵茶箱
白酔庵箱

中井家外某旧家所蔵品売立目録
昭和六年十二月十四日
名古屋美術倶楽部
安南耳付茶器　白酔庵箱

昭和七年（一九三二）

原尚庵氏所蔵品入札目録
昭和七年二月十一日
大阪美術倶楽部
二七二　古銅累座地紋花入　白酔庵
箱書

説田家蔵品展観目録

昭和七年六月八日
東京美術倶楽部
九八　羊遊斎桃蒔絵棗　一双　共箱
観阿箱書

西枇杷島町川島家並ニ市内某旧家所蔵品売立
昭和七年六月十三日
名古屋美術倶楽部
青磁馬上盃　白醉庵箱
▲作品は図28

八田西洞氏所蔵品入札
昭和七年九月二十八日
大阪美術倶楽部
一三一　御本兎耳共蓋香炉　白醉庵箱
※一木庵高橋家蔵品入札目録に同じ。（▲図13）

天埜家愛蔵品入札並売立
昭和七年十月十八日
名古屋美術倶楽部
石州所持羽箒　一對　白醉庵箱

昭和八年（一九三三）

某家所蔵品入札目録
昭和八年五月三日
大阪美術倶楽部
一二二　不昧侯共筒茶杓　銘竜橋
白醉庵箱

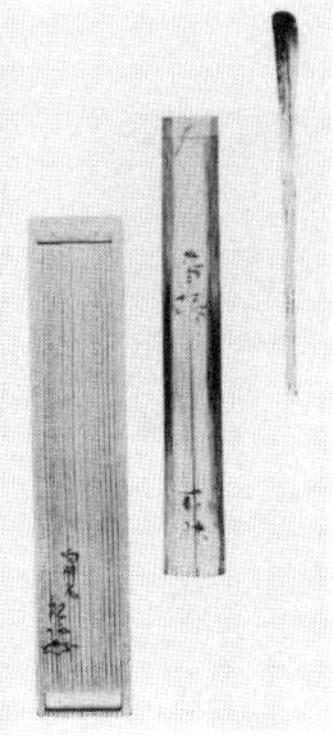

某家旧蔵品入札
昭和八年六月十二日
東京美術倶楽部
八六　仁清共筒茶杓　銘初霜　白酔庵箱

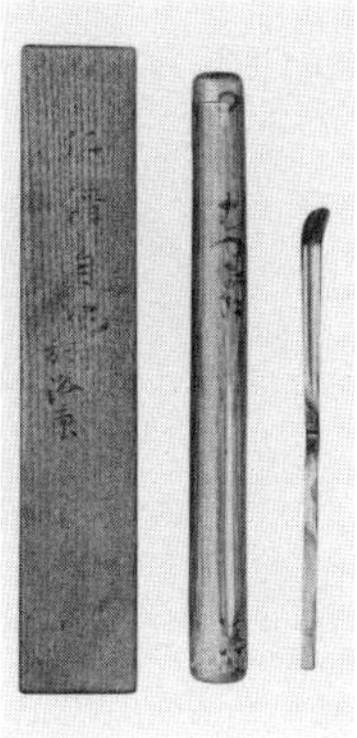

神野家並某家所蔵品入札売立目録
昭和八年六月二十日
名古屋美術倶楽部
白高麗輪花平鉢　白酔庵箱

昭和九年（一九三四）

旧大村藩主大村伯爵家某子爵家所蔵品入札
昭和九年三月五日
東京美術倶楽部
一一五　不昧公竹花筒　歌銘　白酔庵箱

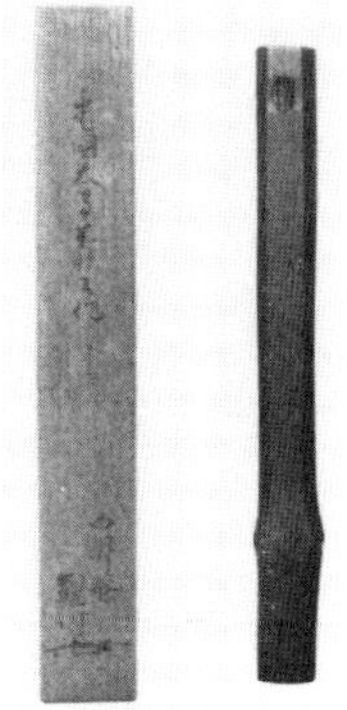

当市大間知家所蔵品売立目録
昭和九年四月二十日
富士ホテル
七〇　金馬宝珠莨入　白酔庵箱

新潟県新発田町安倍家蔵品入札目録
昭和九年十一月十九日
超願寺

一三八　唐津片口水指　白醉庵箱

一五八　宗和作茶杓共筒　白醉庵箱

一七五　棕櫚組底板手付籠　溝口家伝来　白醉庵箱

三六九　時代頓阿作西行像　表書不白　白醉庵鑑書（図版なし）

三二三　陳元贇墨痕短冊　白醉庵箱　溝口家伝来（図版なし）

四三五　唐物釜鋪　白醉庵観阿箱　溝口家伝来　二枚（図版なし）

▲図60

昭和十年（一九三五）

旧大名並某家蔵品入札

昭和十年三月十八日

東京美術倶楽部

一一三　堆朱楼閣人物彫香合　印岱作　白醉庵箱

一七九　古伊賀敷板　観阿所持

野崎家某家所蔵品売立

昭和十年四月一日

東京美術倶楽部
茶臼　白醉庵常什（図版なし）

西区串田家並某家所蔵品売立
昭和十年六月四日
名古屋美術倶楽部
雨宿小硯箱　遠州所持　白醉庵箱

竹軒蔵品展観図録
昭和十年六月九日
大阪美術倶楽部
三三八　南蛮砂張静海盆　中　白醉庵箱　口径九寸六分

市内某家所蔵品入札目録
昭和十年六月二十四日
長岡市常盤楼
四二　朝鮮伊羅保茶碗　白醉庵箱

有賀家所蔵品展観入札
昭和十年十月二十八日

東京美術倶楽部
二三九　唐木四方香盆　箱書白醉庵

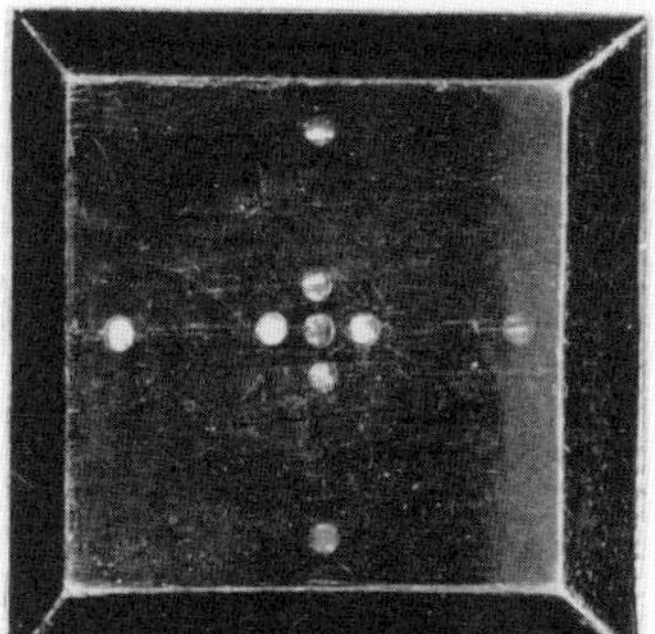

小松澤守半翠庵氏蔵器売立
昭和十年十月二十九日
本光寺

飾石　銘淡路島　前田利悳公直書
砂張盆添　箱観阿

関戸松下軒蔵器入札並売立
昭和十年十二月三日
名古屋美術倶楽部

五一　朝日茶碗　白酔庵箱

一七六　輔信侯共筒茶杓　銘白蘋
歓《観》阿箱

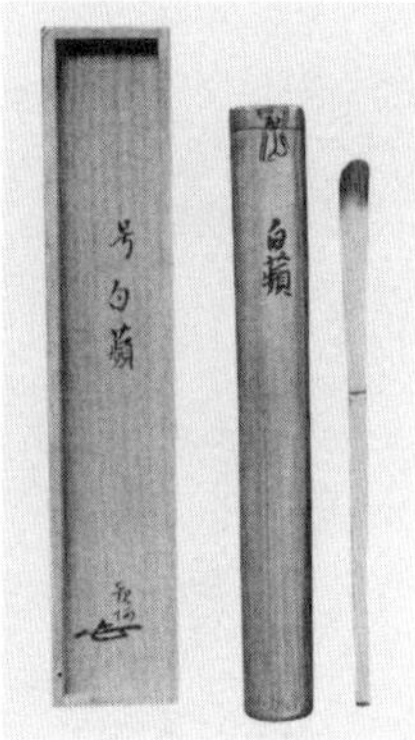

昭和十一年（一九三六）

京都東寺蜷川家所蔵品入札
昭和十一年五月二十五日
京都美術倶楽部
三七　東山時代　秋草蒔絵錫椽香合
銘宮城野　白酔庵箱書付

熱田故深田仙太郎氏外某家所蔵品売立
昭和十一年十一月二十四日
名古屋美術倶楽部
時代達磨平炭斗　白酔庵箱

本多男爵家東京林家蔵品入札目録
昭和十一年十二月二十日
金沢美術倶楽部
二二　光廣達磨詠歌　白醉庵箱　竪一尺七寸八分　巾一尺二寸五分

丘甫庵所蔵品入札

昭和十一年十二月二十三日
大阪美術倶楽部
二五　丈山　団扇詩短冊　白醉庵箱
平瀬家伝来

一三五　石州公聞書観阿包紙　貞房公箱　溝口家伝来
▲図36

昭和十二年（一九三七）

今村聴雪軒永井原泉閣蔵品展観目録
昭和十二年六月五日
金沢美術倶楽部
一〇三　青銅擂座地紋花生　箱白醉庵
※原尚庵氏所蔵品入札目録所載品に同じ。

昭和十四年（一九三九）

某家所蔵品入札目録
昭和十四年二月十九日
大阪美術倶楽部
一三四　備前緋襷水指　銘　布袋
白醉庵箱

曖遠郁荘所蔵品入札
昭和十四年三月十四日
東京美術倶楽部
一〇六　朝鮮風呂　因幡糸目釜　白醉庵什物　同箱書付

某大家蔵品入札
昭和十四年六月九日
東京美術倶楽部
一三四　絵唐津喰違茶碗　白醉庵箱

一五一　宗和共筒茶杓　八十七歳作
白醉庵箱

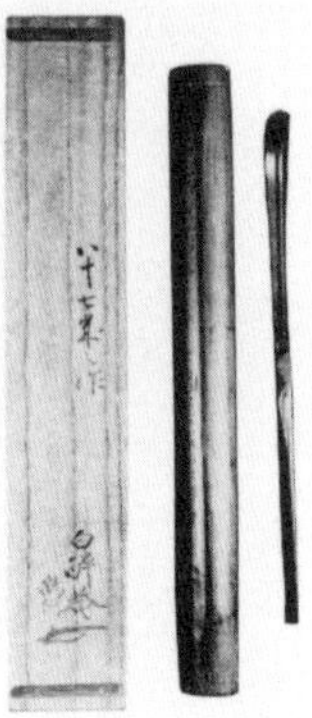

書画茶道具展観正札会
昭和十四年十二月十四日
東京美術倶楽部
一〇七　時代竹組菜篭　宗和侯所持
白醉庵箱

某家所蔵品入札目録
昭和十四年十二月十七日
大阪美術倶楽部
一七七　長次郎黒向獅子香炉　白醉
庵箱

昭和十五年（一九四〇）

三楽庵所蔵品入札
昭和十五年二月十六日
大阪美術倶楽部
一五四　長次郎　灰器　白醉庵箱

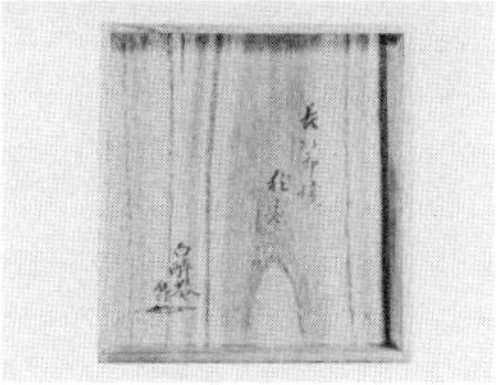

当市石原家所蔵品入札
昭和十五年二月二十六日
京都美術倶楽部
六六　梅厓　山水　淡彩　白醉庵箱

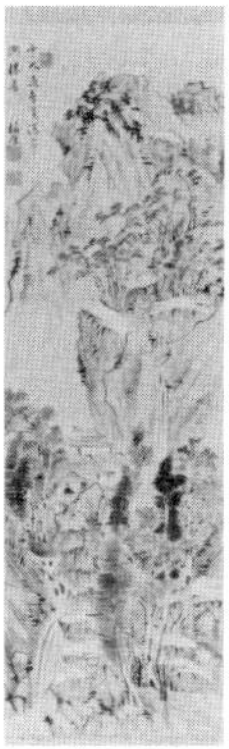

三楽荘某旧家蔵品入札
昭和十五年三月十一日
東京美術倶楽部

二四三　古備前種壺水指　白醉庵箱

展観入札
昭和十五年四月五日
京都美術倶楽部
二一三　石川丈山共筒象牙茶杓　白醉庵　了意箱
▲図43

遅日庵並某家所蔵品売立
昭和十五年四月九日
名古屋美術倶楽部
白醉庵観阿手造赤茶碗　銘秋ノ色
共箱
▲図30

某家所蔵品入札
昭和十五年六月三十日
東京美術倶楽部
一五一　砂張鶏頭火箸織部所持　白醉庵箱

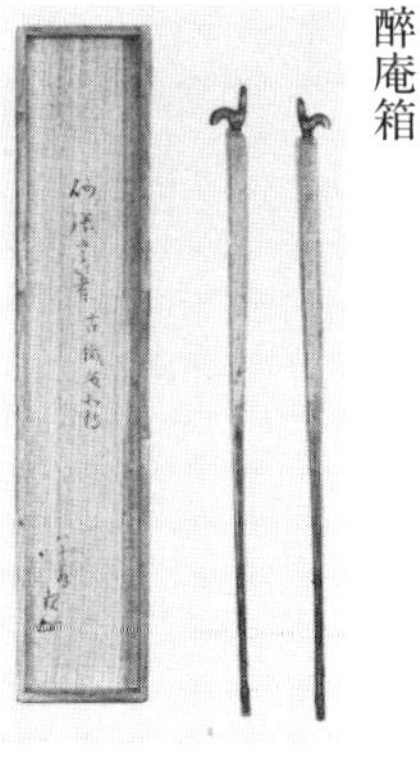

昭和十六年（一九四一）

某旧家所蔵品売立
昭和十六年三月十五日
名古屋美術倶楽部
南蛮粽花入　白醉庵箱

展観入札
昭和十六年五月二十二日
大阪美術倶楽部
二一　山楽　福禄寿　亡羊賛　着色
大倉極　白醉庵箱　竪三尺一寸一分
巾一尺三寸八分
▲口絵20

正札展観
昭和十六年五月二十六日
東京美術倶楽部

時代根来硯箱　白醉庵箱

涛聲館蔵品入札図録
昭和十六年六月五日
大阪美術倶楽部
四六　清巌　布袋画讃　一風紫地印
金　白醉庵観阿箱　竪三尺二寸四分
巾九寸四分

書画茶道具備前卜薩摩展観正札会
昭和十六年十一月二十七日
東京美術倶楽部
八三　唐津建水　白醉庵箱　溝口家
伝来

昭和十七年（一九四二）

某家所蔵品入札
昭和十七年三月五日
大阪美術倶楽部
七　明恵上人　消息　横物　白醉庵
観阿　了意極

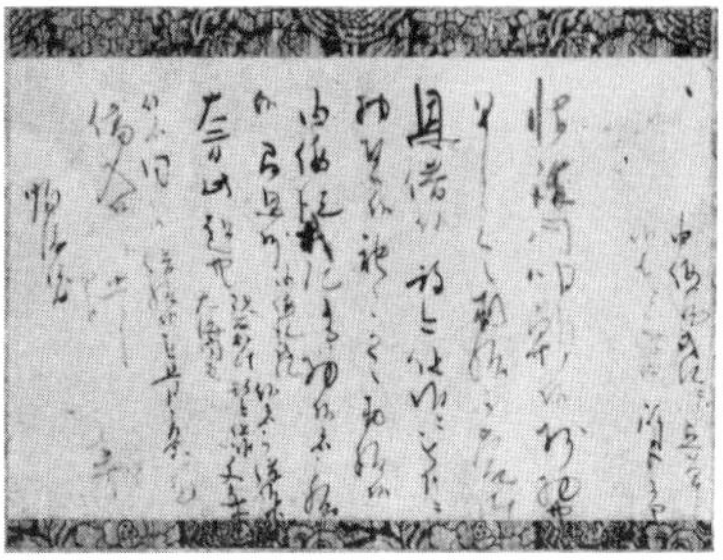

長松軒蔵品売立
昭和十七年四月二十四日
名古屋美術倶楽部
備前緋襷種壷水指　白醉庵箱

開催年不詳

当市某家所蔵品入札
一二月四日
金沢美術倶楽部
庸軒好富士蒔絵硯箱　観阿箱書付

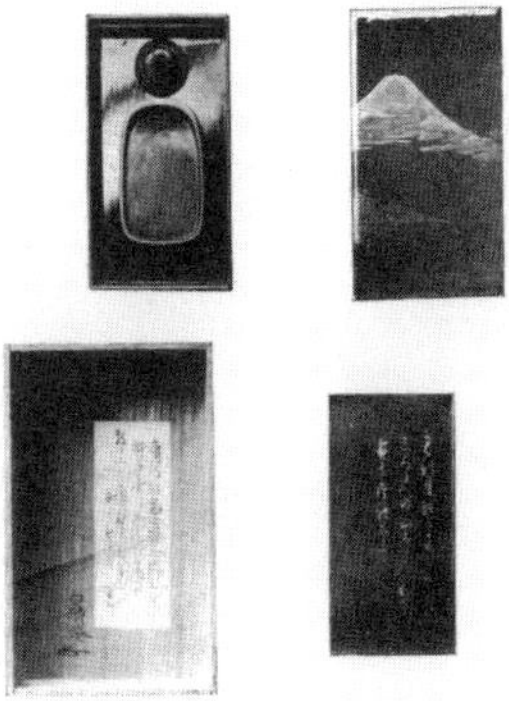

付録5　『白醉庵数寄物語』全文

［解題］

観阿による言動をまとめたとされる筆記がある。かつて『名家談叢』で忘我逸人により紹介された「白醉庵数寄ものかたり」と「白醉庵数寄物語芳村観阿を云ふ（続）」がそれである。成立について詳しいことは分かっていない。内容は六十三件の聞き書きである。後年、相見香雨が『白醉庵筆記』として四十六件を紹介している。そこで本項では全文を紹介する。

従来、本書は原羊遊斎に関する記述が多いことから度々取り上げられてきた。しかしながら茶の湯文化研究ではあまり取り上げられていないように思われる。その理由の一つに観阿自身が注目されていなかったことが大きい。

内容を大別しておくと①観阿に関する記述では生家と出自、屋敷、茶室に関する事項。②茶人に関する記述では過去の茶人、江戸の茶人、歌舞伎役者、羊遊斎に関する事項。③道具に関する記述では大名の所持した道具、町人の所持した道具、江戸の道具商、道具の歴史、当時の相場に関する事項がある。

当時の観阿自身もしくは周辺で語られていた内容と考えることができ、観阿研究もしくは当時の茶の湯文化に関係する江戸の事象を語る場合、重要な資料である。

本書で注目すべきは各事項に観阿の語った評にこそ重きが置かれる。以下、数例を挙げておく。

・土岐二三では茶会での亭主と正客の応対を褒めること（3）
・井桁屋は金はあるが、風流は心得ない人と評していること（4）
・本多豊後守助受は数寄道具を多く所蔵していたようで、歿後に棺の中にこれらの道具も一緒に収めて埋葬したようである。ここでは、天下の数寄道具としており、個人の物とするのではなく、天下の道具とすべき考えが述べられていること。（21）

以上の点からも観阿の見識を知るに十分な内容である。

しかしながら表千家九代家元了々斎に関する記述（38）については一言付け加えておく。同書では了々斎が侘人の体では無く豪奢な生活により痛風になったとされる。しかしながら了々斎は久田家から養子となり八代家元啐啄斎の娘婿となり九代目を継いだ人である。また三十四歳で紀州徳川家に出仕し、その後は樂旦入とともに紀州に赴くなど、その活動が注目される。さらに紀州徳川家の治宝を京都の千家へ茶事に招くなど、茶人として精力的に活動した人である。また自筆による一行などの書作品をはじめ、茶の湯道具への箱書付も多く残される。そのため当時の良からぬ伝聞が本書に残ったであろうことが推察される。

なお今回の整理にあたり、書名は当初の意図を尊重して『白醉庵数寄物語』とした。

［凡例］

・本書は『名家談叢』で物我逸人により紹介された「白醉庵数寄ものかたり」と「白醉庵数寄物語芳村観阿を云ふ（続）」を収録した。
・本書の大半は相見香雨が『白醉庵筆記』として紹介しているが、本項では全文を原文のまま紹介する。
・相見が紹介しているものについては番号の下に●を付した。
・番号をカッコ表記し、見出しを付した。
・句読点を付した。
・必要に応じて注を付した。

［全文］

（1）観阿のこと

芳村観阿。白醉庵と号し、江戸の人にて家富み、某侯の用達をも為しけるが破産の厄に瀕するや剃髪、此世の俗を避け浅草俵町へ幽居し畢はんぬ。茲に掲くる者は文政七八年の頃に方り彼が専ら数寄道具の鑑定を勉めける。雑話にして多くは諸大名と交際の間其物語れる摘要なりと推知すべし。因云同人は八十五六歳の長寿を保ちたる由①。

（2）●備前と信楽

古備前は六七百年にも可相成候。観阿所持の水壺は永正時代の物にて銘も有之候②。慶長頃の信楽は焼をろしの様に見え候物に御坐候。

（3）●土岐二三

京岡崎村に隠遁いたし候、土岐二三と申仁、自在軒と号し琵琶好にて茶に参り候話し御坐候。腰掛に琵琶を置き茶室に入り候処、中立前に主人其琵琶を勝手へ持参り、後座の節床に飾置き、茶事をはりて主より所望有之一曲弾候由。主人の扱も出来たることにて二三も実に風流なる人の由なりき。

（4）●名残の銅鑼

昔し斯波九郎兵衛と申人有之。剃髪にて号了斎。頗る茶を愛しけるが曾秘蔵いたし候鉦ありしも無餘義典物に差入て、伊勢町井桁屋某へ預けたり。甚た残惜く存じ、一日借用を乞ひ候所、早速許諾して相渡すを打悦び、直に茶の湯を催し、彼井桁屋をも招きて上客となし正午の案内いたし、約束の通、客揃ひ席に入りしが常にかはることなし。例の如く中立も有之。二度目案内に鳴物をいたさず主人立出案内せしより客は今こそ鉦を打べけれと耳を澄し候所、右の仕合ゆえ不審を抱き居る然に濃薄茶も相済み茶室を出てヽ、腰掛の辺に至るころしも彼鉦の音はボンと打響きぬ。客何れも足を止め耳を澄し居れば幾つともなく打ひゞく故、客其侭立去り半町程も行過るまで不相替鉦の音聞えけり。其後主人の申には是ぞ名残りなると存打候由言ひて又、井桁屋方へ還し遣りけるを、是より丁《(了)》斎が名残の鉦とて名高きに事なり候由なり。井桁屋は其後肥前の芝居金主いたし、或時、和藤内の狂言有之かな盥を打つを聞出し鉦を打候はゞ宜しからんと、彼鉦を貸遣し候由なるが、楽屋にて打鳴すや否真二つに割れて再ひ用かたくなり候へば、了斎之を承り涙を流し愛惜の念に堪へ兼しとなん。元来井けた《桁》屋は黄金家にて無風流なる人と見え候。

(5)●不識水指

ふしき水指③、打形ある程よろしく。元は南蛮物にいたし置候。近年は常滑焼の古作に極り申候。此品は尾州智多郡岡田村より掘出す分。同村と常滑とは三里程違ひ候然は窯の場所違ひたることに見ゆ。古作上品は価百両にも可相成候。

(6)●炉縁、五徳、釜繕い

道志。道恵作の炉縁イヂ〳〵塗④金一枚位もするなり方今は十両以上にも相成へく。因幡⑤作五徳は名越弥五郎よりは宜く候。釜の繕ひは京都でなければ悪く与次郎の張ぬき鐶はきさものにて候。

(7)●遠州時代の金貨

遠州公時代の通用金百両は、当時の金にて百六十両位相当なるべく候。

(8)●三代目坂東彦三郎

坂東彦三郎⑥、唯今は本所吾妻橋の向に居し清僧となりて常釜侘なる茶人の由。菅丞相を致し候節は洵に宜く、前後右に出る者は有間敷存せられ候。

(9)●七代目團十郎

当時の団十郎、甚た数寄者にて舞台提げの印籠は頗る結構なる拵ひの物を用たり。先つ瀧登鯉の図は文晁の下絵、牡丹は抱一上人ヽ下絵粉地高蒔絵にて内は刑部梨子地とし原更山と申もの制作せる由。更山は神田下駄新道に住居せり。此職人は観阿に於て世話いたしたる者なり。大きな切金をベタ〳〵と貼けしを刑部梨子地と申しぬ。扨、此印籠下絵より拵上け迄三十五両は慥かに費へり、其上珊瑚の緒〆玉は拾両位、根付枝サンゴ十五両位、都合六十両の内なり。品筥桐柾目木地きてふ面取にして上書鵬斎、裏書敬義、外箱堅地黒塗に金粉なるが抱一上人発句をも題しあり。中々大造なる装ひなりき加賀象眼海老の形なる錠を観阿二両二分にて購置しもの。或日更山尋来り土井様御望の由に付差上けよと申談せり。実に土井様の御望ならば御出入のこと故、更山へ被仰聞なく直に申来られ可然ことを何とて斯く煩はしきぞや。不審なりと挨拶し語りぬれば更山、忽ち顔地を替ひ去からは打明け申さん。全く団十郎よりの依頼なりと観阿、於茲乎ハタと手を拍ちいと易きこと哉即ち熨斗を付て送りやらんと承引せり。夫より右錠に取合、唐木寄細工の箪笥を拵ひける由。是とて入用は二十両位かゝりしとなん其指物屋は京都利斎の弟子にて清兵衛と申し上手なる者なり⑦。両国に住居せるが近頃老衰いたし候。団十郎が矢の根五郎をいたし候節の腰掛右の清兵衛に頼みし所桧の木きてう面取に拵遣はし代金をば不申受とかや京生れの人にして江戸つ子の気前も有之感心いたされ候。右上箱書附を観阿認めたるなり。

(10)●原更山

原更山が製作の蒔絵の櫛計りにても一ヵ年三四百両位づゝは出来申候

(11)市川團十郎

市川團十郎⑧は俳優連にて珍しき好事癖ありて抱一様の許へも時々参上したることありき

(12)●抱一上人

抱一上人は画具料被申請たる由。謝金を持参いたす者の依頼ものは直に御認めあり。卑陋の物好なりと評判せるが成程一ヵ年三百両余の潤筆代は収入せらるゝ由。全体、酒井雅樂頭より小入用として一年二百五十両の仕向けも参り居れば、画料を徴すことの念薄く候はゝ筆頭の光り倍〳〵高く貴きことならめ。其他お妾は尼となり居り、是とて酒井様より御仕向け参り抱一様の飯米諸式抔も同断なるゆえ、二百五十金にて事足らぬ訳もあるまじ。扨々笑止千万の至なり。

(13)西本願寺

京都西本願寺には道具許多有之。古金襴巻物別けて珍しきことなり。是を六條切《裂》とて名物に位し、古金ラン中第一なる品に候⑨。菊花入唐草白地らん切《裂》⑩に御坐候。

(14)三井と鴻池

商人にて天下一は三ツ井《三井》、金貸にては鴻の池《鴻池》、此二軒に止れり。三井八郎左エ門は茶を愛し、道具も好み当時存命の主人隠居する時、十六万両の借債を店へ残したりと聞けり。世の中は貧富相廻くる慣ひありや如何。

(15)●大坂町人

大坂町人は道具を買はん為めに、迚て無尽をも企て起し、一年に一万両せり取りて、夫れを資本に持構ひ⑪。他より道具の売出るを俟ち購入す。左れば名器は大坂表は多く聚るの歎あり。是非なき次第か。

(16)●伏見屋甚右衛門

伏見屋甚右衛門⑫は、芝辺の雑なる骨董なりしが、交趾台牛香合の実ばかり不斗見当り何程にて売るかと尋しに、妻のみにて亭主留守ゆえ相分り兼ぬると申したり。又蓋は必ず在りたる様なれば是をも亭主の帰りを俟たれ呉る丶様申聞けたれど帰りの程も知れず脇外を回りて復た立寄らんと約束いたし、再び相見えしに今度は蓋も取出し、直段五十銅なりと言ひけり。伏甚は頗る安直なりと気の毒に感じ、百疋遣はし直に持去り、夫れから京都へ向け百五十両に売りたるが、其後三ツ井《三井》三郎助方にて二百両出して買調ひ置けるを、雲州不昧様三百両に所望あり差上たる由。

(17)墨屋助三郎

墨屋助三郎⑬、青磁桔梗の香合を神田妙《明》神下にて銀十匁に買取り、夫より河内屋喜兵衛が四十両出して買入れ、又これを観阿は五十両にて買受け、竟に金十枚に払ひ出せり。是は今より三十年余なれば当時大約二百両位にも相成べき品なり。

(18)手形の振出

大津茶入。藤浪茶入。神楽岡茶入。呉竹茶入。點《轉》合庵茶入。青磁一閑人香炉。同夕端山花入⑭。白《伯》庵茶碗⑮。右八品堀田様⑯より御払出しにて墨屋良助、買受け樽屋へ売渡したり。其代金二千両を手形にて播磨屋新右衛門方より引換可申、仕組にいたし。一時観阿へ預け置き、翌朝道具を持参。手形の通り金子受取済となる。樽屋と申者は人のせぬ事して大造なる品物を能くも買取りしを後にて驚けり。

(19)金襴手赤絵鉢

近所の道具屋市に金襴手赤絵丼、指亘し八寸位。器内模様は縁より中程まで瓔珞を擬し、底に鷺蓮、外は蘆に雁なるを十両の直付せし所、手放さず如何なる訳あるぞと思ひ居しが、間もなく他へ二十五両にて売行けり。怪からぬ高値にてありき此品は、是迄近所を二百匹乃至五百疋位で彼処此処と相渡り申ける品にて御座候。

(20)蓮蒔絵経箱

蓮蒔絵経筥元は南部法隆寺に有之を、先年抱一様南部に於て手に入せらる。此分河井準之助拝借いたし更山に寫方を申入候所、模して面白からぬ物にて十二両斗もか丶り申すべく。而して手間代に引合がたきことなりと云へり。西村佐兵衛⑰と申仁、好事にて行成卿の観音経一巻所持いたしありて十六羅漢を彫刻せる竹筒に右巻物を納め置けり。或時、抱一様之を御好望にて彼経箱と交易相成り。五月節句前金子に差支、観阿より六両用立置きて右経箱預入せり。金一枚に直《値か》を付けしも不承知にてありき⑱。

(21)●本多豊後守
本多豊後守様御養父、御隠居駿河守様⑲には数寄道具多く貯ひせられ、御逝去の節、御棺の内へ秘蔵品一通り納められけると。扨々天下之名器を御自分の物とのみ取扱はれしこそ口惜しけれ。右道具の内にて石州公作の茶杓杯、格別なる出来物なり。宛名有之サツパリと致し居れば金三枚位。石の一字なれば十両より十五両迄の相場に値ひす。

(22)●袋物師林蔵
村田瀬兵衛、後に東袋と号し袋物の名人なり。其れを相続ぎ村田林蔵⑳なる者も丈夫に能く出来たり。桧物町一丁目堀端大黒屋と申す糸物師、裏方に居り胡弓名人の正甫、隣家に業を営み何も名ありき。

(23)●古瀬戸
古瀬戸と申は五百年位。新焼と申す瀬戸が六十年位にも相成候はん

(24)●似たる作風
茶入に似寄りたる品々は膳所と丹波にて、職人が同じき由申伝ひぬ。萩と唐津、瀬戸とシドロと此も似寄りの品にて候。

(25)●渓(景)山のこと
怡渓和尚㉑作の茶杓。以前までは千匹位。□《欠字》たし当時は十金位も直段なり。是全く渓山様㉒ゆえと察せらる。半々庵㉓作の茶杓又は墨蹟類近頃高料に相成り二分位の物が二両位ならでは購求し兼るなり。

(26)●無い墨蹟
春屋国師の墨蹟は絶て無之。兼好法師も同断ニテタマタマ有之ものは歌截れの類に過ぎず。

(27)●松江の茶室
出雲松江に石川丈山好の茶室有之。額をもこれありき。遠州公御好も有之。御家中にも遠州好の所有之候。

(28)●堆朱
堆朱㉔に四体あり。錫体、銅体、金体、銀体とて右カ子《ネ》を心に入れたる製作なり。夫ゆえ目方も重く相成り候。東山時代御物は大抵皆金体にてありぬ。

(29)●棗

棗を作り初めし者は南都の住人羽田五郎と申伝ふ。松屋肩衝に添し盆抔、右の者の作也。是は珠光時代に属す。此折は皆棗のみ用ひしことならん。茶入は唐物を遣ひし時分にて塗物下地金かと思はるゝ程厚く目方も有之。自然に梨目の如くイヂ〳〵が出て居る也。紹鷗時代の塗師記三と申もの名人、又余三と申す塗師もありたり。秀次とは季次の誤りならんと云ふ説も有之候。右は太閤様御時代の仁に秀の字は遠慮して可然義なり。殊に秀次と申上たる御方も御坐候へば旁以て不審のことなり。利休時代の盛阿弥、藤重又は宗旦時分の宗長など何れも上手にして、喜斎と申す塗師も有之。古宗哲は宗旦の婿にて候。遠州公は道志を、宗和公は道恵を用ひられ、石州公には極りし塗師なけれど多く道志を用ゐられたるか。石州好に此作の物あり、加賀に原田廿万悦とて上手なる者あり同人作物種々にして香盆、棗、膳椀等も少なからず。

(30)●利斎のこと

京都に利斎と申す指物師の上手あり。其弟子に清兵衛㉕と云ふ者、不味様御用ひ相成候。又徹㉖と申せし上手は本多豊後守様御隠居様の召抱へと相成候。

(31)●金沢の道具

道具は三都を除き加州金沢の地に多く存在す。昨年茶器類斗り三千両程に売買ありしが、多くは千家流の物なりき。右の内絵掛物を江戸へ向け其他いづ地へ捌きしか相知れず候。

(32)載嵩の牛

載嵩の牛小幅は、先年閑雪と申もの越後より取出し江戸表へ持来り。其節三星なる者が五十両にて買入、又百両に売却せり。此品は新発田藩坂井数馬と申方へ同町人の手より差出せる際、直段に於て相整はず一旦留置けるを其侭戻したるが、価は一両位の由。それを閑雪承知せしにも非ず矢張、其相場を以て買出し帰府の上、右の如く捌きしとなりと云ふ。

(33)竹本屋五郎兵衛(五兵衛)

竹本五郎兵衛と申仁の所持品に青井戸の茶碗あり。是は二百五十両にて買置けるを、或夜盗賊忍入り水屋にありし右茶碗を目に付けず、却て其傍なる錫の中次を盗去りしとなん。扨ても眼明かぬ泥棒なる哉と打笑ひけり。

(34)●鶴岡の一切経

鎌倉の鶴岡に一切経を入るゝ箱有之。折々世の中へ出し珍敷ものとなり居れり木口に千字文の字少々有之。先達て一個手に入れたるも中々無キヅなるは無之次第にて。当時は鎌倉に於ても絶て無くなりし由。

(35)●政子手箱

鎌倉に在りし政子の手箱にはイス木地の櫛二十五本入りたるより世上、此形を模造して政子形の櫛と言合ることとなり。

(36)●興慶の彫刻

浅草神門に有之雷風神の彫刻作者雪渓と申伝へしは誤なり。京都七條左京の先祖興慶と云ひし趣、左京家の記録に載せあり。此由を浅草別当に語りけれは斜ならず打悦びて京師へ照会の上折紙をも申享けたり。

(37)●法隆寺の釈迦尊像

南都法隆寺より出し古作杉の釈迦尊像は、太子時分にも有之歟。御櫛の所彫出にいたし候ものが、即ち其頃の作に疑ひなき旨申伝置候。

(38)●了々斎

当時の千家了々斎は侘人の体にて無之。玄関に高張水籠等を粧飾し、又他流の茶人へは茶を振舞はぬと聞けり。而して自家の蓄妾十二人あり至つて驕奢好の気風にのみ暮せしが、近頃は中風症に罹り起居不自由の身となれり。

(39)●中川浄益

中川浄益は金物師にて京の住人なりしが、平生仕込には拵置不申、注文次第にコシラヒたりとなん。

(40)●京都の普請

京都の普請は鴨居ぬめ鴨居等一分位の面取にて候。江戸の大工は細面糸メンと申すことのみ致し、心得あしく候。

(41)●茶入の鑑定

茶入の鑑定には伏見屋甚右衛門㉗ほどの功者は大方これなく、先つ天下の一人とも称し可然なり。

(42)●目利きの心

小堀遠江様より永井信濃守様えの御文通中に「其後は何そ御掘出物御座なくや手前は一向掘出不申」云々有之も、是は利潤を得んとの心掛にあらす。埋れたる道具を発き世に其光りを輝せんことの念深きとも申すべし㉘。

(43)●買い方

古代は何職人とても製作物出来上りの所にて価格を極めたり。夫ゆえ結構なる品も出来しが、近世は直段積りを前きに致し、少も安直に出来上るを喜ぶ為め、結構なる物は勿論、ナカ〱用立器物さへも造り出すこと不足にて候。

(44)●雲山肩衝

松平隠岐守様にありし雲山肩衝㉙は、其御国元にて雷火に罹り焼けたけれど全形は残り居れり㉚。而して薬色も何も分り不申程に変りしなり其茶入に掛りし袋を雲山切といひて、紫地古金ランに候。比手の切地を世に雲山ギレと申伝ひけり。

(45)●蘭奢待

東大寺宝庫にランジャ台に有之候。王義之の肉筆孝経などもあけて右宝庫は慶長頃の勅封なりとかや湿気の憂に堪えず候。

(46)●三斎の石燈篭

細川三斎公は秘蔵の石燈籠を上下御道中にも持たせ遊ばされ、本陣え据《へ》えてお楽しみ相成りし由。大徳寺塔頭高桐院に御墓所有之右石燈籠を直に墓碑石に立られ、法号宗立大居士と彫刻せしめらる㉛。是は春日形にて鹿のナキ作なり。石は奈良の産なりにて其質も古くて見分兼る程なりし。

(47)●大名物

唐物大名物の分は大抵火に入りし物なり。信長公時分、本能寺にて焼けたる品若くは、大坂落城の節火を受けたる多し。

(48)●平蜘釜

古天明平蜘の釜は松永弾正久秀滅亡の折、櫓の上より釣下けて敵方へ相渡せし品なれど、当時何方に在るやを知らず。

(49)●不易流行

貴賤とも元禄ころ迄は人物有之茶人にも名高きものあり。細工人にも名匠ありけるが、其以後大に衰へ申候。鵬斎亀田文左衛門㉜当世有名の文人なりしも、近頃廃人となれり。太田錦城は故人に帰し然れば世名高き儒者も茶人も無之様なり果て候。

(50)●水戸家の道具

水戸様の御道具にては玉堂肩衝。新田肩衝の両品。東照宮より御附属なりと承り居れり。但し火に入りし趣きなり。

(51)染付

成化染付器物にては子ジの井形の子ジ。模様は祥瑞なり。斯様の皿も有之候。張木は大小ともあり。向付位のも指み皿位のも有之候。祥瑞丸紋フタ茶碗口紅にて茶漬茶碗位の形。以前は一つが三両位、十を揃へなば金十枚位五ツにて三十五両位のものなり。虫喰手にては六角八角の皿丼平鉢もありて、大凡厚手なるが高価なり。薄作成化銘ありは下料にて候。呉洲赤絵にて丼鉢に花鳥を密に描き内の模様藍染附獅子の模様が上手なれば十金以上に取扱ひ申候。通例の品は赤く魁の字が有之。大五両位、小三両位なるべし。

(52)水戸、尾張の庭

水戸尾張両侯の御庭は結構なれど、御作事向は粗末なるやに見受けられぬ。

(53)●違棚

違棚は古風に金滅金或は、赤銅にて金具附け居り候て宜し。金張附の袱《襖か》に元信か雅楽助か古永徳など認候場所には、ナゲシ附にて違棚なければ見苦敷ものなり。尤わび住居にも仕様にて此邊相用申候。

(54)●不昧屋敷の扁額

不昧様大崎御屋敷の為楽庵額面文字は江月、松花堂、遠州三筆にて、喫茶去と題したるは御自筆なりき。而して此数寄屋のフスマ金地極彩色花鳥の画は古永徳に疑ひなかりき。

(55)●長崎斤斎

宗対馬守様の典医、長崎斤祭《斎か》は甚だ数寄者たり。宅は下谷金杉にて二畳台目の席を離家とし普請を構ふ折り、雲州様大崎屋敷の作事大工に命じけるが水屋少し附け、鍵の手に二畳敷の書斎をも匠ませ、惣して木地の造作なりき。敷鴨居とも赤松柾目、棚回りは赤杉柾目なる等市中珍らしき作事にて、当時江戸中に此一軒斗に候。殊の外道具も好み朝六ツ時より療治に出て九ツ時頃帰宅し四ツ頃より釜を掛け数寄せること常々の例なりしとなん。

(56)●朽木氏

朽木様御隠居に星橋㉝樗と申せし御方は至て軸物好み多かりき。蘭亭洗硯の図、李龍眠の筆など右御払物より世間に相渡り。此ころ観阿は二十金に買取れり。松平周防守様㉞より二百両のお直段を墨屋良助もて被仰聞仕合まで打上り候。其他馬遠の林和靖、李安忠の韃人狩の図等も其中にて見受けたる者ありき。

(57)●唐津焼

唐津焼にては片口に善き品これあり。伊賀焼にはくつ鉢を昔より貴く取扱来り候。九谷焼は深き丼が宜しく而して九谷には交趾と見過り易きものあるなり。藪内紹智方にありし與次郎作の丸釜は三百金にて松平周防守様御買上けと相成りし由。

(58)●ノンコウ作黒楽茶碗銘松虫

ノンコウ黒楽茶碗松虫と申せし其銘に嵐雪の俳句ありき「松虫やりんともいはぬ黒茶わん」㉟。

(59)道具持ちの人々

後藤の家には名物無之。大坂屋庄三郎㊱は名物所持せり中橋右側薬酒問屋則ち青木肩衝、即色茶入、小倉色紙是なり。千葉《仙波》太郎兵衛も少々所持有之名物はなし。薩州侯御出入町人萬屋長右衛門は少々所持なれど名物とて無之候。

(60)紀伊国屋所持の小脇差

紀伊国屋文左衛門所持との二枚五両の小脇差、今は何処に在るか。先年鞘のみ払物に出でしが雲州侯御舎弟三介様御買上に相成候。其長二尺斗とも覚えき。

(61)看瀾亭の額

奥の松島祥巌寺に在る看瀾亭三字の扁額は、太閤様よりの拝領なりと云ふ。

(62)●石工

石工には古来奈良を日本一といたし申居候。

(63)●観阿の屋敷

観阿宅座敷は古形を以て點作せり。山城国焚木村酬恩庵一休和尚廟所存在の寺境内に佐川田喜六といへる者隠遁の地なり。其居所の作事を形取り申候。佐川田は続畸人伝《(続近世畸遊伝)》に載せてある人なりき。茶室は南都東大寺にある一尾伊織好の形を模せるなり。

---

① 実際には八十四歳で没した。

② 観阿所持の水壺は永正時代の作で銘もあるとされるが未見。

③ 不識とは達磨のこと。

④ 上漆をいじ肌に叩き出してのち研ぎ上げる叩き漆の一種。

⑤ 高橋因幡のこと。

⑥ 菅承相を演じた坂東彦三郎（薪水）では当たり役として三代目坂東彦三郎がいる。『十方庵遊歴雑記』によれば屋敷に半草庵という扁額を掲げていた。茶の湯は当時の伊佐幸琢に学び、この半草庵は号の一つであった。薪水は当時、法体であり楽善と号した。徳本流の念仏に帰依し、常に滅罪生善の念仏を事とした。また月に三度ずつ、釜日をたてて茶を楽しんだとある。

⑦ 小島家の初代清兵衛であろうか。

⑧ 七代目団十郎は収集癖があったようで『三田村鳶魚全集（八）』によれば江戸の料亭、枡屋に掲げられた松平不昧による望汰欄を鋳出した額を所持していたようである。

⑨ 西本願寺の現在の場所は天正十九年（一五九一）に豊臣秀吉によって寄進された。西本願寺の対面所は著名で

あるが、この場所が西六條あたりに位置する。そのため六條切（裂）は本願寺金襴を意味する。

⑩実際には牡丹の中蔓で白地の金襴。

⑪茶の湯道具を所有することは、資産としての一面があった。

⑫亀田宗振。

⑬『町方取調箇条書　池之端仲町』（『江戸町方書上（三）』）によれば墨屋の祖先は京都の人で、慶安年間に江戸に出てきた。当初は奈良墨などを扱い、のちに茶の湯道具や唐物道具を扱うようになった。文化年間には五代目であったようである。すなわち道具商の墨屋は当初奈良墨を扱ったことによる名であることがわかる。

⑭根津美術館蔵。

⑮後年、大津茶入、藤浪茶入、神楽岡茶入、呉竹茶入については、伏見屋甚右衛門が二千七百両で不昧に売却している。

⑯堀田相模守。

⑰西村佐兵衛とは藐庵のことで、江戸吉原の名主であった。観阿が没してのち築地本願寺中、福泉寺の墓に墓標を書いた人物である。

⑱抱一が金策に走る当時の状況が読み取れるとともに、観阿は用立てができ金子に余裕がある人物であったことがわかる。

⑲信濃飯山藩五代藩主、本多助受がいる。助受は文政七年に志摩守に任ぜられている。また筆記中に「養父」とあって、これは美濃大垣藩主戸田氏教の次男で、助受の養子となった助賢のことを指している。

⑳中興名物瀬戸茶入銘「蛍」（畠山記念館蔵）はかつて新発田藩主溝口家が所蔵し、同家記録では茶入の袋の中綿と、縒（茶入を収納する袋の口の周囲にかがりつけた撚糸のこと）を林蔵によって交換されたとある。この林蔵とは、先述の村田林蔵を指すものと考えられる。このほか個人の所蔵する熊川茶碗は溝口家に伝来し、茶碗の袋は観阿の斡旋によるもので、やはり仕立ては林蔵によるものであった。溝口家や観阿の袋師でもあったようである。

㉑怡渓宗悦（一六四四～一七一四）は大徳寺二五三世。

㉒渓山を同じ読みである景山と読めば、これは翠涛のことである。

㉓伊佐幸琢。

㉔堆朱は素地に漆を何度も重ねたものに彫刻を施したもので、日本では鎌倉時代に中国からもたらされ、平安時代以降、我国で生産されるようになる。

㉕清兵衛とは堅地屋清兵衛の息子で、その後、不昧に寵遇された初代の小島漆壺斎のこと。

㉖玉川又徹。不昧の江戸藩邸における指物師であった。

㉗甚右衛門は多くの茶入や道具を不昧に取次いでいる。

㉘茶人にとって目利きとは『紹鷗遺文』や『山上宗二記』でも述べられるように重要な要素であった。本文から観阿の目利きに対する考え方の根本ともいえる。

㉙松山城主松平隠岐守定直が所持した雲山肩衝のことをさす。

㉚『大正名器鑑』（第一編）の「雲山肩衝」の記述によれば天明四年（一七八四）に松山城天守閣の雷火の際に火気に遭ったが、焼けたままで全形を留めているとある。

㉛燈篭には三斎の歯が納められている。

㉜鵬斎と観阿は親交があり、観阿が東大寺に重源上人の勧進状を寄進した

とき勧学院に寿蔵を建立した。このときの碑文銘は鵬斎が書いている。
㉝ 丹波福知山藩八代藩主、朽木昌綱。
㉞ 周防守では松平康任がいる。康任自身も多くの道具を収集したようである。観阿との直接の関係は確認できないが、墨屋良助がその取り次ぎに関与していたようである。
㉟ 嵐雪とは服部嵐雪のことで、江戸時代中期に活躍した俳人である。この黒茶碗は、関東大震災で焼失した。
㊱ 不昧の茶会記にも名前が見える。

宮武　慶之　みやたけ　よしゆき

梅花女子大学非常勤講師。1982年、三重県生。明治大学商学部グローバル・ビジネスコース卒業、同志社大学大学院文化情報学研究科博士後期課程修了。文化情報学博士。専門は大燈国師墨蹟研究、溝口家旧蔵品、前田家旧蔵品および茶の湯文化研究、吉村観阿研究。著書に『茶道教養講座⑦茶の掛物』（淡交社）がある。

知られざる目利き　白醉庵《はくすいあん》吉村観阿《よしむらかんあ》

令和二年三月四日　初版発行

著　　者　宮武慶之
発 行 者　納屋嘉人
発 行 所　株式会社　淡交社
　本社　〒603-8588　京都市北区堀川通鞍馬口上ル
　　営業　075-432-5151
　　編集　075-432-5161
　支社　〒162-0061　東京都新宿区市谷柳町39-1
　　営業　03-5269-7941
　　編集　03-5269-1691
　　www.tankosha.co.jp

装幀・組版　上田英司・叶野夢（シルシ）
印刷・製本　図書印刷株式会社

ISBN978-4-473-04370-2